AF453004

LE TRAVAIL MANUEL

A L'ATELIER SCOLAIRE

ET

LE DESSIN GÉOMÉTRIQUE

à l'usage des élèves des écoles primaires

OUVRAGE RÉDIGÉ

conformément au programme officiel de la ville de Paris

PAR

A. JULLY
INSPECTEUR DE L'ENSEIGNEMENT MANUEL DANS LES ÉCOLES
DE LA VILLE DE PARIS

E. ROCHERON
INSPECTEUR ADJOINT DE L'ENSEIGNEMENT MANUEL DANS LES ÉCOLES
DE LA VILLE DE PARIS

NOUVELLE ÉDITION, COMPLÈTEMENT REFONDUE

PARIS

LIBRAIRIE CLASSIQUE EUGÈNE BELIN

BELIN FRÈRES

52, RUE DE VAUGIRARD

1905

Tout exemplaire de cet ouvrage non revêtu de notre griffe sera réputé contrefait.

SAINT-CLOUD. — IMPRIMERIE BELIN FRÈRES.

INTRODUCTION

L'article premier de la loi du 28 mars 1882 comprend au nombre des matières obligatoires de l'enseignement primaire : « Les éléments des sciences naturelles, physiques et mathématiques; leurs applications à l'agriculture, à l'hygiène, aux arts industriels; travaux manuels et usage des outils des principaux métiers. »

Le rapporteur du projet de loi, le regretté P. Bert, a nettement indiqué le point de vue auquel on devait se placer :

« Nous ne demandons pas que l'école primaire devienne une école professionnelle, nous croyons qu'on n'en doit sortir ni menuisier, ni vigneron, mais nous pensons que l'enseignement scientifique ne doit pas rester dans le domaine de la théorie pure, que les applications pratiques aux diverses industries doivent y tenir une grande place. » C'est encore la même pensée qui inspire la rédaction des nouveaux règlements, dans lesquels, en effet, il est recommandé aux instituteurs, en ce qui concerne l'enseignement du travail manuel : « de donner de bonne heure à l'enfant ces qualités d'adresse et d'agilité, cette dextérité de la main, cette promptitude et cette sûreté de mouvements, qui, précieuses pour tous, sont plus particulièrement nécessaires aux élèves des écoles primaires destinés pour la plupart à des professions manuelles.

« Sans perdre son caractère d'établissement d'éducation, et sans se changer en atelier, l'école primaire peut et doit faire aux exercices du corps une part suffisante pour préparer et prédisposer en quelque sorte, les garçons aux futurs travaux de l'ouvrier, les filles aux futurs soins du ménage et aux ouvrages de femmes. »

Comment préparer les garçons aux futurs travaux de l'atelier, sans faire de l'apprentissage? Comment comprendre cette éducation générale applicable à tous les métiers?

Examinons pour cela les qualités indispensables à tout bon apprenti. Cette analyse nous permettra de préciser davantage le caractère et la nature des travaux devant être exécutés à l'atelier scolaire.

Pour faire rapidement et avec fruit l'apprentissage d'un métier, un jeune garçon doit réunir les conditions physiques et intellectuelles suivantes : adresse, sûreté du coup d'œil, esprit d'observation et de réflexion, instruction élémentaire en dessin et système métrique.

L'adresse est indispensable à l'artisan. Si certaines natures ont reçu ce don en naissant, on peut dire que généralement l'enfant naît maladroit; l'adresse se développe surtout par l'éducation, et d'autant plus vite que l'on procédera avec plus de méthode et de circonspection.

Au début, les exercices de travail manuel seront aussi simples que possible. Les premiers outils maniés ne demanderont presque aucun déploiement de force physique, comme la râpe, la scie à araser, le rabot, le ciseau, etc.; les manipulations effectuées n'exigeront que des mouvements élémentaires du bras et de l'avant-bras; le maniement de la râpe, trait de scie dans un morceau de faibles dimensions, rabotage sur champ, etc.

Ces travaux d'initiation ne sauraient guère être abordés avec fruit avant que l'enfant ait atteint l'âge de 10 ans. Lorsque l'enfant aura acquis la force physique suffisante, quand sa main sera devenue plus sûre, il ne faudra pas craindre de lui faire manier de nombreux outils. Outre la variété des manipulations, apportant plus d'attrait dans le travail, on trouvera, avec des outils nouveaux et convenablement choisis, l'occasion de continuer et de parfaire l'éducation de la main, de rendre adroit.

La sûreté du coup d'œil n'est pas moins indispensable que l'adresse, pour devenir un habile artisan. Le travail de la matière d'œuvre, dans l'industrie, consiste dans la réalisation de formes géométriques presque toujours très simples : plans, prismes, cylindres, etc., et dans l'assemblage de ces formes. L'ouvrier dont l'œil n'est pas exercé, obligé d'avoir constamment ses outils de mesure et de vérification à la main, produit évidemment beaucoup moins que celui qui sait découvrir à l'œil les moindres imperfections.

La sûreté du coup d'œil peut également s'acquérir par l'éducation, comme la sûreté de la main, et en même temps. Il faudra pour cela, surtout au début, se limiter à des formes géométriques simples : droites, angles droits, carrés, rectangles... dont on s'efforcera de faire reconnaître les défauts d'exécution, sans le secours d'aucun instrument. Le contrôle par les règles, équerres, outils à tracer ou à vérifier, sera fait ensuite pour s'assurer de l'exactitude des formes, et rectifier les appréciations de l'œil.

A ces conditions d'ordre physique, l'apprenti doit joindre l'esprit d'observation et de réflexion. Nous n'apprendrons rien de nouveau à tous ceux qui ont fait leur apprentissage dans un atelier, en leur disant que l'enseignement du métier y est inconnu. Non seulement le compagnon n'explique pas à l'apprenti les manipulations les plus simples, mais encore il cache avec un soin jaloux ses tours de main, ses *secrets*. L'apprenti n'a d'autre ressource que de regarder, et d'imiter s'il le peut. L'observation bien dirigée, l'attention éveillée et soutenue, seront ses seuls guides. Or, il en est de cette faculté comme de toutes les autres, elle se développe et se fortifie par l'éducation.

On ne saurait donc trop habituer l'enfant à analyser les mouvements, à les décomposer. C'est pourquoi toute manipulation exécutée à l'atelier scolaire devra être commentée avec soin. Le maître donnera toujours la raison d'être de tel ou tel mouvement, de telle façon de procéder, et il habituera l'enfant à se rendre compte de toutes les manipulations exécutées. Il lui fera également remarquer que la conformation et la disposition des outils employés dépendent à la fois de la forme à réaliser et de la matière à ouvrer, tout en cherchant à leur faire produire le maximum de travail avec le minimum d'efforts.

Il est de plus indispensable de mettre le futur artisan à même de lire un dessin, de comprendre la forme écrite, comme il comprend, à la lecture, la pensée d'un auteur, et de pouvoir représenter la forme qu'il conçoit. Le dessin est le langage courant des ateliers; un ouvrier qui ne comprend pas ce langage est dans une situation aussi pénible que le citoyen qui ne sait pas lire dans notre société moderne.

On atteindra facilement ce résultat, en ayant soin de faire dessiner chaque objet exécuté, et de n'exécuter aucun travail en copiant un modèle, mais toujours d'après un croquis.

En parcourant la série des exercices que nous publions, on se rendra compte comment il est possible de conduire de front cette étude avec l'éducation progressive de la main.

L'artisan doit non seulement avoir la perception nette de la forme à obtenir, mais il lui faut de plus savoir la tracer avec précision sur la matière d'œuvre. Or les tracés sur la matière d'œuvre diffèrent souvent des tracés sur papier. La matière à ouvrer n'offre pas en effet une surface indéterminée, comme la feuille du dessinateur; elle est, au contraire, strictement limitée en étendue. Les constructions géométriques nécessaires doivent être combinées de telle sorte qu'elles puissent tenir sur la matière même. La forme, la nature de la matière à ouvrer, seront quelquefois à considérer, et demanderont souvent des opérations différentes pour le tracé d'une même figure.

Les exercices que nous publions comportent la réalisation de nombreux tracés usuels d'un usage courant dans tous les métiers. Ils initient les enfants au maniement des outils à tracer du menuisier et du serrurier. Cette partie de l'éducation manuelle est à coup sûr la plus délicate et la plus difficile. Il ne sera pas toujours possible de donner à l'enfant la démonstration du procédé suivi, ses connaissances rudimentaires en géométrie ne le permettent pas; mais, à l'atelier, l'essentiel est de savoir se tirer d'affaire.

Les ouvriers, dira-t-on, n'ont que faire de tout ce bagage intellectuel. Le traçage dans les ateliers est confié à des ouvriers spéciaux; il faut surtout des bras pour abattre de la besogne, des machines vivantes pour conduire les outils mécaniques. Les usines sont des régiments où chaque équipe doit être encadrée. Nous répondrons que le but que nous poursuivons est d'élever le plus possible le niveau intellectuel de nos futurs artisans; que la machine-outil, en supprimant le labeur, ne supprime ni l'intelligence, ni l'adresse; et que, enfin, nous ne croyons pas, surtout avec le machinisme moderne, que les meilleurs producteurs soient les plus robustes, mais les plus adroits, les plus intelligents, les plus instruits.

Quels sont, en tenant compte de ces considérations, les travaux qu'il convient d'exécuter à l'atelier scolaire?

Le travail du bois à l'établi doit tenir une large place. Les raisons qui motivent ce choix sont faciles à saisir si l'on admet les considérations développées précédemment.

Le métier de menuisier est, en effet, « *propre et utile, il peut s'exercer dans la maison; il tient suffisamment le corps en haleine; il exige dans l'ouvrier de l'adresse et de l'industrie; et, dans la forme des ouvrages que l'utilité détermine, l'élégance et le goût ne sont pas exclus.* » (J.-J. Rousseau.)

Les outils nécessaires au travail du bois à l'établi sont nombreux et variés; ils fournissent l'occasion d'exercer les muscles à toutes sortes de mouvements, et, à ce titre, ils conviennent particulièrement pour faire l'éducation de la main.

Ils comprennent presque tous les types d'outils employés dans l'industrie; on y trouve, en effet, des outils de percussion (marteau, maillet); des outils tranchants de formes diverses (ciseau, gouge, bédane...), se maniant à la main, ou avec le secours des outils de percussion (bédane); des outils servant à débiter (scies); à forer, à dresser (affûtages), etc.; les outils à tracer usuels.

Le bois se prête à la réalisation de toutes sortes de formes planes ou solides, exerçant aux tracés à plat et dans l'espace.

Le programme parisien comprend également le travail du métal. Un grand nombre de pédagogues ne l'admettent pas à l'école primaire. Si l'on se borne, en effet, au maniement du burin et de la lime, en cherchant à faire de l'ajustage, on tombe dans les éléments techniques du métier de mécanicien; or, le peu de temps dont on dispose, le maniement délicat de la lime, qui demande une grande habitude et un entraînement de longue durée avant qu'on puisse arriver à un résultat appréciable, conduisent à un échec inévitable.

Ce n'est pas ainsi que le travail du métal a été compris. Le programme parisien de travail manuel comprend des exercices sur fil de fer, tôle et fer plat.

Le fil est demi-cylindrique, de 0^m,003 et 0^m,005 de diamètre, il est suffisamment résistant pour être travaillé sur une petite enclume avec un rivoir léger, tout en étant assez souple et malléable pour se prêter au travail à froid. L'emploi de ce fil permet de tirer parti de tout ce que le métier de forgeron a d'éducatif (sûreté de la main, justesse du coup d'œil,

sans présenter le labeur et les dangers du fer travaillé à chaud. On peut également exécuter avec cette matière de nombreuses figures géométriques ne comprenant que des lignes et des périmètres, réaliser les formes les plus simples et les tracés les plus élémentaires.

Avec la tôle douce, on arrive aux figures à deux et à trois dimensions. L'éducation de la main se continue très heureusement par le maniement de la lime, du burin et de la langue de carpe. L'exécution des formes atteint une plus grande précision et exerce l'œil à voir juste. Ces figures plates, modifiées par le repoussage sur plomb, peuvent être transformées en motifs ornementaux très propres à former le goût de nos futurs artisans. En parcourant la série des travaux que nous publions plus loin, et qui tous ont été faits par des enfants, on se rendra compte de tout le parti que l'on peut tirer de la tôle douce.

Le fer plat de 60 × 4 se prête aux manipulations courantes de la serrurerie: burinage, limage, perçage, taraudage, etc. Les formes à réaliser auront des dimensions rigoureuses, les enfants seront exercés à l'usage des instruments de mesure et de vérification.

Compris ainsi, le travail du métal diffère essentiellement de l'apprentissage du métier de mécanicien ou de forgeron: il est très goûté des enfants, et rentre pleinement dans le cadre des travaux manuels scolaires.

Il nous reste à examiner une objection faite par un grand nombre de maîtres, celle du manque de temps. La tâche de l'instituteur est lourde, en effet, et les six ou sept années dont il dispose suffisent à peine pour lui permettre de mener à bien la partie la plus importante de son œuvre. Comment introduire une matière nouvelle dans un programme déjà trop chargé, sans rompre l'harmonie de l'ensemble? « On y parviendra sans difficulté sérieuse, ce qui peut paraître paradoxal de prime abord, si l'on sait faire payer, pour ainsi parler, à l'enseignement nouveau venu, un droit d'admission dans la famille des études primaires, par les services qu'il rendra à l'enseignement général. » (R. Leblanc.)

Un enseignement tendant à développer l'activité, l'observation, la perception, l'intuition, a sa place marquée dans un bon système d'éducation générale. De plus, en reliant très intimement, ainsi que nous l'avons fait, le travail manuel au dessin et au système métrique, la présence des enfants aux ateliers, loin d'être une perte de temps, sera pour eux l'occasion de recevoir un enseignement concret des plus profitables.

Les tracés fréquemment répétés sur les matières d'œuvre, les constatations auxquelles les tracés usuels se prêtent admirablement, finiront par graver dans la mémoire de nos petits travailleurs les procédés graphiques et les propriétés des figures géométriques. En y joignant des problèmes d'application sur le calcul des périmètres, des surfaces, des volumes, on habituera les élèves à l'usage des formules, qui, sans cela, seraient restées vagues et incomprises.

On leur donnera en même temps l'idée nette et précise des mesures de grandeur.

Enfin, non seulement cet enseignement bien compris, convenablement dirigé, est un précieux auxiliaire pour les maîtres chargés de l'éducation générale, mais il est encore essentiellement moralisateur.

« Le travail manuel à l'école possède un mérite inappréciable dans une démocratie imbue comme la nôtre de préjugés monarchiques. Il est bon, en effet, que, dans un pays où le fonctionnarisme est devenu une plaie, où chacun place, au bas de l'échelle de ses ambitions, le désir d'être au moins employé de bureau, il est bon, dis-je, que les métiers manuels soient remis en honneur.

» Rien n'est plus sain, plus favorable à l'émancipation de l'esprit français, que de faire comprendre aux enfants que l'outil, pas plus que la plume, ne déshonore, que seul le désœuvrement entraîne avec soi l'infamie.

» Cette salutaire leçon, les jeunes Parisiens la reçoivent dans les écoles qui sont pourvues d'atelier de travail manuel, lorsqu'ils sont obligés, à certaines heures, de se rendre à l'établi ou à l'étau, de revêtir le tablier du travailleur, et de manier la lime et le marteau. En fait de leçons de choses, en voilà une et des meilleures. » (*Extrait du rapport de M. O. Blondel, sur la réorganisation du travail manuel dans les écoles de la ville de Paris.*)

A. Jully et Rocheron.

PRÉLIMINAIRES

L'enseignement du dessin géométrique et celui du travail manuel se pénètrent, l'un est la conséquence, l'application de l'autre; aussi, dans les écoles primaires parisiennes ces deux enseignements ont ils été récemment fondus, et cela dans tous les cours.

La partie de cet ouvrage qui traite du travail sans atelier montre comment les exercices de pliage et de découpage facilitent aux enfants l'acquisition des premiers rudiments de géométrie. Les cours élémentaires et moyens préparent le travail à l'établi et à l'étau, que l'on ne saurait utilement aborder avec des enfants qui ne seraient pas au préalable initiés au tracé des figures les plus simples, et à la représentation de la forme à plat.

Les travaux d'atelier que nous indiquons ont été combinés de façon à satisfaire cette double condition : développement méthodique d'un programme de dessin géométrique, et éducation progressive de l'œil et de la main.

Les ouvrages à exécuter seront tout d'abord l'objet d'une étude en classe portant sur les propriétés des figures géométriques réalisées, les constructions qui se présentent au cours des manipulations, le tracé de ces figures, et la représentation de l'objet par le dessin géométrique.

Cette partie de la leçon qui relie le travail manuel à l'enseignement général et l'en fait profiter, incombe à l'instituteur. Lui seul peut utilement mettre en rapport les explications qu'il convient de donner avec le niveau intellectuel des élèves et la marche des études en classe.

Nous conseillons aux maîtres d'utiliser pour leurs leçons, non seulement les objets finis, mais encore les diverses pièces qui réalisées au cours du travail se prêtent plus facilement aux constatations tachymétriques et géométriques.

Les élèves reproduiront, sur une page de leur cahier, les constructions étudiées, noteront les remarques, et en face, sur l'autre page, ils dessineront l'objet à exécuter.

Ces dessins seront de préférence des croquis à main levée.

Il sera bon de remplacer quelques-uns de ces croquis par des épures faites à une échelle donnée.

Nous avons cru qu'il était utile d'insister sur les remarques géométriques. Les tracés sur la matière d'œuvre ont, en effet, un caractère pratique tout particulier, et des instituteurs, malgré leur intelligence et leur instruction, peuvent ignorer les procédés en usage dans les ateliers. Les outils à tracer (trusquins, sauterelles, équerres d'onglet) diffèrent de ceux du dessinateur; ils ont été combinés de façon à abréger le plus possible les constructions accessoires; ils permettent souvent des solutions rapides et élégantes que l'on n'a guère pas l'habitude dans les cours de géométrie. Tous les tracés que l'on rencontre en cours d'exécution ont été décrits, et pour tous, nous avons cherché les méthodes les plus rapides. Nous ne saurions trop recommander aux maîtres de suivre les indications données. Certaines constructions qui ne leur seraient pas familières, et que, par ce fait, ils seraient tentés de passer sous silence, seront souvent les plus importantes, celles par conséquent sur lesquelles il convient d'insister. Chaque fois qu'il sera possible de donner les démonstrations géométriques de ces procédés, lorsque l'instruction de l'enfant le permettra, on devra le faire. L'impossibilité d'une démonstration ne saurait être une cause d'élimination : l'esprit de l'enfant sera satisfait par la constatation de la vérité. D'ailleurs, devenu ouvrier, il ne les comprendra pas davantage, et il devra les acquérir comme il pourra.

Au point de vue auquel nous nous sommes placés, et conformément au programme adopté pour les écoles de la ville de Paris, l'éducation de la main ne saurait être confiée qu'à des maîtres-ouvriers. Le maniement des outils demande, en effet, une longue expérience, et, bien qu'il ne s'agisse pas de former des apprentis, il n'en est pas moins indispensable de se conformer aux habitudes que la pratique a sanctionnées. Il faut se garder de gâter la main des enfants en leur laissant prendre des positions défectueuses, ou en leur faisant exécuter des manipulations mal comprises.

Pour chaque exercice, la marche à suivre dans l'exécution est

8

suffisamment détaillée pour être comprise par le chef d'atelier. Certaines manipulations sont exécutées par les ouvriers avec des tours de main qu'une longue expérience permet d'acquérir, et qui présenteraient avec les enfants des difficultés insurmontables ; les manipulations que nous avons indiquées sont celles qui réussissent le mieux avec les enfants.

· ·

L'enseignement du travail manuel, comme celui de toutes les autres matières du programme, s'adressant aux élèves d'une même section, doit être simultané. Il diffère cependant de l'enseignement théorique en ce sens, qu'il n'est pas possible de conduire l'exécution d'un travail à l'atelier en maintenant constamment tous les élèves au même point. Certains enfants bien doués exécutent rapidement une manipulation, alors que certains de leurs camarades mettront plus de temps pour arriver à un résultat moins satisfaisant. Comment peut-on, sans négliger les maladroits, ne pas retarder les élèves bien doués ?

Les élèves d'une section commencent ensemble le même travail.

Toute manipulation nouvelle, ou toute manipulation avec laquelle les enfants ne sont pas familiarisés, doit être exécutée par le chef d'atelier, les élèves étant réunis en cercle autour de lui. Il aura soin d'en expliquer le but, d'en indiquer l'usage, et il insistera particulièrement sur le maniement de l'outil employé. Il décomposera tous les mouvements, et représentera, quand cela sera nécessaire, les différentes phases de l'opération par des croquis schématiques ayant l'avantage de fixer nettement dans la mémoire de l'enfant les procédés un peu délicats.

Au début, toute manipulation demande une explication générale. Après les premiers exercices, chaque objet ayant pour but une manipulation particulière, ces explications collectives ne se présentent plus que quand un certain nombre de nos petits travailleurs sont arrivés à la partie caractéristique de l'exercice imposé. Toute la section forme le cercle, et le chef d'atelier donne l'explication comme nous l'avons indiqué plus haut. Chacun regagne ensuite sa place, et continue la série des manipulations, sans aborder l'une d'elles avant que celles qui la précèdent soient terminées.

On ne tarde pas à remarquer des différences assez grandes dans la rapidité du travail : les uns sont arrivés à la partie caractéristique de l'exercice demandant une explication générale, alors que d'autres préparent encore la matière d'œuvre. Le chef d'atelier exigera une exécution plus soignée chez les premiers, et il attendra, avant de donner l'explication, que le tiers au moins des enfants de la section soit au même point. Les retardataires, stimulés par le désir de faire aussi du nouveau, s'appliqueront davantage ; le chef d'atelier pourra d'ailleurs les seconder.

Il est bien rare que tous les élèves finissent ensemble le travail commencé au même moment. Le plus souvent, quelques enfants terminent les premiers ; il faut les occuper sur le même modèle, et attendre que tous les autres aient tiré parti de l'exercice proposé, avant d'aborder le modèle suivant. C'est dans cette intention que chacun des objets fabriqués se prête à des modifications *complémentaires*. Ces modifications donnent plus de cachet à l'objet réalisé ; elles fournissent en outre l'occasion de faire des travaux demandant plus de délicatesse et de sûreté à la main. Pendant ce temps, les autres élèves exécutent les manipulations fondamentales. Le rendement de l'exercice peut être considéré comme satisfaisant, quand les manipulations fondamentales ont été exécutées par tous, et lorsqu'un tiers environ de nos petits travailleurs ont abordé les modifications complémentaires. On passe alors au travail suivant, que tous commencent ensemble.

En procédant de cette façon, l'enseignement pratique est rendu simultané. La tâche du chef d'atelier est considérablement simplifiée : les conseils qu'il donne s'adressent à tous. Il peut s'occuper de l'éducation personnelle des enfants les moins doués, sans craindre de porter préjudice à l'ensemble de la section. L'émulation des élèves est d'ailleurs excitée par les comparaisons continuelles qu'ils établissent entre eux, et par le désir que chacun a de terminer comme le voisin. Les objets bien exécutés seront donnés comme récompense à leurs auteurs.

Si l'ensemble des exécutions est mauvais, on devra faire recommencer le travail à toute la section ; mais, s'il s'agit seulement de quelques défectuosités, il vaut mieux passer à l'exercice suivant. Les enfants sont peu persévérants, il aiment le changement, les répétitions les fatiguent et les rebutent ; nous avons souvent remarqué qu'un travail recommencé était moins satisfaisant la seconde fois que la première.

Première année d'atelier.

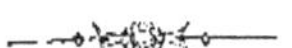

Travail du bois.

Les premiers exercices sont faits sur des bois tirés de largeur et d'épaisseur par les maîtres-ouvriers. La préparation convenable de la matière d'œuvre ne saurait être abordée dès le début; le corroyage exige une sûreté de main que l'enfant doit tout d'abord acquérir avant de pouvoir manier convenablement les affûtages.

La râpe plate est le premier outil mis à la disposition de l'enfant. Son maniement ne demande qu'un mouvement rectiligne horizontal mettant en jeu les muscles des bras: c'est ce même mouvement élémentaire que l'on rencontre dans le maniement d'un grand nombre d'outils usuels, comme la scie à araser, le rabot, et même dans certaines opérations faites au ciseau.

Les travaux de première année ont surtout pour but de faire acquérir à l'enfant l'habitude des mouvements élémentaires, de l'initier à l'usage des outils à tracer, et de lui faire exécuter les manipulations les plus simples qui se présentent dans le travail du bois à l'établi.

Les objets confectionnés présentent la réalisation de formes géométriques en rapport avec le programme de dessin; elles portent sur les figures suivantes : carré, rectangle, parallélogramme, triangle, trapèze, losange (1er trimestre); polygones réguliers, cercle, mesure des angles, figures symétriques (2e trimestre): solides usuels : parallélépipède rectangle, prisme, cylindre, pyramide, cône (3e trimestre). Au début, une seule projection suffit pour représenter l'objet, puis deux et parfois trois vues deviennent nécessaires : les élèves sont ainsi exercés progressivement à la pratique du dessin à trois dimensions.

Chaque modèle a des dimensions telles que la matière d'œuvre nécessaire à son exécution puisse être débitée sans perte de bois dans les échantillons commerciaux, que l'œil puisse embrasser facilement l'ensemble de la forme, et que les éléments des figures (arêtes, rayons, périmètres, etc.) aient une étendue suffisante pour en faire l'analyse et la vérification.

Travail du métal.

Le travail du métal en première année comprend des réalisations sur fil de fer et sur tôle douce.

Le premier outil manié est le marteau. Les outils de percussion (marteaux de différentes formes) sont d'un emploi à peu près général dans les industries du métal; le maniement du marteau exige une grande sûreté de main, et son usage est d'ailleurs très propre à la faire acquérir.

L'outillage nécessaire pour tous les exercices de fil de fer, que nous publions plus loin, est des plus simples. Il se compose essentiellement d'une enclume en fonte de 2 kilogrammes environ, que l'on place sur l'établi, à droite de l'étau; d'un petit rivoir de 130 à 150 grammes, et d'une lime demi-ronde demi-douce de 19 centimètres.

Une enclume en acier serait plus résistante et durerait davantage, mais elle coûterait beaucoup plus cher. La fonte moulée entre deux sables est vendue, à Paris, 60 francs les 100 kilogrammes, prix fort; l'enclume revient donc à 1f,20 au maximum. On fera disparaître, avec une lime rude, les crasses et les rugosités de la surface, en enlevant aussi peu de matière que possible. La surface des pièces fondues est toujours légèrement trempée, et on a tout avantage à conserver une table dure et élastique.

Un rivoir plus fort que celui dont nous recommandons l'usage serait trop lourd; on écraserait le fil au lieu de le façonner, on écrouirait le métal qui doit conserver toute sa malléabilité.

La lime demi-ronde sert à couper le fil de fer. L'emploi d'une pince coupante demande trop de force pour pouvoir être confiée à un enfant.

Avec ces outils, on mettra à la disposition de chaque élève un petit panneau de 300×200 fait d'un morceau de feuillet de hêtre blanchi sur les deux faces. C'est sur ce panneau que l'on tracera tous les travaux à exécuter.

Les premiers exercices sont la réalisation des figures les plus simples : droites, angles, carrés, rectangles, circonférences, dont on s'efforcera de faire reconnaître les défauts d'exécution au coup d'œil. On ne se servira des règles et des équerres que comme contrôle.

Les différentes courbes que l'on rencontre ensuite seront obtenues sans gabarit. L'enfant juge à l'œil, et vérifie en appliquant la forme réalisée sur le tracé.

Le travail de la tôle comporte des manipulations plus nombreuses et plus variées que celui du fil de fer.

La matière d'œuvre sera débitée, avant la leçon, en morceaux de dimensions conformes à celles que nous avons indiquées pour chaque exercice.

Les tracés seront reproduits sur la tôle avec les outils à tracer usuels suivants : pointe à tracer, équerre, compas à ressort, pointeau à repérer.

Le découpage est fait à plat, avec le burin pour les parties droites, et avec la langue de carpe pour les courbes. La tôle est posée, pour cela, sur l'enclume de fonte garnie, au préalable, d'un étrier en fer (fig. 1). Le taillant du burin ou de la langue de carpe serait rapidement émoussé au contact de la fonte, plus dure que le fer. On évite cet inconvénient en prenant la précaution que nous indiquons.

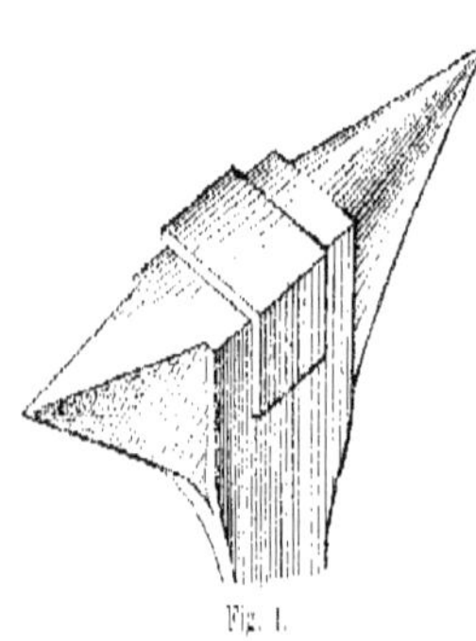

Fig. 1.

Enlever les bavures et corriger les irrégularités avec une lime demi-ronde douce de 0m,19. Pour les parties droites, serrer la tôle dans l'étau, en la laissant dépasser de 0m,002 environ. Les courbes sont plus délicates à retoucher. En se servant du même moyen pour maintenir la tôle, on est obligé de laisser dépasser une partie de la courbe assez grande, pour n'être pas obligé de serrer et de desserrer continuellement les mâchoires de l'étau, et pouvoir juger de la forme soumise aux retouches. On peut, dans ce cas, surtout quand les courbures sont prononcées, faire usage du support (fig. 2) en bois dur (cornouiller), muni d'une fente faite d'un trait de scie à araser. La feuille de tôle, introduite dans cette fente, est maintenue facilement à la main; on l'oriente de façon à faire affleurer la partie soumise à l'action de la lime.

La langue de carpe et le burin sont forgés dans des barres d'acier méplat de 10 × 5. On leur donne environ 0m,08 à 0m,10 de longueur.

Les figures à plat constituent l'exercice fondamental; on les modifie par le repoussage.

La tôle douce de Guengnon de 5/10e et de 8/10e de millimètre d'épaisseur, recuite et décapée sur les deux faces, se repousse facilement sur plomb au marteau, ou avec des bouterolles de forme appropriée.

Une masse prismatique de 0m,06 à 0m,07 de long, sur 0m,04 à 0m,05 de côté, obtenue en coulant du vieux plomb dans un moule en tôle de fer, répond à tous les besoins.

Les grands creux seront repoussés au marteau à tête et panne arrondies; les maîtres ouvriers prépareront eux-mêmes ces marteaux, ils les forgeront dans des barres d'acier carré de 0m,015 et leur donneront une longueur de 0m,08 à 0m,10.

Fig. 2.

Les bouterolles seront forgées avec des barres d'acier octogonal de 0m,006, 0m,008 et 0m,010.

Le bout est, dans les unes, arrondi en calotte sphérique; dans d'autres, il est en forme d'olive, en fuseau, en larme, etc. Deux douzaines de ces bouterolles suffisent pour un groupe d'élèves. On y joindra quelques traçoirs, les uns en langue de carpe, ce sont tout simplement des langues de carpe à taillant mousse, qui serviront à repousser les nervures courbes; les autres droits ou courbes, sorte de burins ou de gouges à taillant mousse, qui serviront à repousser les nervures droites ou à aviver les bords des parties saillantes. Quelques poinçons à angle vif, de différents diamètres (0m,002 à 0m,005), seront aussi indispensables pour percer les tôles à l'emporte-pièce. Tous ces outils n'auront pas plus de 0m,08 à 0m,10 de longueur, dimension suffisante pour la main des enfants.

Les parties repoussées au marteau seront parées en battant la face saillante au rivoir, la pièce étant posée sur une bouterolle de forme convenable.

Avec la tôle, le marteau sera donc fréquemment employé comme engin de percussion, transmettant sa force d'impulsion à des outils intermédiaires (burins, langue de carpe, bouterolles). Les différentes manipulations de ce travail demandent le concours actif des deux mains. La main gauche dirige l'outil et le maintient dans une position sensiblement normale à l'élément sur lequel il agit, la main droite donne le coup de marteau d'aplomb sur la tête de l'outil. L'œil doit suivre le taillant du burin ou de la langue de carpe, ou le bout du traçoir; il ne saurait en même temps être porté sur la tête de ces outils, le marteau doit s'y abattre en quelque sorte d'instinct. Ce résultat n'est pas obtenu sans difficulté. C'est pour y arriver progressivement que la tôle est d'abord coupée, suivant des droites, avec les burins maintenus verticalement, demandant aux élèves l'aplomb dans la direction verticale seule, et des déplacements rectilignes. Avec les courbes, la direction de l'outil est encore verticale, mais le point de contact de la tête du marteau se déplace suivant une courbe plane. Enfin, dans le repoussage, les déplacements se font dans tous les sens.

Les réalisations en fil de fer et tôle présentent le développement du même programme que celui du travail du bois. Avec le fil, on exécute des objets qui ne nécessitent que le tracé des lignes; la tôle initie les enfants aux tracés à deux et trois dimensions; les tracés du fer complètent ceux du bois.

Aussi conseillons-nous aux maîtres de consulter, pour les remarques géométriques et les tracés fondamentaux, les exercices qui se correspondent mois par mois.

Maniement de la râpe plate, de l'équerre et du trusquin.

Bois. — Feuillet de sapin de 13 tiré d'épaisseur à 10, de largeur à 100. — Planchette de 115 de longueur, hors d'équerre en bouts.

Exécution. — 1° Tracer l'un des côtés du carré à 0m,005 de l'extrémité et atteindre ce trait à la râpe plate.

Maniement de l'équerre. — Poser la planchette à plat sur l'établi, saisir le chapeau de l'équerre de la main gauche, et le faire coïncider avec le champ gauche. Placer la pointe traçante (pointe à tracer ou crayon) sur le point par lequel on veut mener une perpendiculaire, et faire glisser l'équerre, jusqu'à ce que la lame vienne toucher la pointe. Incliner la pointe à tracer en dehors, de façon que son extrémité seule soit en contact avec l'arête inférieure de la lame de l'équerre.

Maniement de la râpe. — Saisir le manche de la râpe avec la main droite, son extrémité venant poser sur la paume de la main; rabattre le pouce sur l'axe du manche, les quatre doigts l'entourant en dessous. Éviter d'allonger l'index le long du manche. La paume de la main gauche vient poser sur l'extrémité de l'outil. La râpe, par suite de la forme de la piqûre, use la matière lorsqu'on la pousse en avant, et frotte sans mordre lorsqu'on la ramène en arrière. Le mouvement qui lui est imprimé sera toujours horizontal. L'impulsion lui est communiquée par la paume de la main, il n'est donc pas nécessaire de serrer le manche mais seulement de le maintenir. L'avant-bras droit et la râpe doivent être suivant une seule et même ligne droite. Les deux mains impriment à la lime un mouvement rectiligne.

Croiser le trait dès le début, et faire observer l'avantage résultant de cette façon de procéder : l'outil laisse des traces de l'usure produite, sous l'aspect de traits transversaux, que l'on doit s'attacher à obtenir parallèles entre eux. Si la râpe se meut toujours dans la même direction, ces traits se recouvrent mutuellement dans le même sens, mais n'indiquent pas en quels points l'usure est produite.

En donnant les passes successives dans des directions angulaires, les traits sont croisés, et le travail de l'outil apparaît nettement à l'œil.

S'assurer, quand le trait est atteint, que l'extrémité dressée est perpendiculaire aux faces et aux champs.

2° Marquer sur l'arête un point à 100 du bout dressé, par ce point faire passer une perpendiculaire aux champs, et atteindre ce trait à la râpe.

Fig. 3.

Modifications. — Tracé : reproduire le tracé du panneau, en menant au trusquin les parallèles aux côtés du carré.

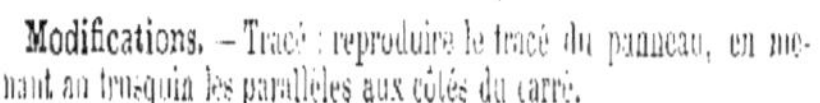

Maniement du trusquin (fig. 3). — Fixer la pointe à la distance voulue du plateau, serrer la clef. Saisir le plateau à pleine main, la tige passant entre le pouce et l'index, et appuyer le plateau contre la face servant de guide, en effaçant l'extrémité des doigts. Pousser l'outil sans appuyer sur la pointe traçante, qui doit effleurer seulement la matière d'œuvre.

Exécuter les échancrures à la râpe plate, puis chanfreiner le pourtour à mi-bois.

REMARQUES GÉOMÉTRIQUES

Deux droites AB, CD (fig. 4), qui se coupent en formant quatre angles égaux sont dites perpendiculaires : elles forment quatre angles droits. L'angle droit est donné pratiquement par l'équerre. — La droite CD (fig. 5) est perpendiculaire sur AB au point C : avec la règle tracer une droite AB, et en se servant d'une équerre élever au point C la perpendiculaire CD ou abaisser du point D la perpendiculaire DC. — La perpendiculaire DC mesure la distance du point D à la droite AB.

Deux droites parallèles AB et CD (fig. 6) ont tous leurs points à égale distance. La pointe du trusquin étant toujours à une distance fixe du plateau, cet instrument permet de tracer facilement et avec rapidité une parallèle à une rive dressée.

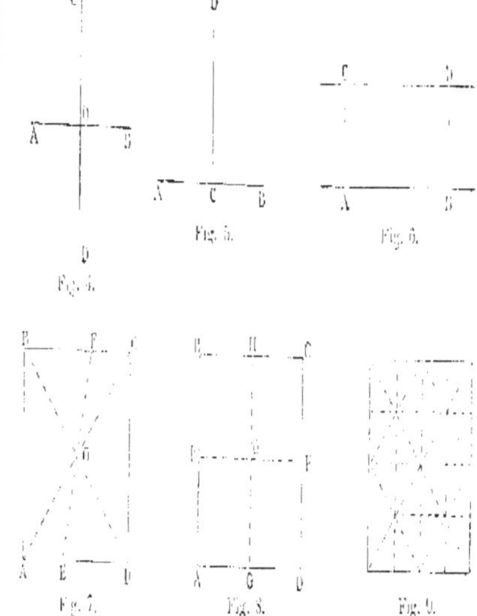

Fig. 4.   Fig. 5.   Fig. 6.   Fig. 7.   Fig. 8.   Fig. 9.

Les diagonales d'un carré (fig. 7) se coupent à angle droit et en parties égales. Sur une droite quelconque EF passant par le point de concours O des diagonales, le périmètre du carré limite deux segments égaux : EO = OF; le point O est un centre de figure. — Les parallèles EF et GH (fig. 8) aux côtés du carré passant par le centre O partagent le carré primitif en quatre carrés égaux; le côté de chaque carré est moitié du précédent, la surface en est le quart.

En répétant dans chaque petit carré le même tracé, on divise les côtés du carré primitif en quatre parties égales (fig. 9), et la surface en seize carrés égaux.

Le carré obtenu a 0m,01 de surface, son épaisseur étant 0m,01, il représente donc le dixième du décimètre cube.

PANNEAU

Maniement de la scie à araser et de la râpe.

Bois. — Feuillet de sapin de 13 tiré d'épaisseur à 10, de largeur à 100. — Planchette de 125 de longueur, hors d'équerre en bouts.

Exécution. — 1° Tracer une perpendiculaire à 0m,01 environ de l'extrémité, et donner un trait de scie suivant cette perpendiculaire. — Rectifier à la râpe s'il y a lieu.

Maniement de la scie (fig. 10). — Prendre le bras de la scie avec la main droite, la paume de la main venant buter contre le talon de la lame; maintenir la lame dans le prolongement de l'avant-bras droit. Commencer le trait en amenant la scie à sol, et en guidant la lame avec la première articulation du pouce, non avec l'extrémité du doigt. Après trois ou quatre traits d'essai, pousser franchement l'outil, en ayant soin de maintenir toujours la lame dans le prolongement de l'avant-bras droit, et de ne pas appuyer sur la scie en la poussant. Son poids seul suffit à la faire mordre, et

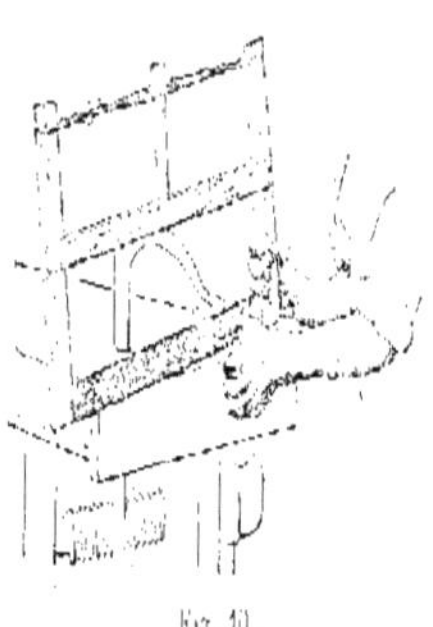

Fig. 10.

avec les bois tendres, comme le peuplier et le sapin, il vaut mieux soulever légèrement la monture, plutôt que de la laisser agir de tout son poids. On fera commencer le trait sur l'angle opposé à l'ouvrier, pour ramener ensuite la lame horizontale, de manière à attaquer le bois dans toute sa largeur. Cette façon de procéder, au début, permet de donner plus d'assise au mouvement, et habitue l'enfant à descendre le trait d'aplomb; on peut même le tracer d'avance sur champ. Veiller à ce que le poignet reste fixe, et n'imprime aucun balancement à la monture, que l'on doit s'attacher à faire descendre verticalement, sans oscillations.

2° Tracer une perpendiculaire à 100 du bout dressé.

3° Donner un second trait de scie à deux ou trois millimètres de la perpendiculaire.

4° Atteindre la perpendiculaire exactement à la râpe et à la lime.

Modifications. — Croisillon. — Diviser le carré comme dans l'exercice précédent, et tracer le croisillon; couvrir de hachures le bois à enlever.

1° Commencer les échancrures à la râpe demi-ronde. Faire observer que l'on ne peut plus limer à traits croisés comme dans les parties droites, et que d'ailleurs il faut, avec une râpe demi-ronde dont la courbure est unique, obtenir des courbes plus grandes que celle de l'outil. Pour cela : pousser la râpe demi-ronde dans une direction perpendiculaire aux faces du morceau travaillé, et lui imprimer en même temps un mouvement de rotation autour de son axe, produit par une torsion lente du poignet et de l'avant-bras droit. On obtient ainsi une courbe augmentant graduellement sans sinuosités, ni arêtes. Ces irrégularités ne manqueraient pas de se produire, si l'outil était maintenu dans la même orientation, ou au même point, pendant son mouvement en avant.

2° Achever les échancrures à la râpe plate.

3° Chanfreiner le pourtour à mi-bois.

REMARQUES GÉOMÉTRIQUES

Les branches du croisillon sont parallèles aux diagonales du carré, et leur écartement est égal à la diagonale du plus petit carré obtenu (fig. 11). — La diagonale d'un carré divise l'angle au sommet en deux parties égales, elle est bissectrice de cet angle.

Tracé de l'angle demi-droit ou de 45° (fig. 12). — Élever en B la perpendiculaire BC, prendre BC = BA, joindre CA. — L'angle CAB vaut un demi-droit.

Tracé de l'angle de 1 droit 1/2 ou de 135° (fig. 13). — Prolonger le côté DA, et élever en B sur le prolongement la perpendiculaire BC = BA. Joindre CA: l'angle CAB vaut 1 dr. + 1/2 dr. ou 135°.

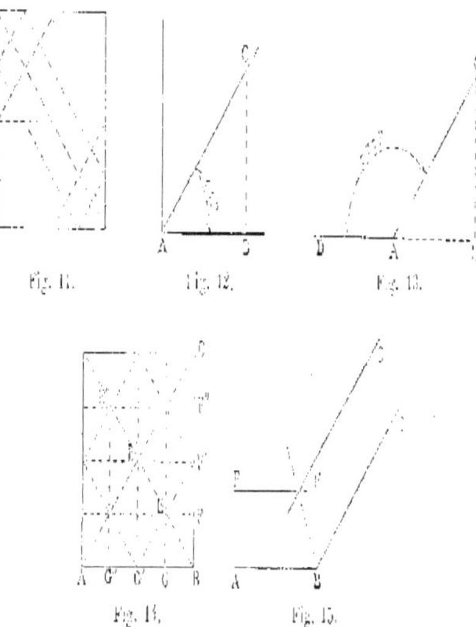

Fig. 11. Fig. 12. Fig. 13.

Fig. 14. Fig. 15.

Bissectrice. — Les divisions faites sur le carré montrent que le point E (fig. 14) de la diagonale ou de la bissectrice de l'angle ABC est à égale distance des côtés AB et BC: il en est de même des points E', E" et en général d'un point quelconque de la bissectrice. Pour tracer la bissectrice d'un angle ABC (fig. 15) réalisé avec une matière d'œuvre quelconque, mener au trusquin deux traits EF, FG équidistants des côtés; joindre leur point d'intersection F au sommet de l'angle.

CROISILLON

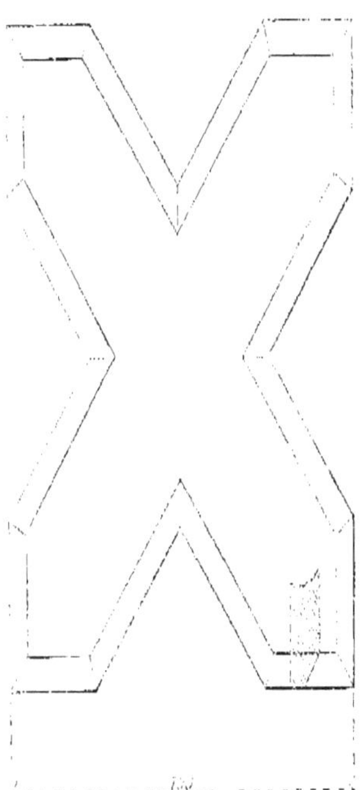

Maniement du rabot, de la scie à araser et du ciseau.

Bois. — Feuillet de sapin de 13 tiré d'épaisseur à 10 et refendu en quatre. — Planchette de 0ᵐ,33 de longueur.

Exécution. — 1° Dresser au rabot un champ de la planchette.

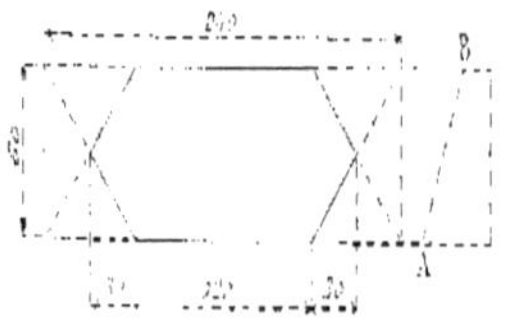

Maniement du rabot (fig. 16). — Saisir le fût avec les deux mains, le talon venant poser sur la paume de la main droite, la main gauche maintenant le nez du fût. Pousser le rabot parallèlement au bord de l'établi, l'avant-bras droit dans la direction du mouvement, et en maintenant le fût d'aplomb, pour obtenir le champ d'équerre.

Faire remarquer à l'enfant que le bois se coupe bien dans un sens, et que, en sens inverse, il se produit des éclats. Dans le premier cas on le dit pris *de fil*, et dans le second à *contre-fil*. Parfois, surtout aux environs des nœuds, le fil est contrarié, et il est difficile d'éviter des éclats; il faut alors donner très peu de fer, et rapprocher le contre-fer.

2° Trusquiner à 60 et atteindre ce trait au rabot.

3° Tracer un rectangle de 300 de long, scier les bouts, les recaler à la râpe et à la lime. Donner un trait de scie oblique AB (*fig. 17*).

Fig. 16.

4° Obtenir ensuite un rectangle de 240 de longueur (*fig. 17*) exactement recalé aux deux bouts.

5° Reproduire le tracé de la figure en menant les bissectrices des angles du rectangle.

6° Donner deux traits de scie obliques parallèles, de façon à détacher un parallélogramme, puis abattre les angles de ce parallélogramme à la scie. Recaler à la râpe et à la lime.

Fig. 17.

Modifications. — 1° Donner deux traits de scie à mi-bois pour obtenir en relief un rectangle de 120 et faire sauter le bois au ciseau. 2° Faire les chanfreins au ciseau et au rabot.

RECTANGLE, PARALLÉLOGRAMME, TRIANGLE

Propriétés communes aux rectangles et aux parallélogrammes. — Côtés opposés parallèles et égaux. — Diagonales se coupant mutuellement en parties égales. — Le point d'intersection des diagonales est un centre de figure.

Dans le rectangle, les quatre angles sont droits, et les diagonales sont égales.

Dans le parallélogramme, les angles opposés sont égaux deux à deux, et les diagonales sont inégales.

Constatation takymétrique. — Après avoir donné le trait de scie AB, si on place à gauche la partie détachée à droite (*fig. 18 et 19*), on obtient un parallélogramme dont la surface est équivalente à celle du rectangle ayant même base et même hauteur.

Fig. 18.   Fig. 19.

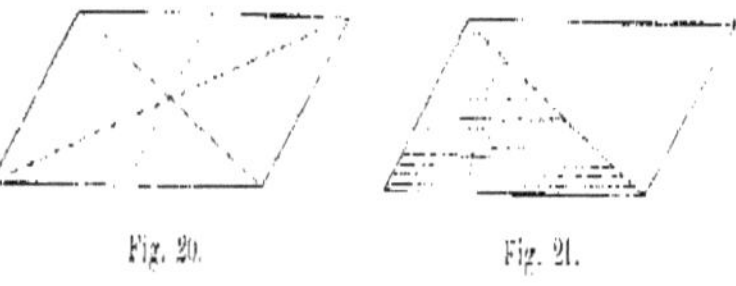

Fig. 20.   Fig. 21.

La diagonale d'un parallélogramme partage cette figure en deux triangles égaux; réciproquement deux triangles égaux, disposés comme l'indique la figure 21, donnent un parallélogramme.

La surface d'un triangle est moitié de celle d'un parallélogramme de même base et de même hauteur.

La partie de la planchette détachée à mi-bois donne un triangle rectangle isocèle dont la hauteur coïncide avec l'axe de figure. Les côtés de ce triangle constituent deux obliques égales, elles sont également écartées du pied de la hauteur.

PORTE-ÉTIQUETTE

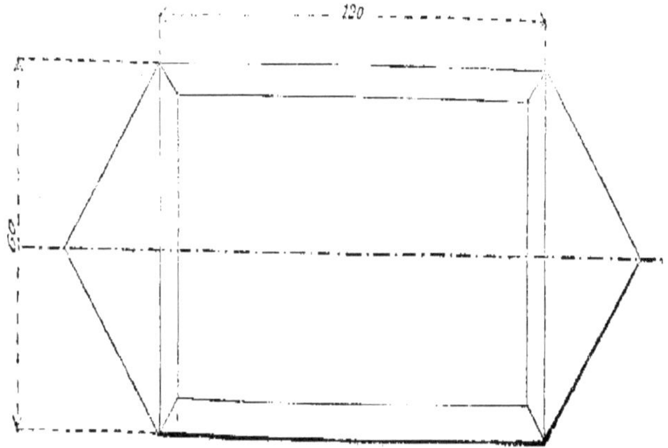

Maniement du rabot, de la scie et du ciseau.

Bois. — Feuillet de 8 blanchi des deux faces. — Planchette de 150 × 75.

Exécution. — 1° Façonner un rectangle de 140×70, en suivant la même marche que dans l'exercice précédent.

2° Tracé (*fig. 22*). Mener les diagonales du rectangle, puis les axes EF et GH. On divise ainsi la figure en quatre rectangles égaux, sur lesquels on répète le même tracé. Marquer les échancrures comme l'indique la figure.

3° Donner des traits de scie suivant les côtés des échancrures triangulaires, et les petits côtés des échancrures en bout, en laissant partout du bon sur le trait.

4° Faire sauter au ciseau le bois des échancrures rectangulaires.

5° Affleurer exactement à la râpe et à la lime.

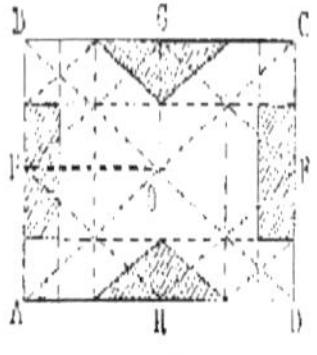

Fig. 22.

REMARQUES GÉOMÉTRIQUES

FIGURES ÉQUIVALENTES

Par le tracé fait sur le rectangle (*fig. 22*), pour déterminer les échancrures, remarquer que la base a été divisée en huit parties égales et la hauteur en quatre; comme la base est le double de la hauteur, il s'ensuit que les divisions sont égales entre elles.

L'échancrure triangulaire a même hauteur que l'échancrure rectangulaire, et sa base est double; les deux échancrures ont donc même surface.

Construction d'un rectangle équivalent à un triangle. — Soit ACB (*fig. 23*) le triangle donné de hauteur CD = h; construire un rectangle ayant même hauteur C'D' = h, et pour base A'D' = $\dfrac{AB}{2}$.

Constatation. — En enroulant une ficelle sur le dévidoir, de telle façon que les échancrures soient exactement remplies, on aura autant de tours en longueur qu'en largeur.

Construction des triangles. — Un triangle quelconque est composé de six éléments : trois angles et trois côtés; pour le construire, trois de ces éléments dont au moins un côté doivent être donnés.

Pratiquement, sur la matière d'œuvre, les triangles sont surtout tracés d'après leurs côtés, parce que ces tracés ne demandent que des opérations graphiques simples, qui peuvent être faites avec une très grande précision.

Triangle scalène de côtés donnés a, b, c. — Soit AB = c la base (*fig. 24*); du point A comme centre, avec une ouverture de compas égale au côté b, décrire un arc de cercle; décrire de même du point B un arc de rayon a, ces arcs se coupent en C; joindre CA et CB, on a le triangle demandé. Remarquer que, les côtés étant disposés autrement, on obtient le triangle AC'B, de sorte que deux solutions répondent à la question;

mais l'ambiguïté disparaît, si on connaît le côté opposé à l'un des sommets A ou B. On désigne d'ordinaire par la même lettre les angles et les côtés opposés, en employant une capitale pour le sommet, et une petite lettre pour le côté.

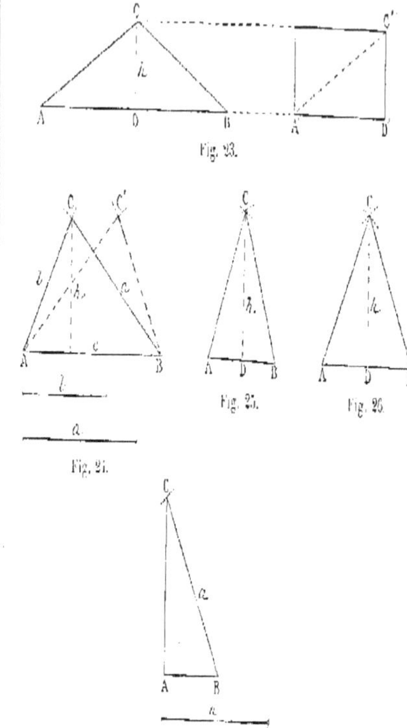

Fig. 23.

Fig. 25. Fig. 26.

Fig. 24.

Fig. 27.

Triangle isocèle et triangle équilatéral (*fig. 25 et 26*). — Même construction, mais il suffit de connaître la base et un côté pour le triangle isocèle, puisque deux côtés sont égaux, et un côté seulement du triangle équilatéral.

Dans ces deux triangles le pied de la hauteur est au milieu de la base, les côtés sont des obliques égales qui s'écartent également du pied de la perpendiculaire.

Triangle rectangle. — Pour construire un triangle rectangle, il suffit de connaître deux côtés; le troisième élément étant un angle droit est toujours donné.

1° On donne les deux côtés de l'angle droit : tracer deux droites d'équerre de longueur voulue et joindre leurs extrémités.

2° On donne l'hypoténuse a et un côté de l'angle droit (*fig. 27*) : tracer deux droites d'équerre AB et AC. Soit AB le côté donné, prendre une ouverture de compas égale à a, et décrire du point A comme centre un arc de cercle qui coupe en C la perpendiculaire AC.

DÉVIDOIR

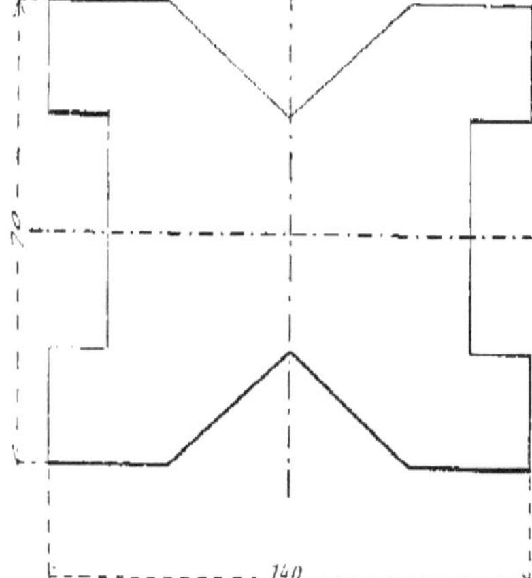

Outils : Varlope. Rabot. Scie et ciseau.

Bois. — Feuillet de sapin tiré d'épaisseur à 10 et refendu en trois. — Planchette de 0m,33 de longueur.

Exécution. — 1° Préparer une planchette rectangulaire de 300 × 60 : dresser les champs à la varlope, et mettre les bouts d'équerre sur la planche à recaler.

2° Prélever dans cette planchette deux rectangles, un de 200 de longueur, l'autre de 180 (*fig.* 28).

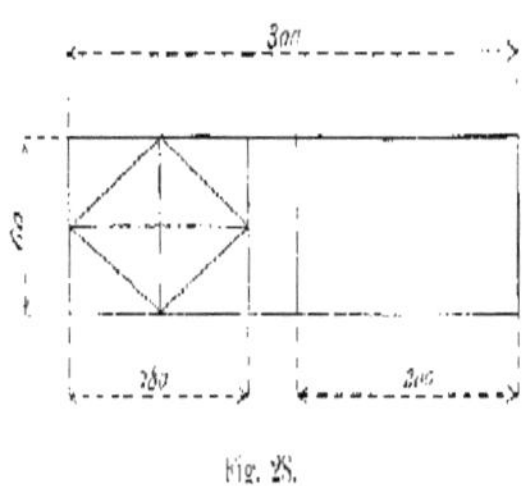

Fig. 28.

3° Tracer le losange, débiter les côtés à la scie, et les recaler au rabot.

Faire remarquer aux élèves que, pour recaler les côtés du losange au rabot, il faut toujours pousser l'outil de l'angle obtus vers l'angle aigu.

Modifications. — 1° Tracer deux échancrures à angle droit, le sommet de chacune situé au quart de la petite diagonale (*fig.* 30), et atteindre les traits à la râpe.

2° Exécuter au ciseau l'entaille à mi-bois suivant la petite diagonale.

3° Tracer et exécuter les chanfreins arrêtés d'équerre en bout à la lime. Enlever l'onglet au ciseau.

4° Clouer le losange sur le rectangle, en enfonçant les pointes en contre-parement.

LOSANGE

Le losange a, comme le carré, ses côtés égaux et ses diagonales à angle droit; mais les diagonales sont inégales, se coupent par leur milieu comme dans le parallélogramme, et, comme dans cette dernière figure, les angles opposés sont égaux deux à deux. Le point d'intersection des diagonales est centre de figure.

Pour obtenir le losange, on a détaché du rectangle quatre triangles rectangles (*fig.* 29), qui juxtaposés couvriraient exactement le losange. La surface d'un losange est donc moitié de celle d'un rectangle qui aurait pour côtés les diagonales du losange.

 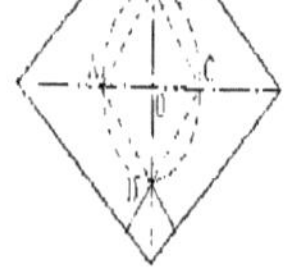

Fig. 29.   Fig. 30.

Tracé de l'échancrure (*fig.* 30). — Du point d'intersection O des diagonales, avec un rayon égal au quart de la petite diagonale, décrire une circonférence. joindre AB et prolonger. faire de même en CB, CD, AD. La figure ABCD est un carré, dont les côtés prolongés limitent les échancrures.

Remarque. — Jusqu'ici les objets ont été représentés par une seule figure traduisant leur forme vue à plat. Pour montrer comment le losange est fixé sur le panneau, on a recours à deux figures : l'une représente le panneau placé verticalement devant l'œil, c'est *l'élévation*; l'autre, celle du dessous, reproduit ce qui serait vu en regardant le panneau par en haut. c'est *le plan*. Les parties correspondantes des deux figures sont reliées par des lignes pointillées dites *lignes de rappel*.

PANNEAU

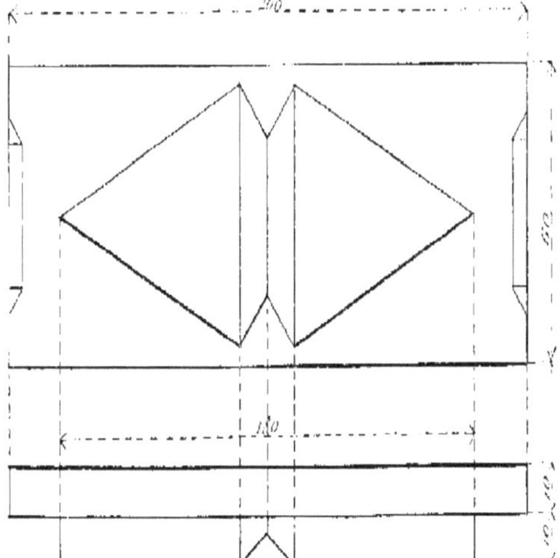

Outils : Varlope, Rabot, Scie.

Bois. — Feuillet de sapin tiré d'épaisseur à 10, refendu en deux. — Planchette de 0^m,25 de longueur.

Exécution. — 1° Dresser les champs à la varlope, et tirer de largeur à 80. Mettre un bout d'équerre sur la planche à recaler.

2° Reproduire le tracé (*fig.* 31).

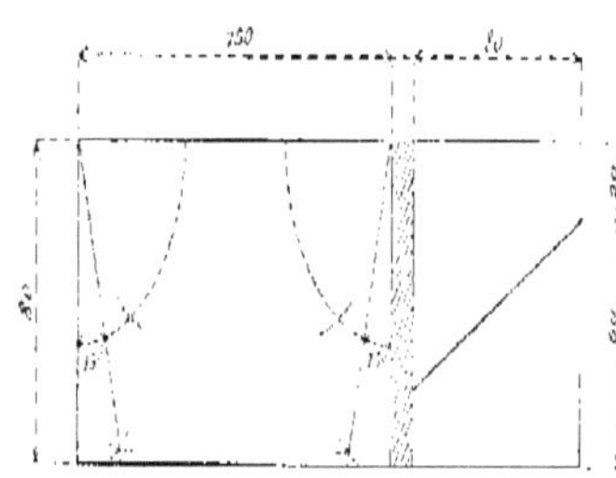

Fig. 31.

3° Débiter à la scie le trapèze et le carré.

4° Recaler les côtés du trapèze au rabot.

5° Recaler le carré ; scier la console suivant les cotes, en laissant du bon, et atteindre le trait au rabot.

6° Clouer la console.

Modifications. — Avant de clouer la console, chanfreiner à mi-bois, au rabot, le pourtour extérieur de la tablette.

REMARQUES GÉOMÉTRIQUES

TRAPÈZE

La tablette a la forme d'un trapèze isocèle, et la console celle d'un trapèze rectangle.

En disposant deux trapèzes isocèles l'un à côté de l'autre comme l'indique la figure 32, on obtient un parallélogramme de même hauteur que le trapèze, et dont la base est égale à la somme des bases du trapèze.

Deux trapèzes quelconques (*fig.* 33) disposés de la même manière donnent également un parallélogramme, et deux trapèzes rectangulaires un rectangle.

Fig. 32.   Fig. 33.

La surface d'un trapèze est donc *moitié* de celle d'un *parallélogramme* ou d'un *rectangle de même hauteur*, et dont la base serait égale à la *somme des bases du trapèze*.

Représentation de la tablette. — L'élévation et le plan ne suffisent plus pour représenter complètement la tablette : la console n'est vue dans ces deux figures que suivant son épaisseur, et, dans le plan, elle est cachée par la tablette. On a recours alors à une troisième figure, représentant la vue de côté ou *profil*.

Le profil est placé au même niveau que l'élévation, et les parties correspondantes sont reliées par des lignes de rappel horizontales ; le plan est mis au-dessous de l'élévation, des lignes de rappel verticales relient les éléments correspondants de ces deux figures.

Pour représenter sans ambiguïté les arêtes, on indique en traits pleins toutes celles qui sont vues, et en pointillé rond celles qui sont cachées. Les lignes de rappel, les lignes d'attente (celles qui indiquent les cotes) sont en pointillé long.

TABLETTE

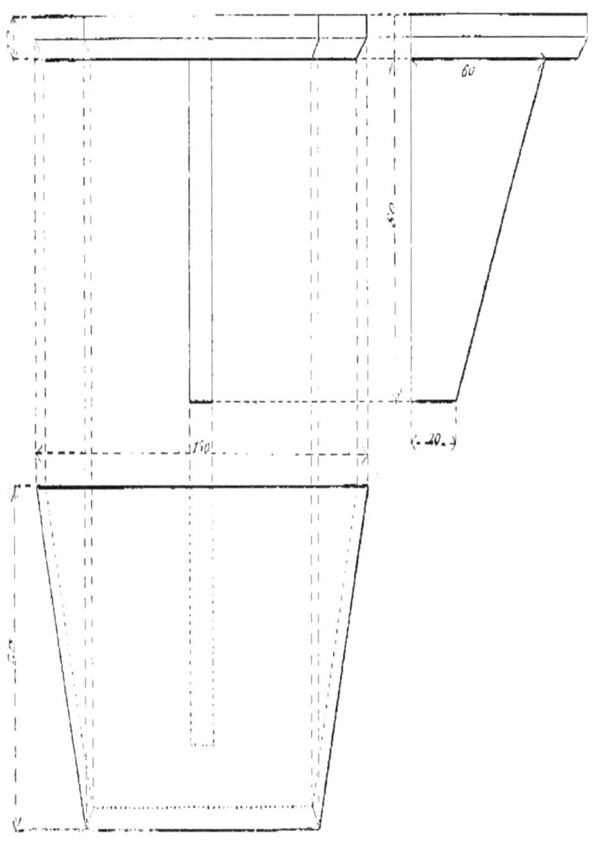

Outils : Varlope. Rabot. Scie.

Bois. — Feuillet de hêtre tiré d'épaisseur à 7, ou de peuplier tiré d'épaisseur à 10. — Planchette de 0^m,33 de longueur sur 130 de largeur.

Exécution. — 1° Tirer la planchette de largeur à la varlope. Mettre un bout d'équerre sur la planche à recaler.

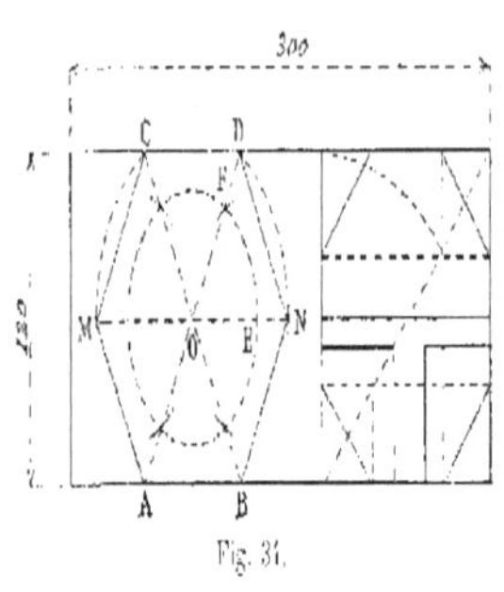

Fig. 34.

2° Tracer l'octogone et l'hexagone comme l'indique la figure 34.

3° Réaliser les deux polygones. Pour l'octogone sortir d'abord un carré dont on abattra les angles à la scie, les recaler à la lime; les côtés de l'hexagone seront recalés au rabot.

Modifications. — 1° Scier l'octogone en deux, par un trait de scie dans le sens du fil du bois.

2° Dans un des demi-octogones percer un trou de 20, commencer l'ouverture par deux traits de scie, et achever à la lime.

3° Faire un chanfrein à mi-épaisseur au rabot sur le périmètre de l'hexagone, et à la lime sur le demi-octogone.

4° Prélever les deux consoles dans le bois restant.

5° Clouer la tablette sur l'hexagone, en enfonçant les pointes en contre-parement, coller les deux consoles.

REMARQUES GÉOMÉTRIQUES

POLYGONES RÉGULIERS

Les polygones réguliers ont leurs angles et leurs côtés égaux entre eux; leurs sommets sont situés sur une circonférence dite circonscrite au polygone.

En joignant le centre de cette circonférence à chacun des sommets, on décompose le polygone régulier en autant de triangles isocèles qu'il y a de côtés.

Les côtés de ces triangles sont les rayons du cercle circonscrit, leur hauteur est l'apothème du polygone régulier. Tous ces triangles sont égaux entre eux, et les pieds des apothèmes sont sur une circonférence dite *inscrite* dans le polygone.

L'angle au sommet de chacun de ces triangles est *l'angle au centre* du polygone; il vaut par suite $\dfrac{4 \text{ droits}}{n \text{ nombre des côtés}}$; dans l'hexagone régulier l'angle au centre vaut $\dfrac{4}{6}$ ou $\dfrac{2}{3}$ de droit, ou 60°, et dans l'octogone régulier $\dfrac{4}{8}$ ou $\dfrac{1}{2}$ droit ou 45°.

L'angle au sommet du polygone régulier est le double de l'angle à la base d'un triangle isocèle. Comme la somme des trois angles d'un triangle vaut deux droits, il en résulte que l'angle au sommet d'un polygone régulier vaut $\left(2 \text{ dr.} - \dfrac{4 \text{ dr.}}{n} \right)$.

La surface d'un polygone régulier de n côtés est donc égale à celle de n triangles ayant pour base le côté du polygone, et pour hauteur l'apothème. En représentant le côté par c, l'apothème par a, on a : $S = \dfrac{nac}{2}$; ou encore, comme nc est le pourtour ou *périmètre* du polygone : $S = \dfrac{1}{2} pa$.

Tracé d'un hexagone régulier de largeur donnée. — Soient AB et CD (*fig.* 34) les deux arêtes limitant la largeur du polygone. Mener la ligne d'axe MN au trusquin; prendre un rayon convenable, et décrire un cercle du point O pris sur l'axe comme centre, porter le rayon en EF; joindre OF et prolonger, ce qui donne deux sommets A et D. Le reste du tracé s'achève sans difficulté.

Tracé d'un octogone régulier sorti d'un carré de même largeur.

1° Le carré est réalisé. — Mener les diagonales (*fig.* 36), rabattre le côté AB sur la diagonale AC: le point B vient en D. Régler la pointe du trusquin à la distance DE, et trusquiner parallèlement aux côtés du carré. Les points d'intersection de ces parallèles et des côtés du carré donnent les sommets de l'octogone.

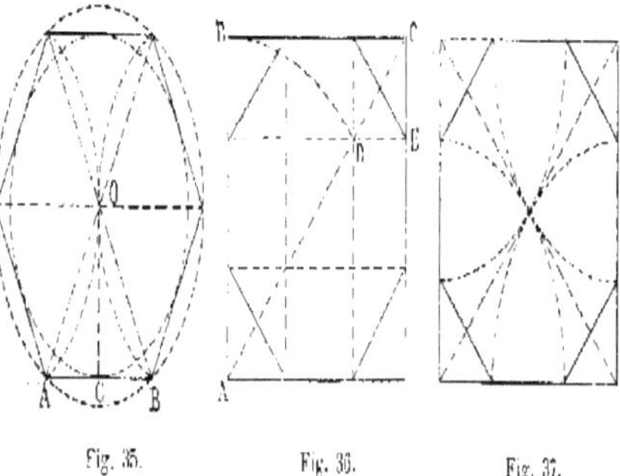

Fig. 35.   Fig. 36.   Fig. 37.

2° On peut poser la pointe d'un compas au sommet du carré. — Mener les diagonales, et des sommets du carré comme centres, rabattre la demi-diagonale sur les côtés du carré (*fig.* 37); les points d'intersection des arcs et des côtés donnent les sommets du polygone.

Le premier tracé convient quand les côtés du carré sont arasés exactement, car il serait difficile dans ce cas de poser exactement la pointe du compas au sommet de l'angle.

PORTE-TIMBRE

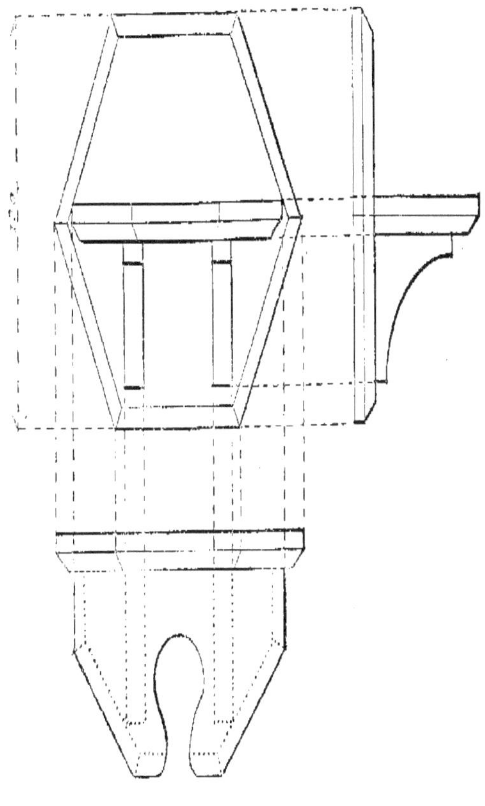

Outils : Rabot et râpe : chantournement de courbes à la râpe.

Bois. — Feuillet de hêtre de 8, blanchi des deux faces : planchette de 250×60. (Le reste de la planche en largeur servira pour l'exercice suivant.)

Exécution. — 1° Tirer de largeur au rabot à 50, et recaler en bout.
2° Tracer le manche de brosse.
3° Former la poignée à la râpe et à la lime.

Chantournement d'une courbe convexe à la râpe : Pour réaliser une courbe convexe tracée dans une planchette rectangulaire (*fig.* 38),

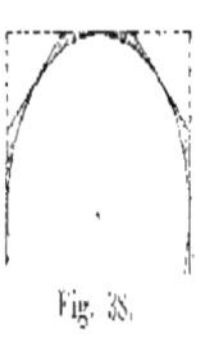

Fig. 38.

abattre les angles à la scie, lorsque les dimensions l'exigent, ou à la râpe comme pour le manche de brosse, quand il s'agit de petites pièces, de façon à avoir un octogone dont les côtés touchent la courbe. Abattre de même les angles de l'octogone, et réaliser ainsi une ligne polygonale tangente à la courbe. Les arêtes s'effacent progressivement; lorsqu'elles ne sont plus trop accusées, on arrondit en poussant la râpe d'équerre, et en lui imprimant en même temps un mouvement tournant produit par une légère torsion du poignet sur l'avant-bras droit.

REMARQUES GÉOMÉTRIQUES

CIRCONFÉRENCE; CERCLE, RACCORDS

La circonférence est une courbe dont les points sont à égale distance d'un point intérieur appelé centre. Cette courbe limite une surface que l'on nomme cercle. On peut considérer le cercle comme un polygone régulier d'un nombre infini de côtés. — Une droite AB (*fig.* 39), qui ne touche la circonférence de centre O qu'en un point B, est tangente à la circonférence; le rayon OB qui aboutit au point de contact est perpendiculaire à la tangente.

On dit qu'une droite raccorde une courbe, lorsqu'elle lui est tangente, et réciproquement; on nomme *brisure* la rencontre d'une droite AB (*fig.* 40) et d'une courbe, lorsque l'angle formé par la droite AB avec la tangente BC au point B est suffisamment ouvert.

Deux arcs de cercle qui ne se touchent qu'en un point sont tangents.

Ex. : les arcs de centre O et O' (*fig.* 41); le point de contact A est situé sur la droite OO' qui joint les centres. Ces arcs se raccordent.

Les deux arcs (*fig.* 42) forment une *brisure*; en menant les tangentes BC et BD aux deux arcs, ces tangentes forment un angle; la brisure est d'autant plus accusée que cet angle est plus ouvert. Quand les arcs sont raccordés, ces deux tangentes se confondent; ex. : les arcs O et O' (*fig.* 41) ont même tangente commune BC au point de contact A.

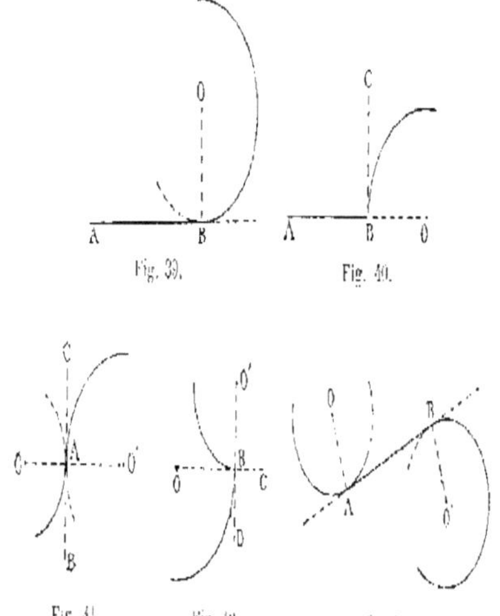

Fig. 39.   Fig. 40.

Fig. 41.   Fig. 42.   Fig. 43.

Quand deux arcs de centres O et O' (*fig.* 43) n'ont aucun point commun, et sont extérieurs l'un à l'autre, on les raccorde par une tangente commune AB.

Lorsque le contour d'un objet présente des parties droites et des parties courbes qui se succèdent, il est plus agréable de les raccorder, ou, s'il se présente des brisures, de les accuser franchement, c'est-à-dire de les faire sur un angle de 90°.

REMARQUE. — Pour indiquer l'épaisseur de la monture et la forme de la poignée, sans faire une seconde vue en plan ou en profil, on suppose la pièce coupée par un trait de scie d'équerre, et on représente la section ou *coupe* à l'endroit même où serait donné le trait. Sur le dessin, cette section est couverte de hachures.

MONTURE DE CARDE

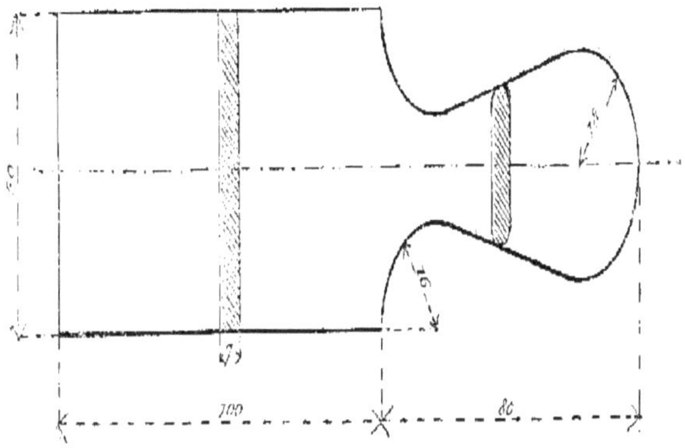

Maniement de la scie à chantourner.

Bois. — Feuillet de hêtre tiré d'épaisseur à 7, et blanchi des deux faces. Planchette de 250 × 140.

Exécution. — 1° Dresser un champ au rabot, trusquiner à 0m,008 de l'arête, et exécuter le tracé (*fig.* 45) en donnant au demi-cercle un rayon de 0m,114. Le centre de ce demi-cercle est pris sur le trait de trusquin.

2° Débiter le demi-cercle à la scie à chantourner, en laissant du bon sur le trait. Achever à la râpe et à la lime.

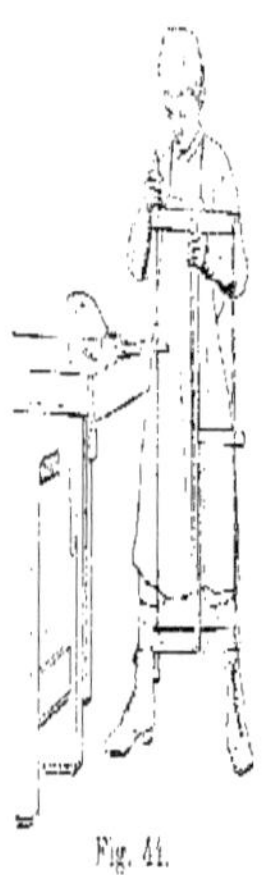

Fig. 44.

Maniement de la scie à chantourner (fig. 44). — Saisir la poignée de la scie avec la main droite, amorcer le trait en guidant la lame avec la première phalange du pouce gauche replié, de façon que le dos de la lame glisse sur l'ongle. Une fois le trait amorcé, prendre le sommier de la main gauche, et manœuvrer la scie en lui imprimant un mouvement vertical alternatif. La difficulté que les débutants ont à vaincre est de communiquer aux deux mains un mouvement de balancement bien équilibré. Les mains doivent toutes deux se mouvoir suivant une verticale et avec la même vitesse. Veiller à ce que le corps soit d'aplomb, les jambes légèrement écartées, et imprimer à la scie un faible déplacement suivant la verticale (ne donner que de petits coups); une fois l'habitude prise, on peut allonger le trait sans inconvénient.

C'est surtout la main droite qui travaille, la main gauche sert plutôt à équilibrer le mouvement, et à guider le cadre.

Modifications. — 1° Évider le demi-cercle en perçant un certain nombre de trous, que l'on réunit à la râpe et à la lime pour finir.

2° Achever la division du rapporteur.

3° Confectionner la poignée, et la fixer avec des vis à tête plate.

REMARQUES GÉOMÉTRIQUES

MESURE DE LA CIRCONFÉRENCE; ÉVALUATION DES ANGLES

En portant six fois le rayon sur la circonférence, on revient au point de départ, et en joignant les points de division de 2 en 2, on obtient un hexagone régulier dont le périmètre vaut 6R. Les côtés du polygone sont plus petits que les arcs qu'ils sous-tendent, la circonférence est plus grande que le périmètre; elle vaut sensiblement R × 6.28, et, si D est le diamètre, D × 3.14, ou πD, en représentant par π (pi) le rapport de la circonférence au diamètre.

La surface du cercle s'obtient comme celle d'un polygone régulier, dont le périmètre est égal à la circonférence, et le rayon à l'apothème.

On a donc $S = 2\,\pi R \times \dfrac{R}{2}$ ou πR^2.

L'angle au centre de l'hexagone qui vaut 60° détache donc sur la circonférence circonscrite un arc qui est le 1/6 de cette circonférence.

Tracé des divisions (fig. 45). — Sur le diamètre AB du demi-cercle, élever au centre O la perpendiculaire OC; avec le rayon décrire de C comme centre la demi-circonférence FOF, et de A et B comme centres les arcs OF et OF. Les arcs BI et CII correspondent à des arcs de 90° — 60° — 30°. Joindre OF et OF; BOCE est un carré, et par suite l'angle GOB vaut 45°; les arcs GI et GII correspondent donc à un angle de 60° — 45° = 15°. Le tiers de l'arc GI donne l'arc correspondant à un angle au centre de 5°. La valeur d'un angle au centre est donc déterminée par le rapport de l'arc à la circonférence sur laquelle cet arc est détaché par les côtés de l'angle, c'est ce qu'on exprime en disant que *l'angle au centre a pour mesure l'arc compris entre ses côtés.*

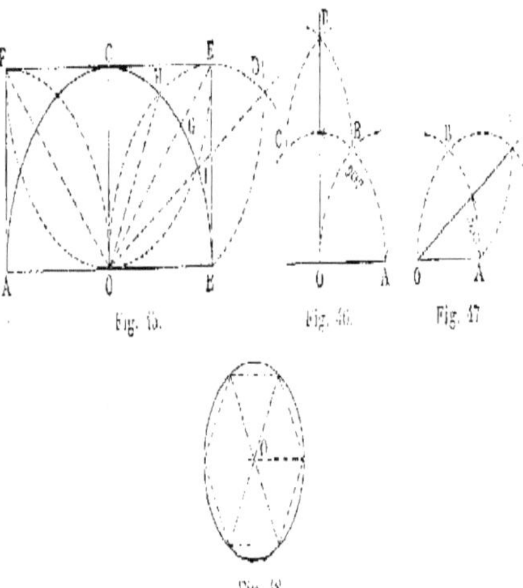

Fig. 45.   Fig. 46.   Fig. 47.

Fig. 48.

Pour mesurer un angle avec le rapporteur, mettre la ligne 0 — 180 ou ligne de foi sur l'un des côtés, le sommet au centre du demi-cercle, et lire la division correspondant à l'autre côté.

Tracé d'un angle de 90° (fig. 46). — Décrire un arc AC de centre O, et avec le même rayon, les arcs OB de centre A, CD de centre B, et BD de centre C; l'angle AOD vaut 60° — 30° = 30°.

Tracé d'un angle de 30° (fig. 47). Avec une même ouverture de compas, décrire les arcs AB de centre O, OC de centre A, et AC de centre B; l'angle AOC vaut $\dfrac{60}{2} = 30°$.

REMARQUE. — Une circonférence de 0m,057 de rayon mesure 57×6.28, soit sensiblement 0m,358, et par suite un arc de 0m,001 correspond à peu de chose près au degré. Le rapporteur ayant un rayon double de cette circonférence, le degré sera donné par un arc de 0m,002 porté sur le cercle extérieur de la graduation.

RAPPORTEUR

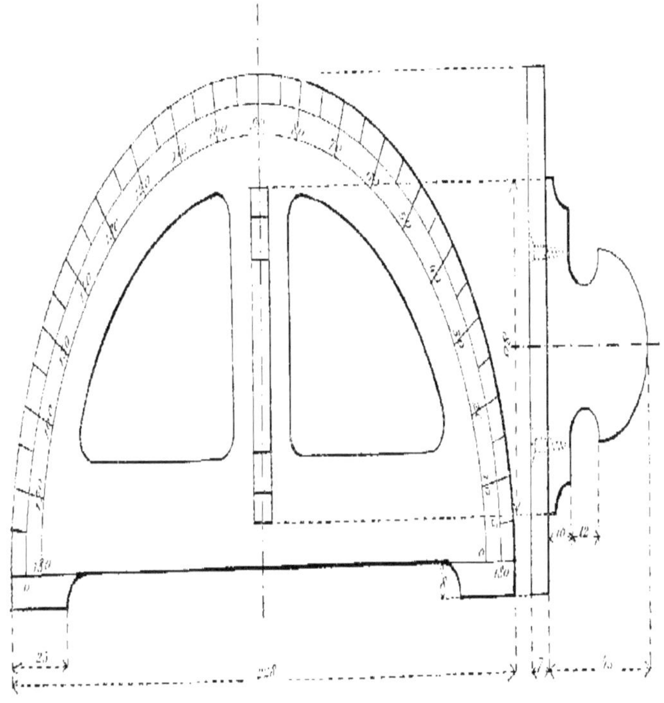

Bois. — Feuillet de hêtre de   blanchi des deux faces. Planchette de 250 × 40.

Exécution. — 1° Tirer de largeur à 35 au rabot.

2° Mener la ligne d'axe au trusquin et tracer le coupe-papier à plat.

3° Atteindre le contour à la râpe et à la lime.

4° Arrondir les champs du manche et façonner la lame en procédant comme suit :

Faire d'abord un double chanfrein (*fig.* 49) dont les arasements sont tracés en tenant un crayon entre le pouce et l'index et en le guidant avec le doigt majeur, qui joue le rôle du plateau du trusquin. Pour arrondir la lame, fixer dans la presse un morceau de bois à l'extrémité duquel on a pratiqué une encoche. Poser la lame dans cette encoche, et pousser franchement la râpe et en même temps imprimer de la main gauche un léger mouvement de rotation à la lame. L'encoche maintient suffisamment la lame pour l'empêcher de glisser sous la poussée de la râpe. Finir à la lime et au papier de verre.

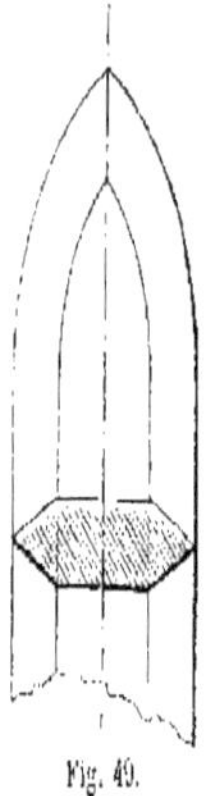

Fig. 49.

REMARQUES GÉOMÉTRIQUES

FIGURES SYMÉTRIQUES

Deux figures sont *symétriques* quand elles sont disposées de telle sorte que toutes leurs parties correspondantes soient à égale distance d'une droite centrale qui porte le nom d'axe de symétrie.

Pour dessiner deux figures symétriques, il faut répéter d'un côté comme de l'autre de l'axe de symétrie, et à la même distance, la portion de figure qui se trouve tracée de l'autre côté.

Ainsi par exemple, pour obtenir le point O′ symétrique de O par rapport à l'axe MN, abaisser de O une perpendiculaire sur MN, et prendre AO′ = AO. Le point O′ est le symétrique de O.

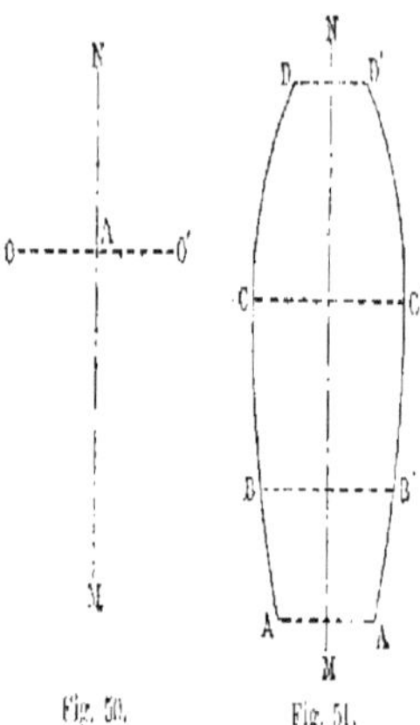

Fig. 50.   Fig. 51.

On tracera une courbe symétrique d'une autre en choisissant sur la courbe un certain nombre de points A, B, C, D (*fig.* 51) dont on tracera les symétriques A′, B′, C′, D′, que l'on joindra par une courbe continue.

Lorsque la figure présente certains points caractéristiques, comme des sommets d'angle, par exemple, on choisira de préférence ces points ; c'est ce qu'il faut faire pour tracer le coupe-papier.

On pourrait aussi reporter la figure de gauche à droite au moyen d'un simple décalque, c'est un procédé fréquemment utilisé pour tracer sur la matière d'œuvre, parce qu'il est rapide et qu'il supprime des chances d'erreur.

COUPE-PAPIER

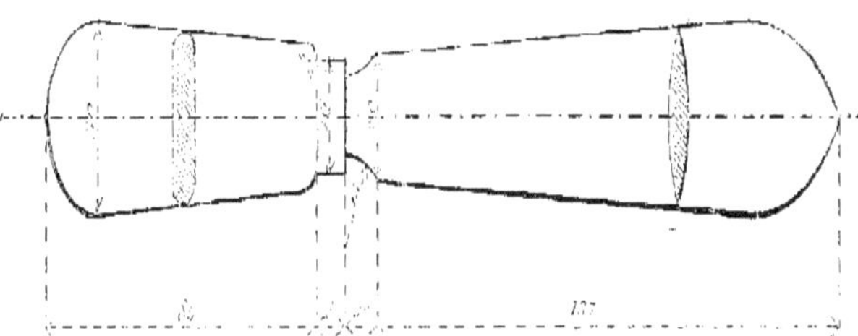

Bois. — Feuillet de hêtre de 7, blanchi sur les deux faces. Planchette de 250 de long sur 110 de largeur (planche refendue par le milieu).

Exécution. — 1° Dresser une rive au rabot.

2° Trusquiner l'axe à 50 de la rive dressée, tracer le pentagone symétrique qui enveloppe l'écran, et le rectangle qui donnera la poignée.

3° Débiter ce contour polygonal à la scie en laissant du bon, et recaler exactement le trait au rabot, ou à la râpe et à la lime, lorsqu'on ne peut utiliser le rabot.

4° Élever des perpendiculaires sur le milieu des deux côtés du pentagone aboutissant au sommet. L'arc surbaissé est composé d'un arc de cercle ayant l'intersection de ces deux perpendiculaires comme centre, et de deux arcs de raccord tracés à main levée. Pour le reste du tracé, lire les observations ci-contre.

5° Atteindre les traits à la râpe et achever à la lime.

REMARQUES GÉOMÉTRIQUES

FIGURES SYMÉTRIQUES (suite).

Dans les figures symétriques, l'axe peut se trouver en dehors de la figure elle-même. C'est ce qui a lieu pour les deux échancrures de la partie supérieure de l'écran. L'une de ces échancrures (*fig.* 52) est en effet composée de deux courbes AB, CD, symétriques par rapport à l'axe MN, qui tombe en dehors de la matière.

Le tracé des courbes symétriques est rendu plus facile en utilisant les tangentes. Ainsi, par exemple, les tangentes BD, AF, CG (*fig.* 52) enveloppent les deux courbes AB et CD; ces tangentes, tracées tout d'abord, guident pour la forme à donner aux courbes.

Pour dessiner les flancs de l'écran, trusquiner légèrement à $0^m,008$ du champ, et faire la courbe à main levée tangente à ce trait de trusquin (*fig.* 53). Marquer le symétrique du point de contact sur l'autre tangente, et tracer à main levée.

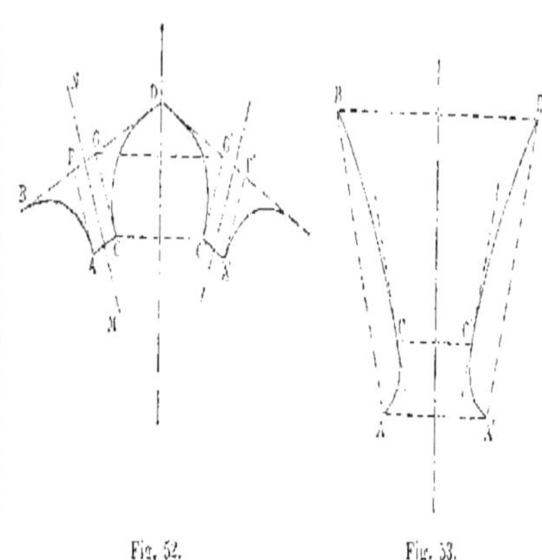

Fig. 52. Fig. 53.

On remarquera que le contour de l'écran ainsi que celui de la poignée présentent des éléments courbes et des éléments droits, qui se raccordent ou forment des brisures. Les brisures sont nettement accusées; de plus, les parties courbes sont séparées par des éléments rectilignes, ou lorsqu'elles se succèdent, c'est par une brisure franche. En règle générale, des parties courbes qui se raccordent et se succèdent laissent une impression de mollesse, trop d'éléments rectilignes consécutifs en brisures produisent de la sécheresse; les contours les plus agréables sont ceux dans lesquels ces deux éléments entrent en combinaison.

ÉCRAN A MAIN

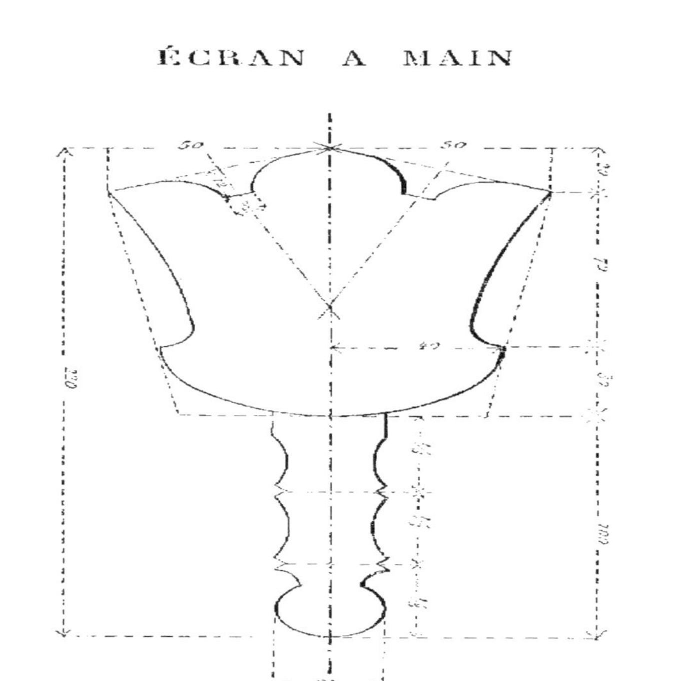

Maniement de la varlope et de la scie à refendre.

Bois. — Feuillet de sapin ou de peuplier de 13, blanchi sur une face, refendu en deux. Planchette de 500 de longueur.

Exécution. — 1° Trusquiner à 8 et dresser la face brute à la varlope.

Maniement de la varlope. — Donner au début peu de fer, pour que l'outil soit moins dur à pousser, et pour éviter un amincissement trop rapide de la planchette.

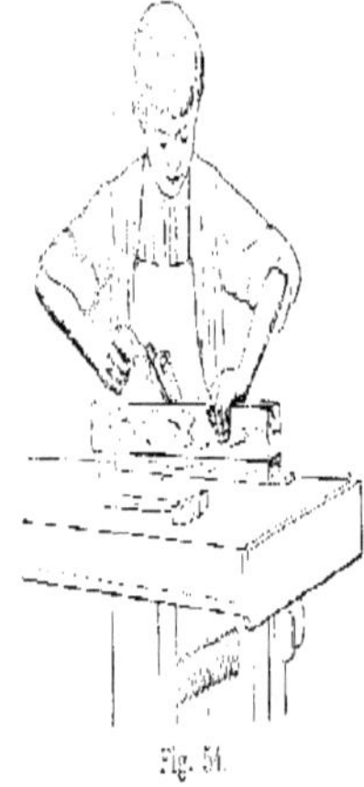

Saisir la poignée de la main droite, le fût de la main gauche, un peu en avant de la lumière, les quatre doigts rapprochés et dirigés transversalement, le pouce rabattu contre la joue (*fig.* 54). Tenir le corps d'aplomb, les jambes fendues d'un pas, la jambe droite raidie, la gauche pliée, de façon à porter le poids du torse en avant, sur les bras. Le bras droit restera au corps, le torse le suivant pendant l'impulsion en avant. Le fût de la varlope et l'avant-bras droit doivent former une seule et même ligne droite parallèle au bord de l'établi; ce parallélisme doit être constamment maintenu dans le mouvement imprimé à l'outil.

Fig. 54.

Quand on commence le copeau, le talon de l'outil porte dans le vide: on doit appuyer sur la main gauche, de façon que la semelle coïncide avec la surface à dresser. Lorsque le nez porte à faux, il faut au contraire dégager la main gauche, et appuyer seulement sur la poignée. Entre ces deux points extrêmes, la pression sera équilibrée sur les deux mains, de façon que le copeau soit continu et d'égale épaisseur. Il faut en quelque sorte essayer de creuser le morceau que l'on veut dresser. S'il est de faible longueur, comme dans le cas actuel, la dimension de la semelle ne permet pas de creuser, on dressera. Cette recommandation frappe l'enfant, et lui fait comprendre l'équilibre de pression à adopter pour éviter un mouvement de tangage contre lequel on a toujours à lutter avec les commençants. Il faut éviter de laisser jeter le fût à bout de bras, mais s'efforcer de le faire marcher lentement, le torse parcourant presque le même chemin que les bras.

Dans ces exercices du début, on choisira autant que possible des bois de fil et exempts de nœuds. Faire remarquer ce que l'on entend par gauche, et le moyen de le reconnaître avec une règle ou mieux avec l'arête de la varlope. Plus tard, habituer l'élève à dégauchir par le coup d'œil seul, sans le secours d'une règle.

2° Tirer de largeur à 100 et mettre les bouts d'équerre sur la planche à reculer.

3° Tracer les pièces comme l'indique la figure 55.

4° Sortir de cette planchette deux rectangles, un de 250, l'autre de 220 de longueur; les reculer d'équerre en bout et exactement de longueur.

5° Refendre le premier par le milieu, et le second de façon à obtenir

une planchette rectangulaire de 220 × 13 qui servira pour le fond, et une de 220 × 25 dans laquelle on prélèvera les petits côtés.

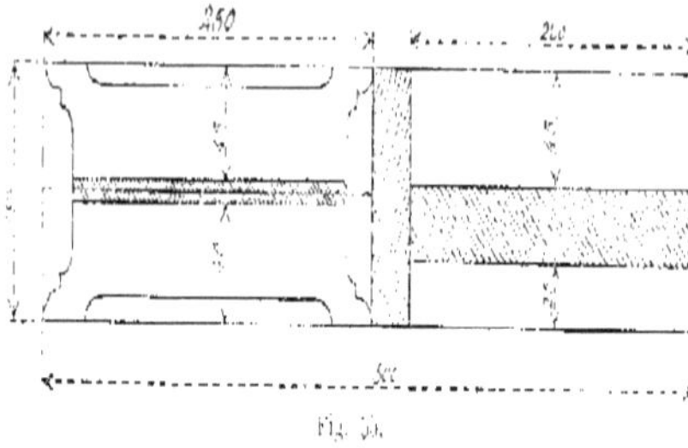

Fig. 55.

Maniement de la scie à refendre. — Se poser comme pour manier la scie à chantourner, mais écarter davantage les jambes et placer l'avant-bras droit de façon que, en regardant la lame en borgnoyant, l'épaisseur de la scie cache le trait à suivre, condition que l'on traduit en disant que la lame couvre le trait.

La lame de la scie doit se mouvoir dans un plan vertical. Elle reçoit son mouvement d'impulsion surtout de la main droite, la main gauche soutient seulement le sommier pour éviter un balancement du cadre, et maintenir le bras de la scie dans une direction constante. La difficulté à surmonter dans le maniement de cet outil consiste surtout à imprimer aux deux bras le même mouvement alternatif.

6° Clouer les deux faces du plumier dos à dos, et les profiler ensemble à la râpe et à la lime.

7° Prélever dans la planchette de 25 deux rectangles de 45 × 25 qui donneront les petits côtés, assembler les pièces et les clouer.

Modifications. — Chanfreiner le fond en bouts, les petits côtés, et les faces en arrêtant les chanfreins d'onglet.

REMARQUES GÉOMÉTRIQUES

PLAN. PLANS PARALLÈLES. — PARALLÉLÉPIPÈDES

Le plan coïncide avec une droite dans toute son étendue, et dans une direction quelconque. Pour reconnaître si une surface est plane, on y applique l'arête d'une règle, dans deux directions formant entre elles un angle suffisamment ouvert; si c'est une planchette rectangulaire, on choisit les diagonales. Il arrive fréquemment que la surface obtenue à la varlope est convexe avec l'une de ces directions, et concave avec l'autre. Cette surface est dite *gauche*.

Deux plans parallèles ont tous leurs points à égale distance. On trace pratiquement un plan parallèle à une face dressée en donnant deux traits de trusquin parallèles à cette face.

Le solide limité par 6 faces parallèles entre elles, deux à deux, est un *parallélépipède*; quand les faces sont d'équerre les unes sur les autres, comme celles des planchettes rectangulaires obtenues précédemment, toutes les faces sont des rectangles, et le solide est appelé *parallélépipède rectangulaire*.

Développement d'un parallélépipède rectangulaire, d'un cube. Direction conventionnelle des rayons lumineux, dans l'espace, sur la projection verticale et sur la projection horizontale. Emploi des traits forts. (Voy. page 39.)

PLUMIER

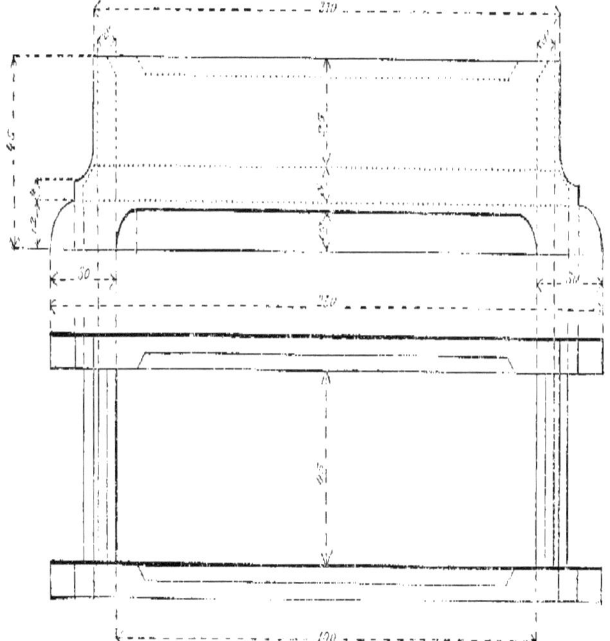

Bois. — Feuillet de peuplier de 13 refendu en deux. — Planchette de 330 de longueur.

Exécution. — 1° Dresser une face à la varlope; trusquiner l'autre face à 8, et atteindre le trait à la varlope. — Tirer de largeur en laissant le plus de bois possible (au moins 105), recaler les bouts d'équerre.

2° Tracer les différentes faces du classe-lettres comme l'indique la figure 56.

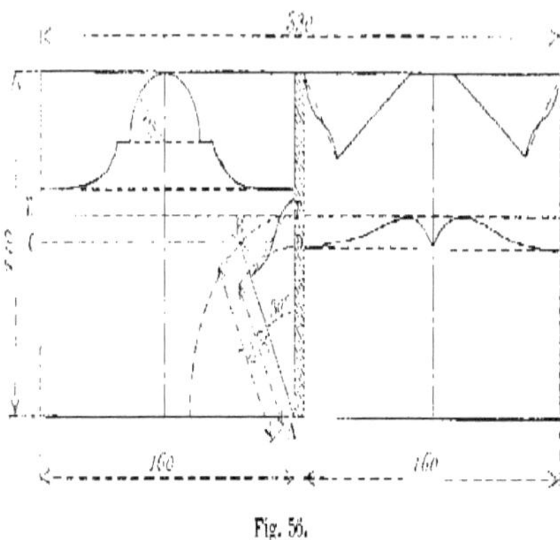

Fig. 56.

3° Scier la planchette par le milieu, et recaler d'équerre de façon à avoir deux rectangles de 160 de longueur.

4° *Fond.* — Abattre les angles à la scie, achever le profil à la râpe et à la lime.

5° *Devant.* — Débiter à la scie, et faire la moulure à la râpe et à la lime.

6° *Goussets.* — Débiter les goussets à la scie, recaler le trait au rabot, et les profiler ensemble à la râpe et à la lime, en les clouant l'un sur l'autre.

7° Assembler les pièces et clouer.

REMARQUES GÉOMÉTRIQUES

PRISME DROIT

Le solide (*fig.* 57), limité par deux bases triangulaires parallèles ABC et A'B'C' et par des faces latérales planes est un prisme *triangulaire.*

Les arêtes sont parallèles entre elles, et comme elles sont d'équerre sur les bases, ce prisme triangulaire est de plus dit *droit.* Dans ce cas, les faces latérales sont des rectangles.

Le développement de ce solide se compose (*fig.* 58) de trois rectangles et de deux triangles; connaissant les arêtes de la base et la hauteur du prisme, on a tous les éléments nécessaires pour construire ce développement.

Un prisme triangulaire droit reposant sur sa base est vu en plan suivant un triangle ABC (*fig.* 58), en élévation, si AC est parallèle au plan vertical, les faces AB et BC sont vues obliquement et l'œil ne perçoit pas leur vraie dimension. Sur l'élévation, ces deux faces se présentent sous la forme de deux rectangles dont la hauteur est celle du prisme, mais dont la largeur est réduite; ainsi, la face AB sur l'élévation est représentée par un rectangle dont la largeur est A'B'.

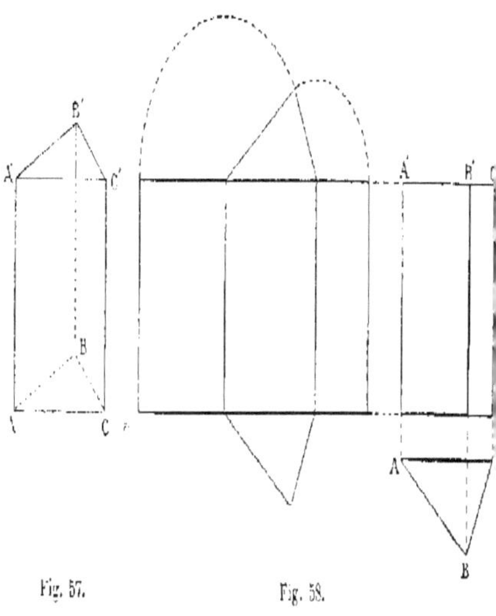

Fig. 57.   Fig. 58.

De même dans le dessin du classe-lettres, la face d'avant n'est pas représentée en vraie grandeur. Si on reproduisait l'élévation de cette face sur la matière d'œuvre, la pièce serait trop étroite.

L'oblique AB (*fig.* 56) représente, vue de profil, la largeur de cette face; sur l'élévation, cette largeur serait figurée par CD. Pour la tracer sur la matière d'œuvre, on rabat le profil AB en AF et la droite EF donne la largeur vraie.

CLASSE-LETTRES

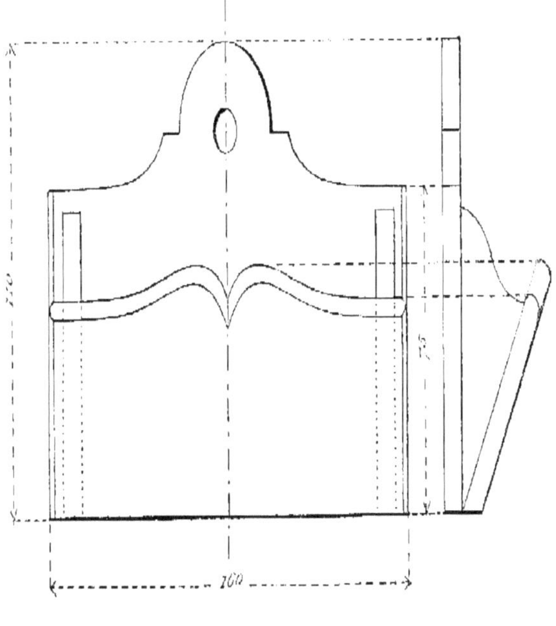

Corroyage. Trait de scie parallèle à une face.

Bois. — Entrevous de hêtre refendu en quatre, morceau de 330 de longueur.

Exécution. — 1° Corroyer le morceau de bois à 48 × 24.

2° Trusquiner la fourche sur les plats; tracer sur champ l'octogone sorti d'un carré de 24 et trusquiner l'épaisseur de la chape. Tracer les arasements de la poignée (*fig.* 59).

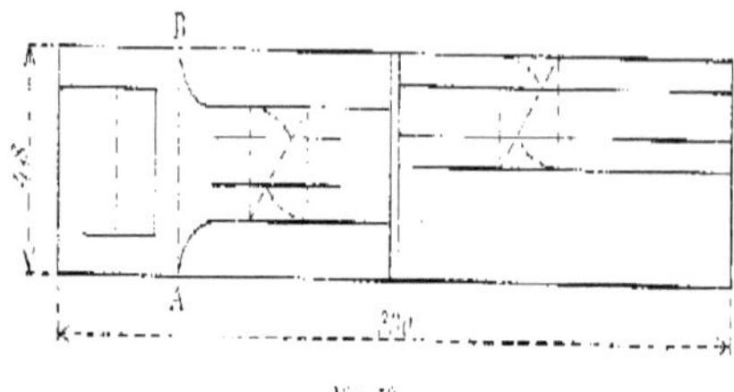

Fig. 59.

3° Débiter la chape en épaisseur à la scie à tenons, jusqu'au trait AB (*fig.* 59), puis débiter la fourche; séparer d'un trait de scie en travers un morceau de 150 de long, et débiter la poignée jusqu'au trait d'arasement du collet.

Trait de scie parallèle à une face, maniement de la scie à tenons. — Saisir le bras de la scie à hauteur de la lame, le talon venant buter contre la paume de la main (*fig.* 60). Amorcer le trait sur l'arête la plus éloignée, en amenant plusieurs fois la scie à soi, et en guidant la lame avec la première articulation du pouce replié, de telle sorte que la lame glisse sur l'articulation, sans que les dents puissent toucher l'ongle; descendre ainsi jusqu'en ab (*fig.* 61) à $0^m,004$ ou $0^m,005$ de profondeur, et en prenant l'épaisseur du trait dans le bois à enlever. Faire mouvoir la lame dans l'ouverture commencée, le trait rayonnant autour du point a; atteindre ainsi le point c en laissant le morceau vertical dans la presse.

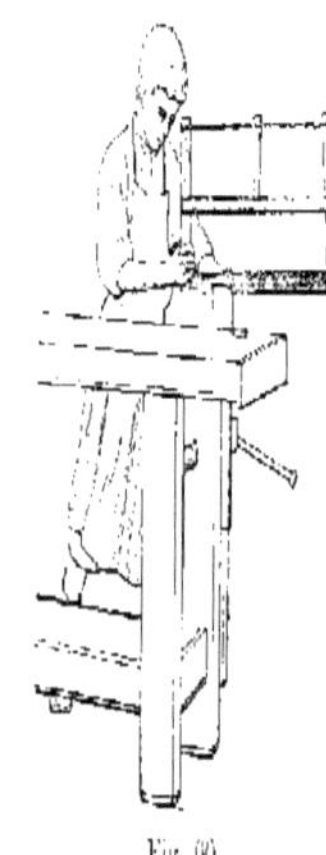

Fig. 60.

Continuer le trait en inclinant peu à peu la pièce: la lame reste horizontale pendant que le trait rayonne autour du point a, jusqu'à l'arasement d (*fig.* 62). Retourner la pièce dans la presse, la serrer verticalement, le champ d'arrière en avant, et descendre le trait horizontalement jusqu'en df (*fig.* 63). La lame de la scie doit toujours être maintenue dans le prolongement de l'avant-bras droit.

4° Faire sauter au ciseau le bois de la fourche; araser la chape et la poignée, achever le façonnage à la râpe et à la lime.

5° Dans le morceau restant, séparer un prisme à base carrée par un trait de scie, en laissant du bon sur le trait, et achever le prisme en dressant à la varlope la face brute de scie.

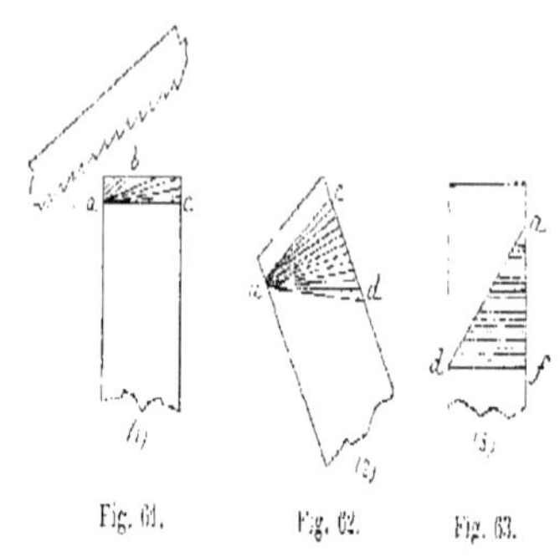

Fig. 61.   Fig. 62.   Fig. 63.

6° Tracer les arêtes d'un prisme octogonal sorti de ce prisme à base carrée, et abattre les arêtes du prisme carré au rabot.

7° Abattre au rabot les arêtes du prisme octogonal, et arrondir à la lime, en maintenant le morceau à travailler dans une encoche.

REMARQUES GÉOMÉTRIQUES

PRISME OCTOGONAL ET CYLINDRE

Les bases d'un prisme droit peuvent être des polygones quelconques, égaux et parallèles; les arêtes sont parallèles entre elles, et les faces sont des rectangles.

Pour arriver au cylindre, le prisme à base carrée a été tout d'abord réalisé, en donnant à l'arête de base une longueur égale au diamètre; le tracé fait sur une face de ce prisme donne les arasements des arêtes d'un prisme octogonal dont les faces sont tangentes au cylindre à obtenir.

En abattant les arêtes du prisme octogonal, on obtient un prisme régulier à seize faces; en continuant de même, les arêtes s'effacent de plus en plus, les faces sont d'autant plus étroites qu'elles sont plus nombreuses, et, à un moment donné, il suffit d'un léger coup de lime pour arrondir la pièce. On est ainsi amené à considérer le cylindre comme un prisme d'un nombre infini de faces, infiniment étroites, réduites à une arête qui porte le nom de *génératrice*. Les bases ont subi une modification analogue; elles ont été transformées dans le morceau travaillé en polygones réguliers de 8, 16..., d'un nombre infini de côtés, c'est-à-dire en cercles égaux.

Les arêtes des prismes successifs n'ont pas cessé d'être parallèles entre elles, il en est de même des génératrices; on peut donc considérer le cylindre comme engendré par une droite qui se déplace parallèlement à elle-même en touchant constamment la circonférence de base.

Projections et développement d'un prisme octogonal régulier droit, et d'un cylindre. (Voy. page 52.)

MÔLETTE

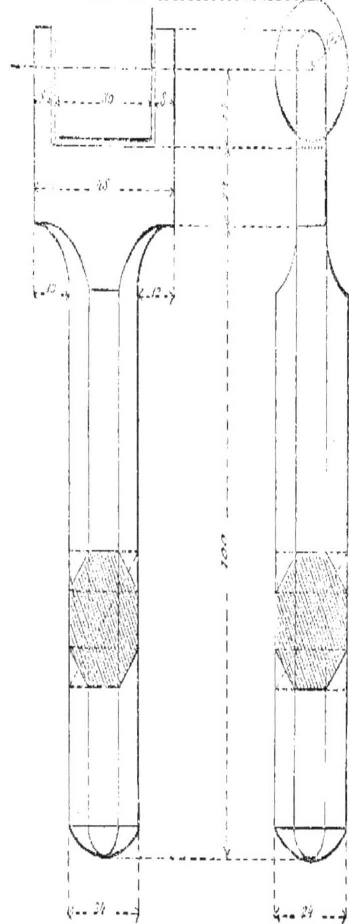

Maniement de la plane.

Bois. — Peuplier de 31 refendu en morceaux de 31 × 31, ayant 0ᵐ,42 de longueur.

Exécution. — 1° Corroyer le morceau à 400 × 28 × 28. Araser les bouts et recaler à la râpe et à la lime.

2° Exécuter la pointe du piquet à la plane.

Marche à suivre et maniement de la plane (*fig.* 64). — Prendre la pointe du piquet dans le sens du fil du bois, afin d'éviter les éclats. La pointe ayant pour section en bout un carré de 6 × 6, pointer le trusquin à $\frac{28-6}{2} = 0^m{,}011$, et mener

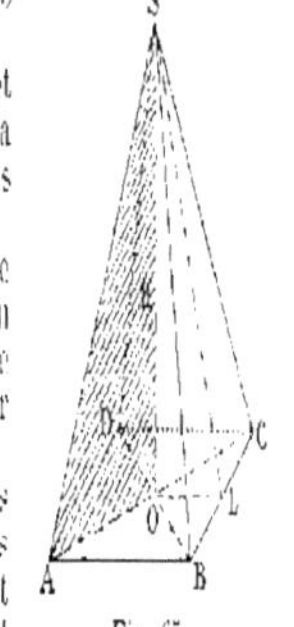

en bout les parallèles aux côtés du carré. Ces parallèles déterminent, par leur intersection, un carré *abcd* concentrique au premier, ayant 6 × 6. Mener, sur les faces du prisme, *a'*A, *b'*B, *c'*C, *d'*D, fixer le morceau sous le valet, et atteindre ces traits à la plane, de façon à obtenir un coin.

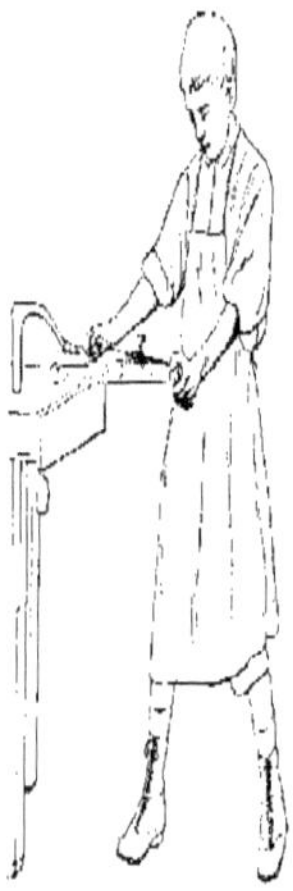

Saisir les deux poignées de l'outil à pleine main, et poser le plat de la lame d'aplomb sur la face à travailler. Amener les mains à soi, en leur imprimant un mouvement équilibré de telle sorte que la lame se meuve parallèlement à elle-même. On donne plus ou moins de coupe, suivant l'inclinaison du biseau sur la surface travaillée. On s'attachera à obtenir des copeaux continus et minces, en commençant vers la pointe, et en gagnant peu à peu l'arête de base.

Fig. 64.

Pour enlever les ondulations et obtenir une surface plane, incliner l'arête du taillant sur la direction de la coupe; on augmente ainsi la surface de contact de la lame et, par suite, la stabilité de l'outil.

Si la surface préparée avec la plane est trop irrégulière, corriger au rabot. Sur les faces du coin obtenu, joindre *a*A, *b*B, *c*C, *d*D, et atteindre de même ces traits.

3° Tracer la tête et la gorge conformément au croquis.

4° Exécution de la pyramide. Se servir du ciseau et suivre une marche analogue à celle qui vient d'être indiquée pour la pointe.

Le centre de la base supérieure, que l'on trouve en déterminant le point d'intersection des diagonales, est le sommet de cette pyramide. Mener sur ce point une parallèle aux côtés. Exécuter le double biseau dont cette parallèle est l'arête. Pour cela, serrer le piquet dans la presse, en faisant affleurer légèrement la tête: enlever le bois au ciseau, en suivant la marche indiquée précédemment pour les pointes de diamant: saisir la lame de la main gauche, dans le voisinage du biseau, et appuyer cette main sur l'extrémité du mors. De cette façon, l'outil est maintenu avec sûreté.

Tracer les arêtes de la pyramide sur ces deux faces, et les atteindre au ciseau.

5° Entailler la gorge au ciseau.

Modifications. — Trusquiner dans le corps du piquet les arêtes d'un prisme octogonal régulier; tracer les arêtes des pyramides octogonales de la pointe et de la tête. Épanneler au rabot et au ciseau. Abattre à nouveau les angles et arrondir le corps en cylindre, la pointe et la tête suivant des cônes.

REMARQUES GÉOMÉTRIQUES

PYRAMIDE

La *pyramide* est un solide limité par une base qui peut être un polygone quelconque, et des faces triangulaires ayant toutes leurs sommets au même point. C'est le sommet de la pyramide.

Lorsque la base est un polygone régulier, et que le sommet est à l'aplomb du centre de la base, la pyramide est dite *régulière*; les faces sont des triangles isocèles égaux.

Le solide (*fig.* 65) est une pyramide régulière à base carrée, le sommet S est à l'aplomb du centre O de la base. La droite menée par le sommet S d'aplomb sur la base est la hauteur de la pyramide.

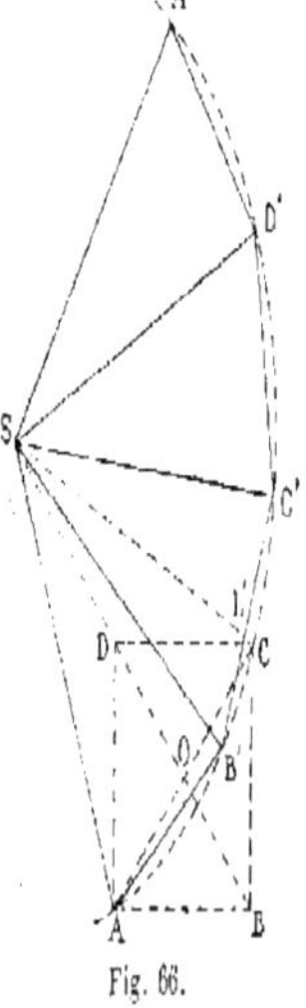

Les faces de cette pyramide sont des triangles isocèles égaux, dont les côtés SA, SB... sont les arêtes latérales de la pyramide; les arêtes sont égales entre elles, et les points A, B, C, D sont à la même distance du centre O. La hauteur SO d'aplomb sur la base lui est perpendiculaire; les arêtes de la pyramide sont obliques, et on voit que des obliques égales partant du même point S, et aboutissant au même plan, sont également distantes du pied O de la perpendiculaire.

Le dessin d'une pyramide représentée en élévation et en plan ne donne pas l'arête en vraie grandeur, mais seulement la base et la hauteur. Soit ABCD (*fig.* 66) le plan de la pyramide; élever sur la demi-diagonale AO la perpendiculaire SO égale à la hauteur, le triangle rectangle SOA ainsi construit est le même que celui qui est couvert de hachures sur la figure 65, et SA est la vraie longueur de l'arête.

Fig. 65.

Du point S comme centre, décrire l'arc A'B'C'D'A', et porter l'arête de base AB quatre fois à partir de A, on obtient les points B', C', D', A', qui, joints entre eux et au centre S, donnent les quatre faces de la pyramide, ou le développement de sa surface latérale. (La hauteur SL, S'L d'une des faces est l'*apothème* de cette pyramide.)

La tête du piquet est terminée par une pyramide régulière à base carrée; la pointe est une pyramide incomplète, tronquée avant d'arriver au sommet, c'est un *tronc de pyramide*.

Fig. 66.

PIQUET CARRÉ

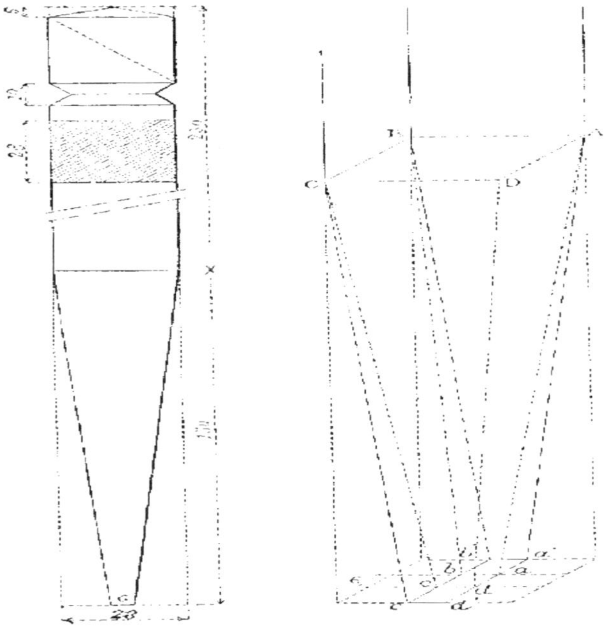

Bois. — Fouillet de hêtre de 0^m.013 refendu en deux, planchette de 0^m,33 de longueur.

Exécution. — 1° Tirer le bois d'épaisseur à 10 et dresser un champ.

2° Tracer la tablette et la console, en les prenant toutes deux en bois de fil; tracer les tenons et les mortaises en parement et en contre-parement avant de séparer les pièces.

3° Séparer les pièces par un trait de scie, et chantourner à la scie en laissant du bon sur les traits.

4° Atteindre le tracé du contour exactement à la râpe et à la lime.

5° Débiter les tenons; faire les épaulements extérieurs à la scie, enlever le bois intermédiaire au ciseau, et si les tenons sont bien réussis, percer les deux mortaises.

En cas d'insuccès, recaler la console et la visser sur la tablette.

Modifications. — Chantfreiner à mi-bois le contour de la tablette.

REMARQUES GÉOMÉTRIQUES

TRACÉ DE L'ANSE DE PANIER

REMARQUES. — La console a la forme d'un talon, et dans la tablette on trouve, outre cette moulure, un arc surbaissé dit anse de panier.

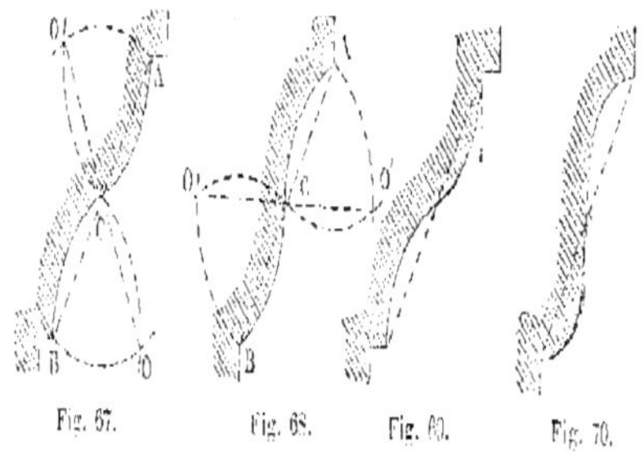

Fig. 67.   Fig. 68.   Fig. 69.   Fig. 70.

On trace le talon au compas de la manière suivante : soit AB (*fig.* 67), la saillie du talon; avec une ouverture de compas AC égale à moitié de AB, décrire les arcs AO et BO' de centre C, et les arcs CO de centre A et CO' de centre B; des points O et O' comme centres, avec le même rayon, décrire les arcs AC et BC qui se raccordent en C.

La moulure (*fig.* 68), composée également de deux arcs de cercle, est la *doucine*. Ces deux moulures formées des mêmes éléments ont un aspect très différent : le talon, commençant par être convexe, a une apparence de force, de résistance; la doucine qui commence par être concave a, au contraire, une apparence de faiblesse.

Le talon est une moulure *portante*, tandis que la doucine est une moulure de *couronnement*.

Les figures 69 et 70 représentent les mêmes moulures, avec les mêmes saillies tracées à main levée; elles ont une forme plus nette, plus dégagée, qui provient de ce que les brisures présentées par les parties droites et les parties courbes sont plus accusées que celles des tracés au compas.

L'arc surbaissé (*fig.* 71), qui porte le nom d'anse de panier, est formé

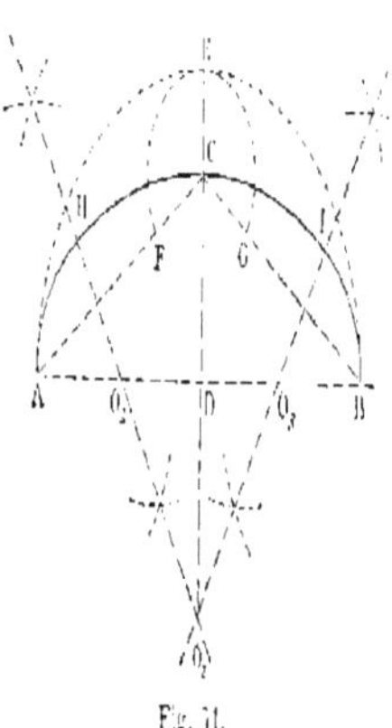

Fig. 71.

d'arcs de cercle qui se raccordent. Pour le tracer, étant données l'ouverture AB et la portée CD, joindre AC et CB, porter l'excès du demi-grand axe AD sur le demi-petit axe CD en F et G, élever des perpendiculaires au milieu de AF et GB; O_1 est le centre d'un arc de cercle passant par C et limité en H et I; O_2 et O_3 sont les centres de deux arcs de cercle de même rayon raccordant le premier aux points H et I.

TABLETTE

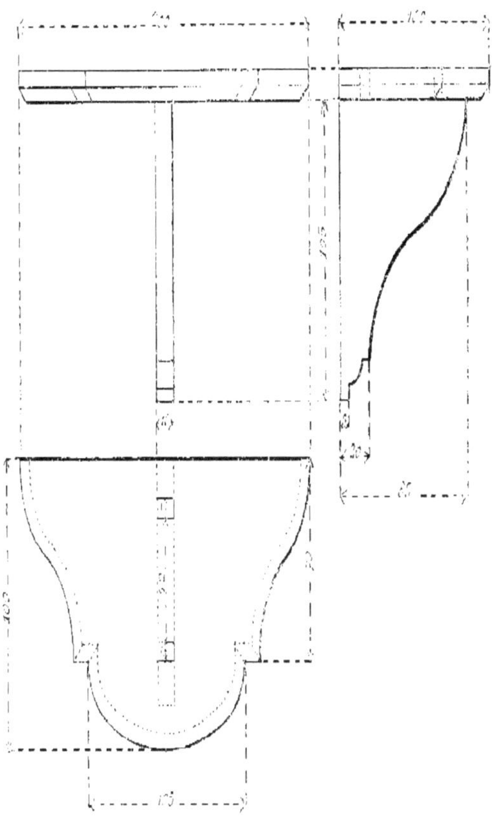

OCTOBRE

TRAVAIL DU FER

Maniement du marteau.

Fer. — 0m,16 de fil de fer demi-cylindrique de 0m,005 de diamètre.

EXERCICE I. — **Exécution**. 1° Dresser le fil au marteau sur l'enclume. Vérifier l'arête au coup d'œil.

2° Marquer trois longueurs de 0m,050, et couper avec l'angle de la lime demi-ronde demi-douce, de 0m,16.

3° Couder ces trois morceaux à angle droit, en pinçant dans l'étau, et en rabattant au marteau. Mettre le plat en dehors.

4° Tracer des angles de 120° et de 60°, ouvrir l'un des angles à 120°, et fermer l'autre à 60°.

Pour ouvrir un angle, le poser sur la branche conique de l'enclume, le sommet en haut, et frapper légèrement sur le sommet; on le fermera en le pinçant dans l'étau vers le sommet, et en rapprochant graduellement les mâchoires. Vérifier l'ouverture sur le tracé, et rectifier les côtés sur la branche carrée de l'enclume.

Modifications. — Croisillons à quatre et à trois branches, obtenus en liant quatre ou trois des angles précédemment réalisés.

Liens. — Les liens se font avec du fil de 0m,003. Donner à chaque enfant 25 à 30 millimètres de fil par lien. Le courber sur la branche conique de l'enclume, de façon à obtenir un U dont l'une des branches soit un peu plus longue que l'autre. Introduire les parties à lier dans l'u, comme l'indique la figure 72, et pincer dans les mors de l'étau, à la hauteur de la ligne ab. Serrer assez fortement, sans cependant aplatir le fil. Couper avec l'arête de la lime demi-ronde, et égaliser les branches de l'u (fig. 73), en inclinant la section vers l'intérieur, de telle sorte que les extrémités rabattues viennent en contact. Il vaut mieux couper le lien plutôt court que juste, de manière à pouvoir le faire serrer en le fermant au marteau. S'il est un peu long, les extré-

mités viennent l'une contre l'autre, et le lien ne serre pas. On l'achève sur l'enclume en le martelant légèrement.

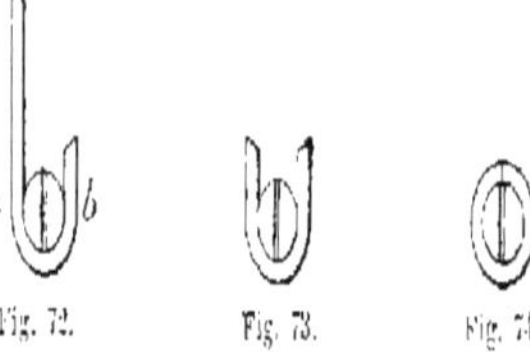

Fig. 72.   Fig. 73.   Fig. 74.

EXERCICE II. — Carré : 0m,21 de fil demi-cylindrique de 5.
Dresser le fil, marquer les sommets du carré en mettant la coupe au milieu d'un côté, et plier les sommets à angles droits sur l'étau.

Modifications. — Carré inscrit. Relever sur le carré primitif la largeur du côté du carré inscrit, et mettre la coupe à l'un des sommets. Lier ce carré à l'intérieur du premier.

REMARQUES GÉOMÉTRIQUES (suite).

(Voy. p. 12 et 14.)

Vérification d'une droite au coup d'œil : une droite placée suivant un rayon visuel apparaît sous la forme d'un point, car la droite est une ligne dont tous les éléments ou points sont dans la même direction.

L'espace placé autour d'un point est couvert par quatre angles droits ou par trois angles de 120° (croisillons). Deux angles ayant leur sommet au même point et un côté commun sont dits *adjacents*; deux angles adjacents supplémentaires ont leurs côtés non communs en ligne droite. Vérifier les angles de 120° et 60°. Les droites joignant les milieux des côtés d'un carré sont parallèles aux diagonales, et forment les côtés d'un carré dit *inscrit* dans le précédent.

NOVEMBRE

Maniement de la langue de carpe et de la lime douce.

EXERCICE I. — Support triangulaire en fil demi-cylindrique de 0m,005.

Exécution. — Faire le triangle équilatéral intérieur d'une seule pièce, en mettant la coupe à l'un des sommets, et le triangle circonscrit en trois parties. Lier comme l'indique la planche.

EXERCICE II. — Coin de coffret.
Tôle douce de 3/10 (60 × 40).
1° Tracer sur la feuille un triangle rectangle isocèle inscrit dans un demi-cercle de 60 de diamètre.

2° Découper sur l'enclume, à la langue de carpe, les côtés de ce triangle et rectifier à la lime douce.

Modifications. — Mener des parallèles à 0m,005 des côtés de l'angle droit, exécuter à vue à la lime demi ronde douce l'arc de base; découper au sommet un carré de 0m,005 de côté, et rabattre à angle droit sur les mâchoires de l'étau, les côtés du triangle rectangle.

Triangles (suite) (voy. p. 18). — Dans un triangle équilatéral, les hauteurs sont en même temps bissectrices et médianes; en joignant les pieds des hauteurs, on obtient un *triangle équilatéral inscrit*, dont les côtés sont parallèles à ceux du triangle circonscrit, et sont égaux à leurs moitiés. Il en est de même pour tout triangle inscrit dont les sommets occupent les milieux des côtés du triangle circonscrit. Remarquer que les surfaces de ces triangles sont entre elles comme 1 est à 4, alors que leurs côtés et leurs périmètres sont entre eux comme 1 est à 2.

OCTOBRE

NOVEMBRE

DÉCEMBRE

EXERCICE I. — Fil demi-cylindrique de 0m,005 de diamètre.

Exécution. — 1° Tracer un losange de 0m,040 de côté, dont la petite diagonale aura 0m,040 de longueur, et le rectangle circonscrit à ce losange.

2° Exécuter le losange en mettant la coupe au sommet d'un angle aigu.

Faire d'abord un carré de 0m,040. Ouvrir deux angles droits opposés. Entailler à mi-épaisseur avec l'arête de la lime demi-ronde l'intérieur du troisième angle, et le fermer à l'ouverture voulue. Les bouts de la coupe seront au préalable taillés en biseau.

Exécuter le rectangle circonscrit, en relevant la longueur de la base sur le tracé; mettre la coupe au milieu de l'une des bases.

EXERCICE II. — Agrafes pour la tablette exécutée au travail du bois.

Fer. — Tôle douce de 5/10, morceau rectangulaire de 55×25.

Tracer et exécuter un rectangle de 50×20. l'angle de carpe et lime douce.

Reproduire le tracé de la planche ci-contre. Percer les boutonnières : poinçonner deux trous, les réunir au burin, et achever à la lime douce.

Abattre les angles du rectangle à la langue de carpe et à la lime douce; séparer les deux agrafes au burin, et affranchir par un coup de lime.

REMARQUES GÉOMÉTRIQUES

Losange (suite; voy. p. 20). — Le tracé sur panneau est la construction d'un losange dont on donne une demi-diagonale et les côtés. Les diagonales d'un losange se coupent à angle droit, et leur intersection est au milieu de chacune d'elles. elles partagent cette figure en quatre triangles rectangles égaux. On connaît donc un côté de l'angle droit et l'hypoténuse d'un de ces triangles, d'où la construction suivante : mener deux droites perpendiculaires, et prendre l'une d'elles égale à 0m,020, avec une ouverture de compas de 0m,040, tracer un arc de cercle qui coupe l'autre perpendiculaire et donne la seconde diagonale. Les côtés du rectangle circonscrit sont égaux aux diagonales du losange; relever la longueur de ce rectangle sur le tracé.

Agrafe. — Chaque agrafe est composée d'un rectangle et d'un trapèze isocèle. La construction faite montre que le rectangle est la somme de deux carrés, et les sommets de la petite base étant situés sur les parallèles menées au point d'intersection des diagonales de ces carrés (centres de figure), il en résulte que la petite base est moitié de la grande.

JANVIER

Moraillon avec charnière.

Fer. — Tôle douce de 5/10, bande de 10 de largeur sur 130 de longueur.

Tracé. — 1° Reproduire le tracé (fig. 75), et séparer les deux pièces au burin.

2° Exécuter le rectangle de 70×42, et abattre les angles suivant les côtés d'un octogone régulier de 40 de largeur.

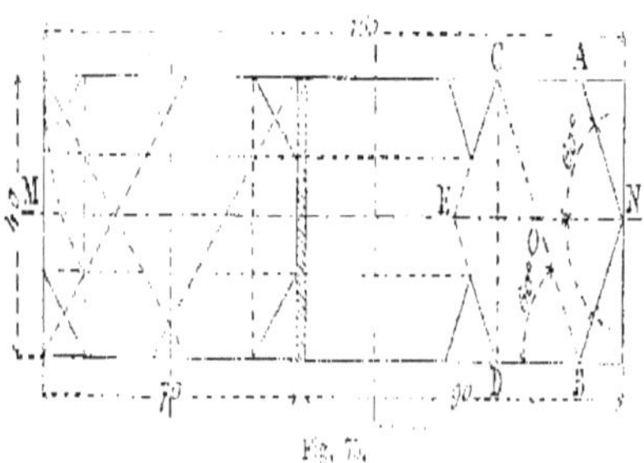

Fig. 75.

3° Exécuter le rectangle de 90×36, abattre les angles et faire les entailles triangulaires suivant les côtés d'un hexagone régulier de 40 de largeur.

4° Tracer la boutonnière dans l'axe de l'hexagone; la découper en poinçonnant deux trous de 4, que l'on réunit au burin.

5° Nœud de la charnière. — Donner à chaque élève 0m,050 de fil de fer de 0m,003 de diamètre, couder en bout à 0m,01 pour faciliter la manœuvre, et cintrer la feuille au niveau de l'axe sur le fil. Pincer dans l'étau, le fil à l'affleurement des mâchoires, et renvoyer le nœud. Même opération sur la seconde pièce.

6° Enlever la partie mâle et la partie femelle à la lime, à l'arasement des lignes de rappel passant par les sommets de l'octogone; présenter les deux pièces ajustées, introduire la tige et la couper à l'affleurement de la charnière, à la lime demi-ronde.

7° Percer au poinçon de 0m,001 les trous des rivets, et poser les rivets seulement sur la partie portant la boutonnière.

REMARQUES GÉOMÉTRIQUES

Polygones réguliers (suite; voy. p. 24). — *Tracé d'un hexagone régulier de largeur donnée.* L'axe MN (fig. 75) de la pièce étant tracé, le point N est un sommet de l'hexagone. Les deux obliques NA et NB à 60° avec MN donnent les deux sommets A et B, tracer l'oblique BC à 60° avec DB, cette droite est une diagonale de l'hexagone régulier, elle détermine le centre O du polygone, et le tracé s'achève sans difficulté. La construction qui vient d'être faite consiste dans le tracé d'un des six triangles équilatéraux OBN qui résultent du partage d'un hexagone régulier par ses diagonales. Remarquer qu'il suffit de mener des perpendiculaires aux côtés, ou des obliques à 60°, ce qui rend cette construction très rapide en utilisant les équerres à 60° et à 90°.

Vérifier l'exactitude du tracé avec les équerres, en s'assurant que les sommets sont situés sur une circonférence de centre O et de rayon OB.

DÉCEMBRE

JANVIER

FÉVRIER

Rapporteur : Tôle de 8/10e, morceau rectangulaire de 620 × 65.

Exécution. — 1° Tracer le rapporteur en entier avec ses divisions (voy. p. 28).

2° Afin d'éviter une déformation de la pièce, commencer par faire l'évidement intérieur. Poinçonner des trous de 0m,006 aux sommets de l'évidement. Découper à la langue de carpe, et atteindre le trait à la lime demi-ronde douce.

3° Découper le pourtour à la langue de carpe et achever à la lime douce.

Modifications. — Bouton : découper un cercle de 0m,015 de diamètre. Percer au poinçon un trou de 0m,002. Emboutir à la bouterolle. Prendre la tige dans du fil de 0m,003, épauler aux extrémités. River d'abord la tige sur le disque, et ensuite la calotte sur la tige.

Rosace à trois branches : Fil demi-cylindrique de 0m,005.

Exécution. — Cette rosace se compose de trois anneaux de 20 de rayon; prendre par anneau environ 20 × 6 = 0m,120 de fil. Dresser le fil. — Limer les extrémités en sifflet. Comber sur l'enclume.

Faire remarquer que pour cintrer sur la branche conique on doit frapper non d'aplomb sur le fil, ce qui allongerait la matière, mais en porte à faux, en posant la tige sur une partie à courbure plus prononcée que celle que l'on veut obtenir, et en la maintenant d'équerre sur la génératrice extérieure. Si le fil était d'équerre sur l'axe de l'enclume, l'anneau ne serait pas plan, mais roulé en hélice. Confectionner d'abord trois anneaux, cintrer les parties amincies comme l'indique la planche ci-contre. Lier ces anneaux. Relever le rayon du cercle circonscrit sur le tracé. Exécuter cet anneau et assembler en dissimulant la coupe sous un lien.

REMARQUES GÉOMÉTRIQUES (suite).

Courbes (voy. p. 28). — Une courbe est une ligne dont les points successifs changent constamment de direction; leur réalisation sur l'enclume est une conséquence de cette propriété. Pendant le cintrage la matière subit un allongement sur les fibres extérieures. Les fibres intérieures sont comprimées; on admet que la fibre moyenne ne change pas de longueur. On peut s'en rendre compte de la manière suivante : en prenant pour courber l'anneau 40 × 3.14 = 0m,125,6 ou 0m,125 de fil, le diamètre extérieur de l'anneau est trop grand; en prenant en moins trois fois l'épaisseur du fil, c'est-à-dire 125,6 — (2,5 × 3) ou 0m,118, ce qui correspond sensiblement à la longueur de la circonférence moyenne, l'anneau a 0m,040 de diamètre extérieur.

MARS

Rosace à quatre branches en fil demi-cylindrique de 5.

Exécution. — 1° Tracé sur panneau : décrire deux circonférences concentriques de 20 et de 45 de rayon, mener deux diamètres perpendiculaires, et tracer à main levée une des courbes en C. Rectifier cette courbe : prendre une ouverture de compas à peu près égale au rayon de la plus petite courbure, et parcourir la courbe avec cette ouverture, en comptant le nombre de cordes qu'il serait possible d'inscrire.

2° Prendre un morceau de fil égal à la longueur rectifiée de la courbe, limer les bouts en sifflet, et courber sur l'enclume d'après le tracé sur panneau.

3° Exécuter les anneaux et lier.

Nota. — On peut confier l'exécution d'une rosace à un groupe de deux ou même de quatre élèves, les plus habiles feront le montage.

Rosace en tôle : Tôle douce de 5/10e.

Exécution. — Se borner à tracer sur la feuille les lignes de construction. Poinçonner trois trous de 6. Découper à la langue de carpe et finir à la lime douce. La forme à plat sera obtenue à vue sans qu'il soit nécessaire de la tracer au préalable.

Galber les feuilles au marteau et finir à la bouterolle.

REMARQUES GÉOMÉTRIQUES (suite).

Figure à symétrie rayonnante (voy. p. 30 et 32). — Observer que chaque branche des rosaces présente un axe de symétrie, et que, dans leur ensemble, ces axes de symétrie sont répartis selon les rayons d'un cercle qu'ils divisent en parties égales.

Ces figures sont dites à symétrie rayonnante.

Les rosaces sont obtenues par la répétition du même motif ou d'un certain nombre de motifs différents qui alternent régulièrement.

La symétrie, la répétition, l'alternance, sont les sources de l'ornementation.

FÉVRIER

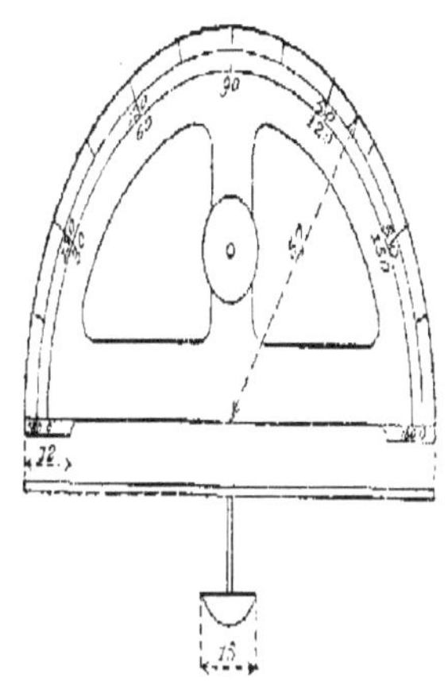

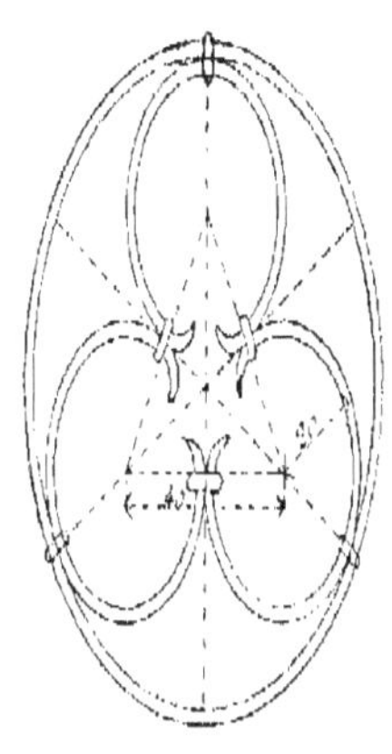

MARS

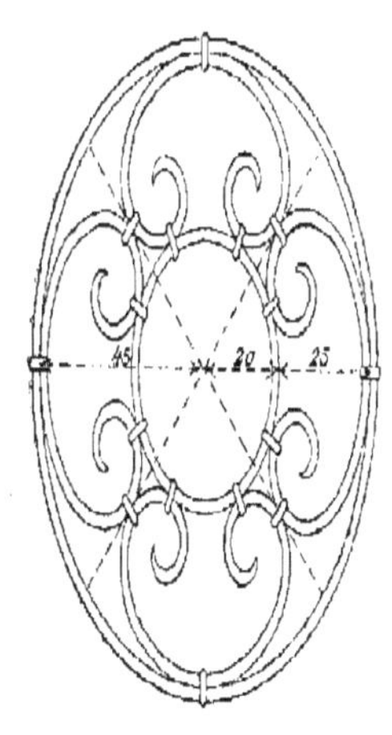

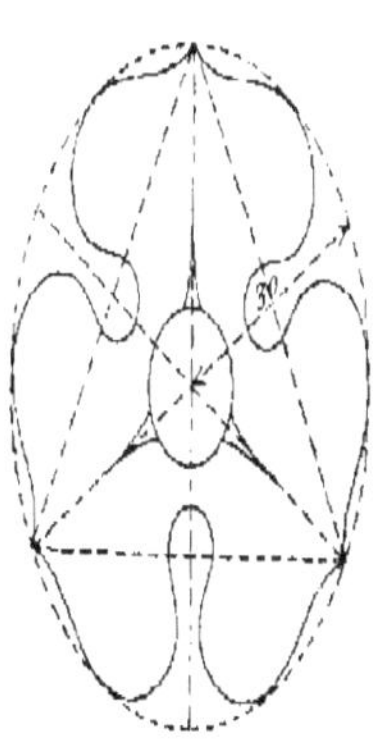

Cuvette en tôle.

Fer. — Tôle douce de 5/10 : bande de 0^m,052 de largeur sur 0^m,30 de longueur, et morceau rectangulaire de 80 × 60.

Exécution. — 1° Tracer le développement des faces (*fig.* 76) en réservant les pinces et un bord de 0^m,006. Tracer la ligne d'axe des

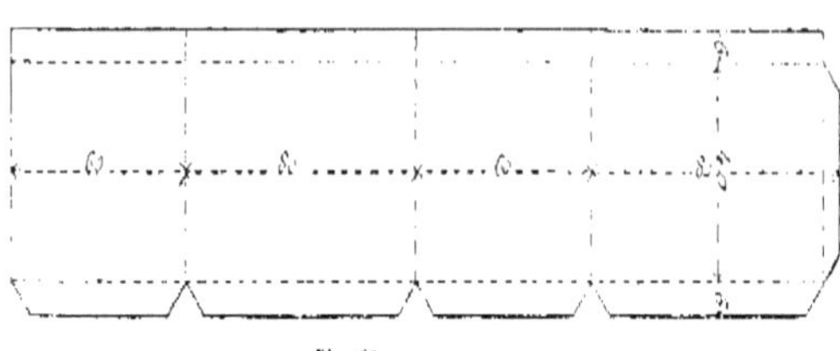

Fig. 76.

rivets à 0^m,003 du bord des pinces, et marquer la place des trous en les espaçant également.

2° Percer les trous des rivets (poinçon de 0^m,001) et redresser la tôle sur l'enclume. Couper au burin les onglets des pinces et la ligne de séparation des bords.

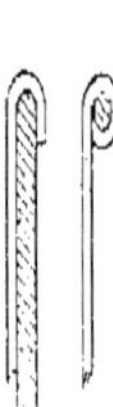

3° Rabattre à angle droit sur les mâchoires de l'étau les pinces du fond, celle du joint vertical, et couder à angle droit, suivant les arêtes. River la pince latérale.

4° Préparer et river le fond.

5° Forger dans de l'acier à burin une petite tranche de ferblantier, que l'on serrera dans les mâchoires de l'étau. Avec cette tranche, ciatrer en U les bords de la cuvette (*fig.* 77). Placer dans la rainure un cadre rectangulaire de 80 × 60 en fil de 0^m,002 de diamètre et rabattre les bords sur l'enclume.

Fig. 77.

REMARQUES GÉOMÉTRIQUES

PARALLÉLÉPIPÈDE RECTANGLE (*suite*) (voy. p. 34).

Développement d'un parallélépipède rectangle. — Le parallélépipède rectangle (*fig.* 78) est le solide limité par six faces planes parallèles entre elles, deux à deux, et d'équerre les unes sur les autres. Les faces sont toutes des rectangles. Imaginons que ce solide soit exactement recouvert par une feuille de papier, et que cette feuille soit étalée à plat, on obtient la figure 79 qui représente les faces développées, ou le développement de la surface du parallélépipède rectangle.

La surface latérale est un rectangle qui a pour base le périmètre de la base du parallélépipède, et pour hauteur, l'arête verticale du prisme.

Réciproquement : découper dans une feuille le pourtour de la figure 79, et plier ensuite à angle droit suivant les lignes pointillées; on limite une portion de l'espace qui est un parallélépipède rectangle.

Par le corroyage, on façonne ce solide plein, en partant d'une matière d'œuvre massive et en enlevant (ou épannelant) la matière en excès. Pour obtenir une cuvette, on découpe les faces dans une feuille métallique, suivant le développement de la surface. C'est par ces deux procédés : épannelage ou développement, que l'on réalise pratiquement les solides.

Cube. — Le cube (*fig.* 80) est un parallélépipède dont

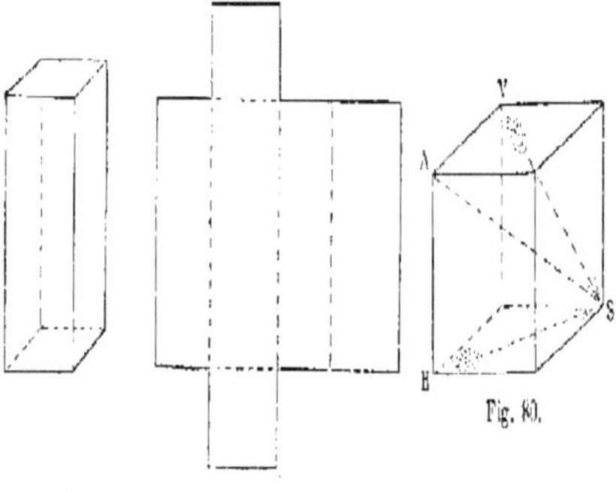

Fig. 80.

Fig. 78.   Fig. 79.

toutes les faces sont des carrés égaux; tracer son développement en disposant les faces comme précédemment.

Remarques. — La figure 81 représente le plan H et l'élévation V d'un cube posé d'aplomb devant le spectateur. La diagonale AS (*fig.* 80) de ce cube serait vue en élévation et en plan suivant les diagonales des carrés V et H (*fig.* 81). On suppose les objets éclairés par les rayons lumineux dirigés suivant cette diagonale, et, pour indiquer clairement le relief des objets dessinés, on est convenu de représenter en *traits fins* les arêtes séparant *deux faces éclairées*, et *deux faces dans l'ombre*, ou *une face éclairée et une face dans l'ombre formant entre elles un angle rentrant*.

Dans tous les autres cas, les arêtes sont figurées en traits forts, c'est-à-dire, lorsque *les deux faces sont l'une éclairée l'autre dans l'ombre, ou toutes deux dans l'ombre en formant une arête saillante*.

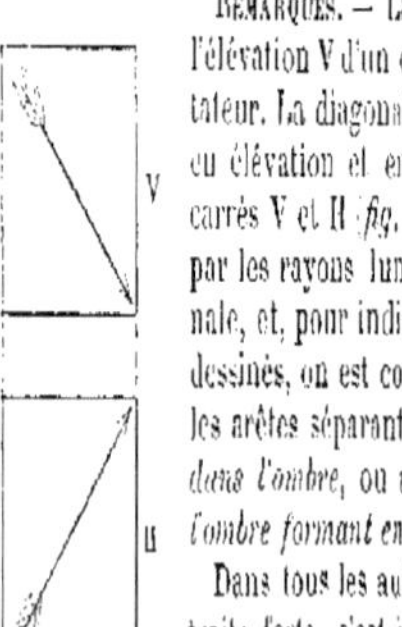

Fig. 81.

CUVETTE

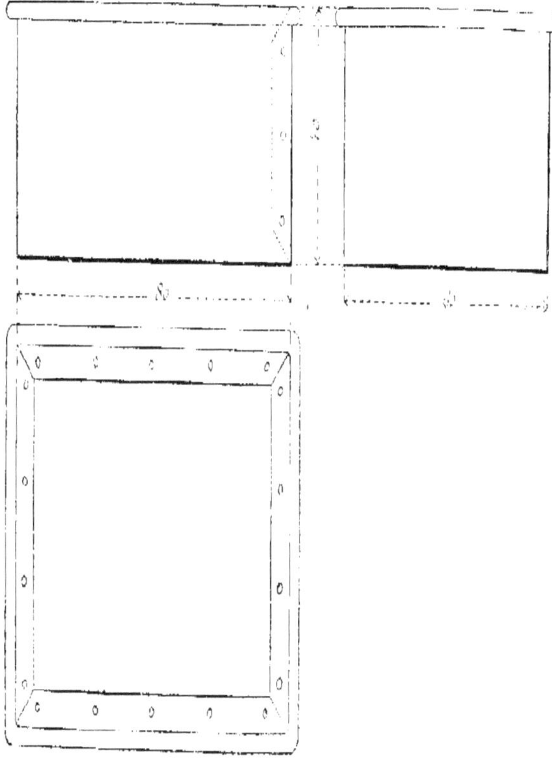

Rond de serviette en tôle.

Tôle. — Bande de tôle douce de 5/10 ayant 0m,045 de largeur sur 0m,15 de longueur environ.

Exécution. — 1° Reproduire le tracé (*fig.* 82). Commencer par tracer trois carrés de 45 de côté, mener les diagonales; le reste du

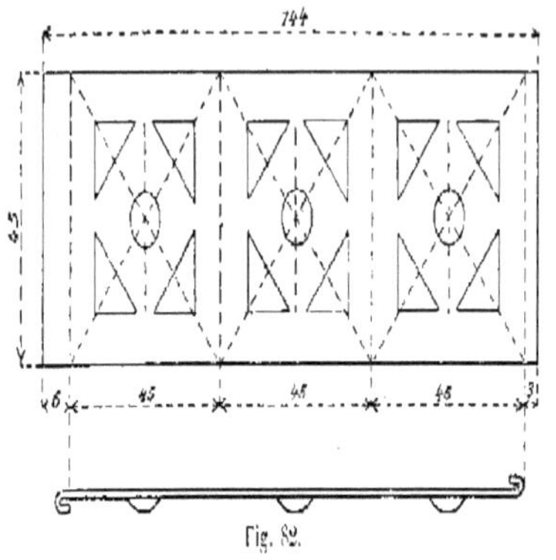

Fig. 82.

tracé s'achève sans difficulté. — Remarquer que la tôle nécessaire à l'agrafure est prise en dehors du développement.

2° Couper les bords de l'agrafure au burin, et affleurer à la lime. Découper à la langue de carpe les triangles rectangles isocèles, et corriger les irrégularités à la lime demi-ronde douce. Repousser le bouton du centre de chaque carré au marteau à tête ronde, ou à la bouterolle.

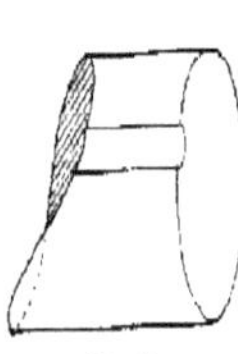

Fig. 83.

3° Préparer l'agrafure en coudant la tôle d'équerre dans l'étau, à 0m,003 du bord, et en mettant les agrafes en sens inverse à chaque extrémité. Rabattre ces parties coudées sur un morceau de tôle de même épaisseur.

4° Cintrer à la main en se servant du manche du marteau comme mandrin, et agrafer les deux bouts.

5° Serrer l'agrafure au maillet, sur une gouttière préparée à l'extrémité d'un morceau de fer rond (*fig.* 83). Rectifier le cintrage du cylindre sur l'enclume.

REMARQUES GÉOMÉTRIQUES

DÉVELOPPEMENT DE LA SURFACE LATÉRALE DU CYLINDRE

Développement de la surface latérale d'un prisme droit. — Les faces latérales d'un prisme droit sont des rectangles dont la hauteur commune est l'arête du prisme. Ces faces développées donnent un rectangle ayant pour base le périmètre de la base du prisme, et pour hauteur

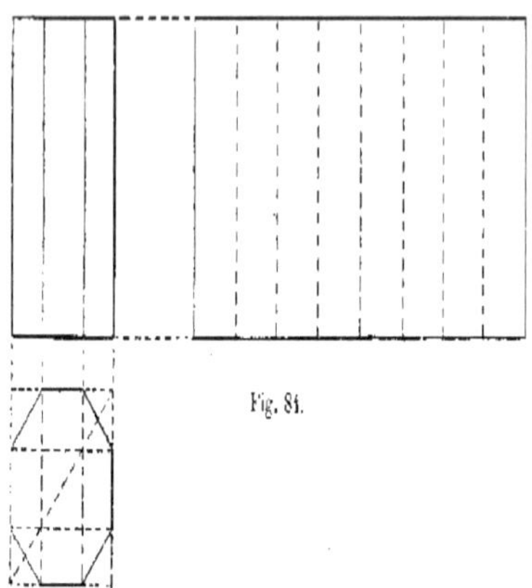

Fig. 84.

son arête. La figure 84 représente le développement de la surface latérale d'un prisme octogonal régulier.

Développement du cylindre. — Nous avons vu page 38 que l'on pouvait considérer le cylindre comme un prisme régulier d'un nombre infini de faces infiniment étroites: le développement de sa surface latérale est donc encore un rectangle dont la base est la longueur rectifiée de la circonférence de base du cylindre, et de hauteur égale à la génératrice.

Si nous représentons par D la longueur du diamètre de la base, par H celle de la hauteur du cylindre, le développement de la surface latérale est un rectangle dont la base mesure πD; cette surface $S = \pi D \times H$.

Remarque. — Dans le dessin du rond de serviette, les carrés évidés du développement sont vus suivant des quadrilatères à côtés curvilignes, dont les sommets sont donnés par la construction suivante.

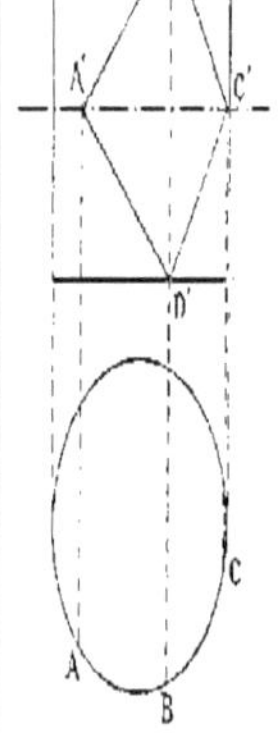

Fig. 85.

Soit un cylindre (*fig.* 85) représenté en élévation et en plan, sur la surface duquel a été tracé un carré disposé comme les carrés évidés du rond de serviette. Sur le plan, les sommets sont vus en A, B, C, et les arcs AB et BC sont égaux aux demi-diagonales du carré. En élévation, la diagonale verticale du carré est vue en vraie grandeur en B'D', et la diagonale horizontale A'C' est limitée par les lignes de rappel passant par A et C.

ROND DE SERVIETTE

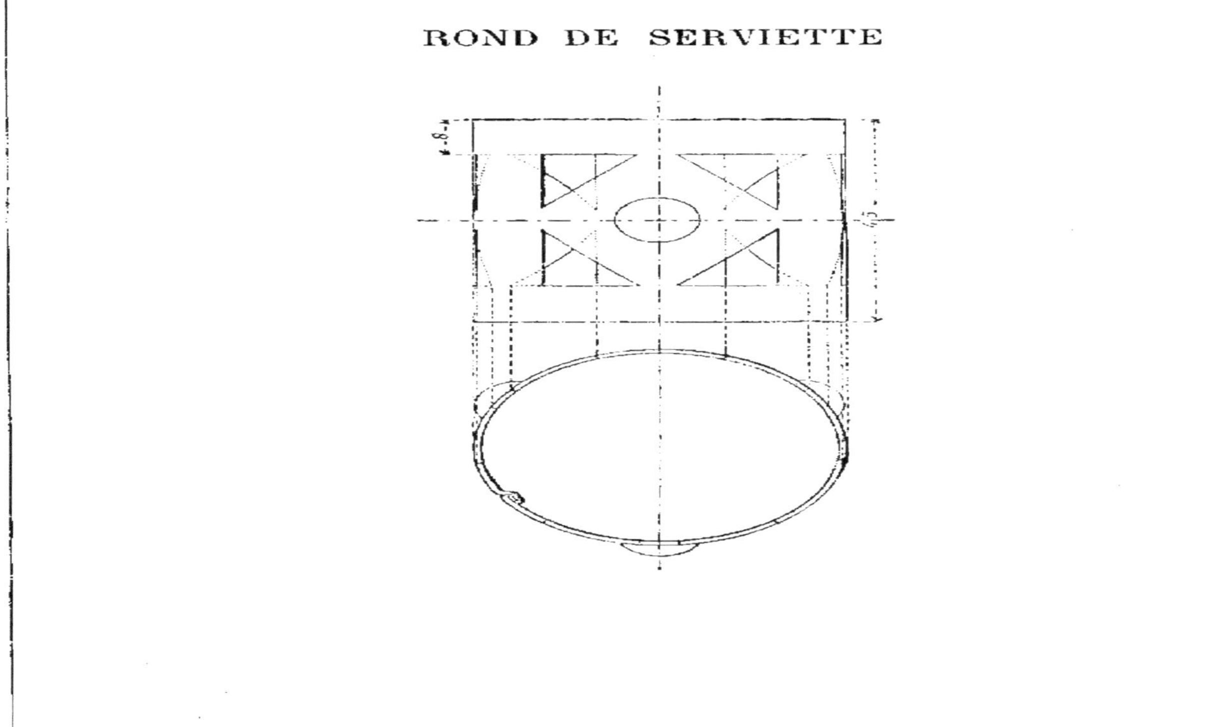

Porte-allumettes en tôle de 8/10.

Tracé des pièces sur la tôle. Fond. — Tracer un triangle isocèle ABC ayant 0^m,060 de base et 0^m,080 de hauteur (*fig.* 86), et mener la parallèle DE à la base, à 0^m,025 du sommet.

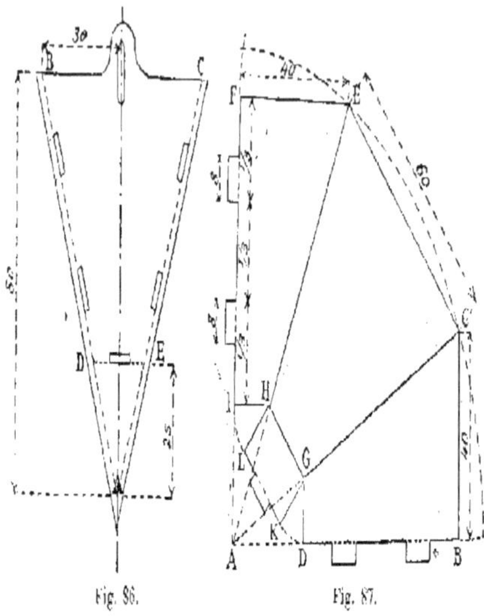

Fig. 86.   Fig. 87.

Développement (*fig.* 87). — Relever les longueurs AB et AD sur le triangle isocèle du fond; élever la perpendiculaire BC et joindre AC, qui est l'arête oblique en vraie grandeur. Du point A comme centre, décrire un arc de rayon AC, et porter la cote CE de 0^m,060; AE est la seconde arête oblique du tronc de pyramide. De A comme centre, avec AB pour rayon, décrire un arc de cercle; de E comme centre, avec un rayon de 0^m,040, décrire un arc qui coupe le précédent au point F; joindre AF et FE; les triangles rectangles ABC et AEF sont égaux. Prendre AI = AD, et élever les perpendiculaires DG, IH; joindre GH; tracer le rectangle HGKL, ainsi que les tenons du développement, les mortaises du fond, la boutonnière, et marquer les centres des trous de la galerie, suivant les indications de la planche ci-contre.

Exécution. DÉVELOPPEMENT. — 1° Poinçonner à 0^m,003 les trous de la galerie; découper le pourtour au burin, en ménageant les tenons; affranchir à la lime douce; échancrer l'ornementation de la galerie à la lime demi-ronde douce.

2° Sabler le frottoir.

3° Couder le fond sur l'étau, selon le côté HG (*fig.* 87), puis couder à angle droit suivant les arêtes GD et HE.

Fond : 1° Poinçonner la boutonnière et les mortaises avec un mandrin de forme voulue.

2° Découper au burin, en laissant un recouvrement de 0^m,002 sur les côtés du triangle isocèle, et limer le contour suivant le tracé.

3° Monter les deux pièces et les fixer en rabattant les tenons sur le fond.

REMARQUES GÉOMÉTRIQUES

PYRAMIDE ET TRONC DE PYRAMIDE (*suite*) (voy. p. 40).

Développement de la pyramide et du tronc de pyramide. — Si l'on prolonge sur le dessin les arêtes des faces de la boîte, elles viennent converger au même point, et les faces latérales prolongées sont des triangles, qui limitent une pyramide à base rectangulaire. Cette pyramide a même base et même hauteur que la cuvette (page 50); en la construisant en tôle, on pourrait, en l'emplissant de sable fin par exemple, constater que son volume est le tiers de celui de la cuvette.

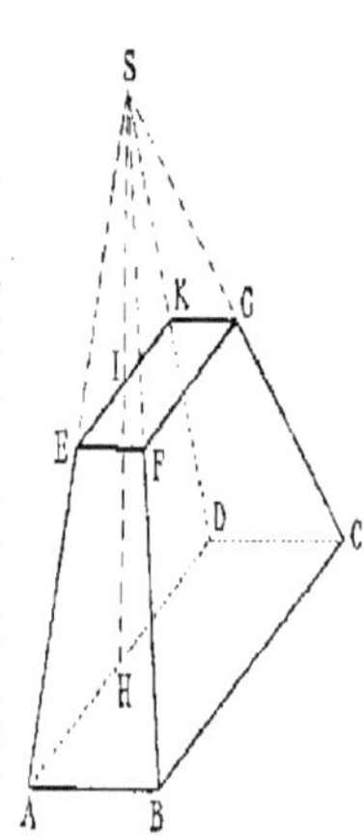

Fig. 88.

Soit SABCD (*fig.* 88) la pyramide qui résulterait du prolongement des faces du porte-allumettes, et EFGK le fond parallèle à la grande base. La face SAD est un triangle isocèle d'équerre sur la base; ce triangle est parallèle au plan vertical; il est donc donné par l'élévation en vraie grandeur. La face SAB est un triangle rectangle qui a pour base l'arête SA et pour hauteur le côté AB donné en vraie grandeur sur la vue de profil; l'arête SB est l'hypoténuse de ce triangle rectangle. Le dessin en profil et élévation fournit donc tous les éléments nécessaires pour la construction du développement.

Le tracé des arêtes de la base supérieure est donné par les mêmes constructions; il suffit en effet de développer la pyramide SEFGK.

PORTE-ALLUMETTES

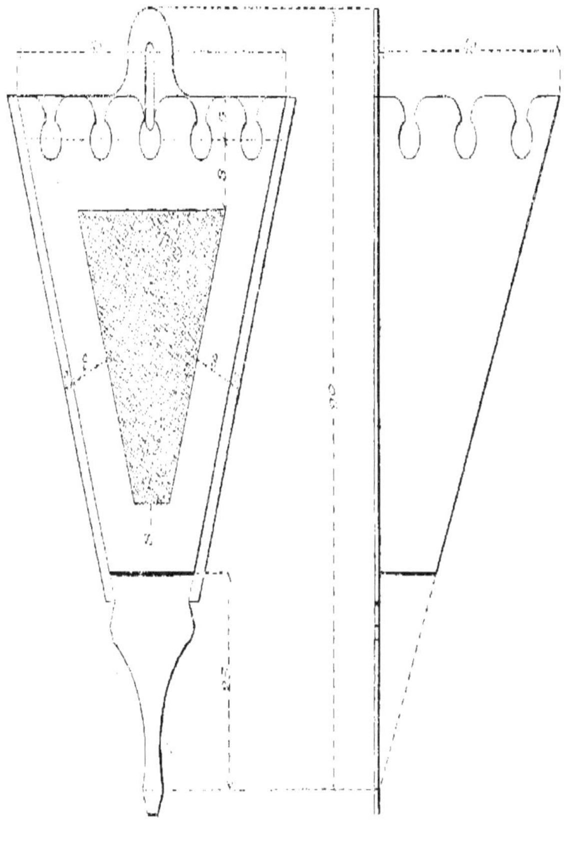

I. — Support pour la tablette exécutée au travail du bois (voy. p. 42).

Fer. — Petit fer plat de $10 \times 1\ 1/2$.

Exécution. — Tracer la console à main levée, rectifier la longueur de la courbe en la parcourant avec une ouverture de compas convenable, prendre le morceau de fer d'après la longueur ainsi trouvée. Limer les bouts en sifflet; courber sur l'enclume; percer les trous des rivets.

Couder un morceau d'équerre à 110×60; courber la grande branche suivant le dessin; exécuter la boutonnière; percer dans la petite branche deux trous pour des vis à tête ronde, et les deux trous des rivets; river la console.

II. — Potence en fil demi-cylindrique de $0^m,005$.

Exécution. — 1° Tracer la spirale à main levée, en l'inscrivant dans le méandre linéaire ABCDEFGH. — Relever sur le dessin la longueur du fil nécessaire à l'exécution.

2° Dresser le fil, et limer une extrémité en sifflet sur une assez grande longueur ($0^m,015$ à $0^m,020$).

3° Courber la spirale sur l'enclume, en commençant par l'extrémité du fil, et en donnant immédiatement à la courbe le mouvement voulu. Vérifier en appliquant fréquemment la courbe sur son tracé. Mettre le plat du fil en dehors.

4° Pincer l'extrémité droite du fil dans les mâchoires de l'étau, jusqu'à la hauteur du lien; prendre la courbe dans l'étau à main, à la hauteur de la diagonale BD, et faire accomplir une torsion d'un demi-tour au fil, de telle sorte que, dans la partie droite de AB, le plat soit en dedans, du côté de la spirale, au lieu d'être en dehors, comme dans le reste de la courbe.

Modifications. — Ajouter les branches accessoires comme l'indique la planche. Ce petit motif est fréquemment utilisé en serrurerie ornementale, notamment comme potence, porte-réverbère, porte-enseigne, etc.

REMARQUES GÉOMÉTRIQUES

Spirales. — Les spirales sont des courbes indéfinies, dont la courbure décroît régulièrement à mesure que l'on s'écarte du centre ou œil de la spirale. On les trace au compas de la façon suivante :

Spirale à deux centres (fig. 89). — Elle est composée de demi-circonférences dont les centres sont pris successivement en O et O'. Les points de contact sont sur la ligne des centres OO'.

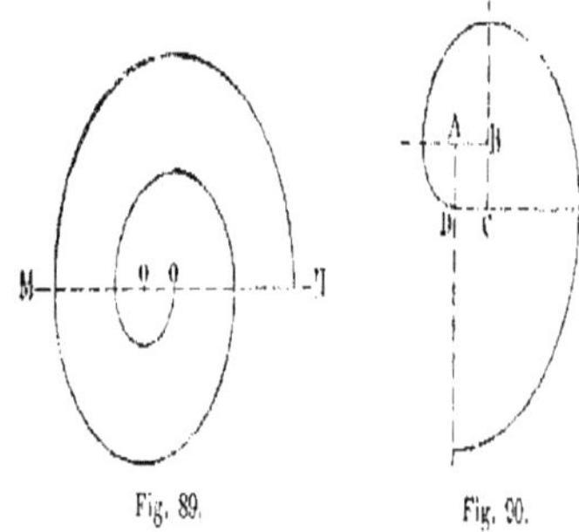

Fig. 89.   Fig. 90.

Spirales à trois, quatre et cinq centres (fig. 90). — Elles sont composées d'arcs de cercle tangents, dont les centres sont successivement pris dans le même ordre, sur les sommets d'un polygone régulier de trois, quatre, cinq côtés (œil de la spirale) qui, prolongés dans le même sens, donnent les différentes lignes des centres sur lesquels se font les raccords des arcs successifs.

Toutes les spirales tracées au compas présentent le même défaut : elles sont composées d'arcs de cercle de rayons différents; aux points de raccord, la courbure varie brusquement, ce qui produit un effet désagréable. On ne peut obtenir de tracés réellement gracieux qu'à main levée.

SUPPORT

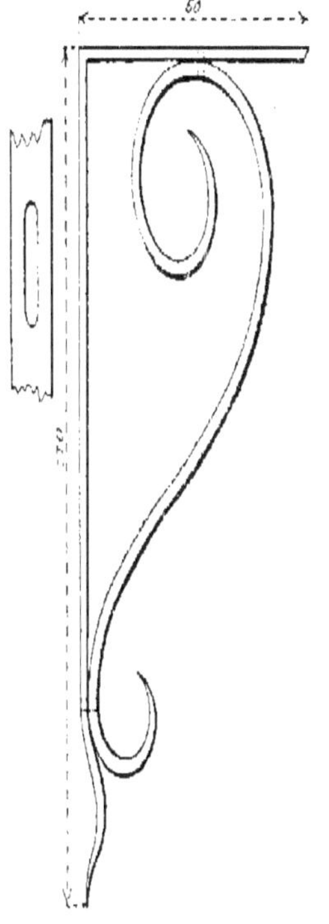 POTENCE 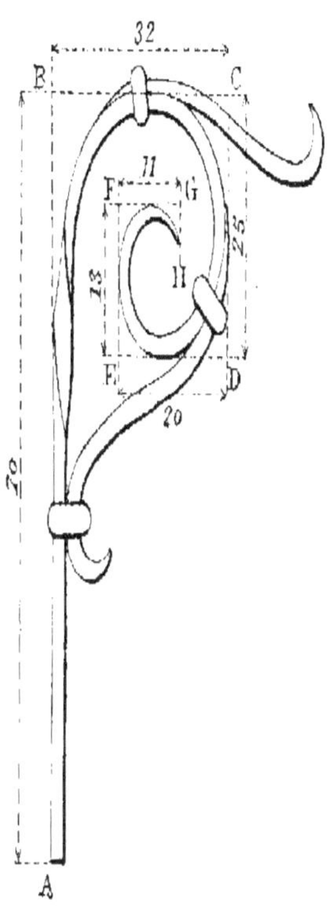

Travaux facultatifs.

Rosaces en fil demi-cylindrique de 0ᵐ,005.

Nota. — Ces rosaces peuvent être exécutées en réunissant les élèves par groupes de deux ou quatre, chaque élève réalisera un ou deux éléments, le plus habile du groupe sera chargé du montage.

La marche à suivre dans l'exécution est la même : tracer à main levée l'élément courbe en l'inscrivant dans un secteur de 90° ou de 45°. Relever la longueur du fil sur le dessin. Limer les extrémités en sifflet. Courber au marteau sur l'enclume. Vérifier le cintrage en appliquant fréquemment sur le tracé.

I. — Rosace à quatre branches courbes en C.

Tracer l'élément (fig. 91). Longueur du fil, 0ᵐ,14 environ.

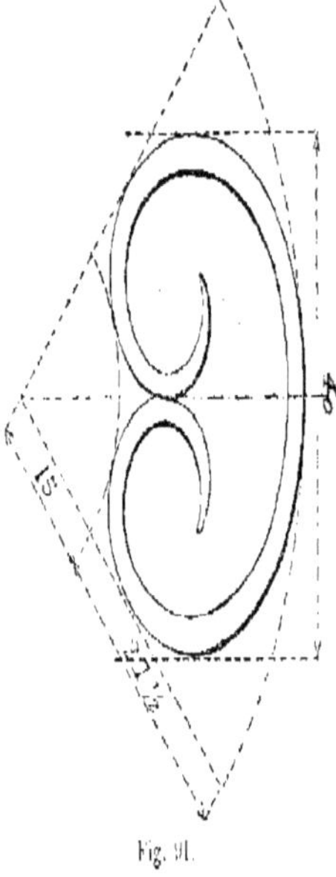

Fig. 91.

II. — Rosace à quatre branches en V.

Longueur du fil pour une branche : 0ᵐ,160.

Commencer par courber les deux extrémités jusqu'à la naissance de la courbe et, pour couder à angle droit, faire au sommet de l'angle une encoche à mi-épaisseur avec la lime demi-ronde.

III. — Rosace à huit branches en S.

Longueur du fil pour un élément : 0ᵐ,125.

Limer en sifflet les deux extrémités sur une longueur de 0ᵐ,015 pour la tête, et de 0ᵐ,020 pour la base. Courber la tête avant de tordre le

fil comme on l'a indiqué précédemment à propos du support en spi-

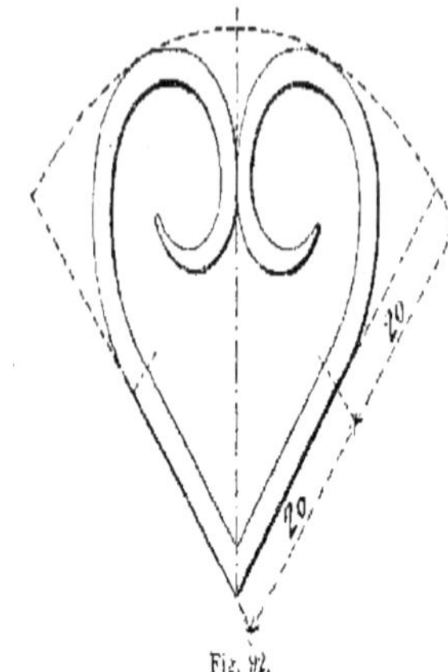

Fig. 92.

rale. La partie plate du fil est toujours en dehors de la courbe.

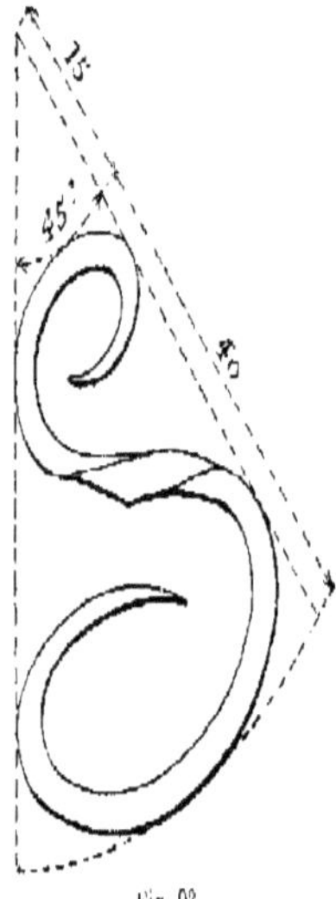

Fig. 93.

Remarque. — Les deux rosaces à huit branches sont obtenues avec les mêmes éléments disposés d'une façon différente. Dans la première, les S sont juxtaposés dans le même sens; dans la seconde, ils sont disposés deux à deux suivant un rayon qui forme l'axe de symétrie d'un petit motif composé de deux S qui se regardent, chaque élément alterne de position avec ceux qui sont contigus. La répétition et l'alternance sont fréquemment employées en serrurerie ornementale, comme dans toute composition décorative.

ROSACES

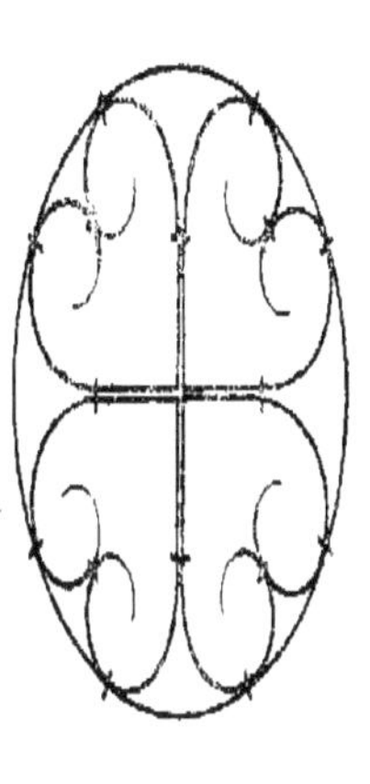

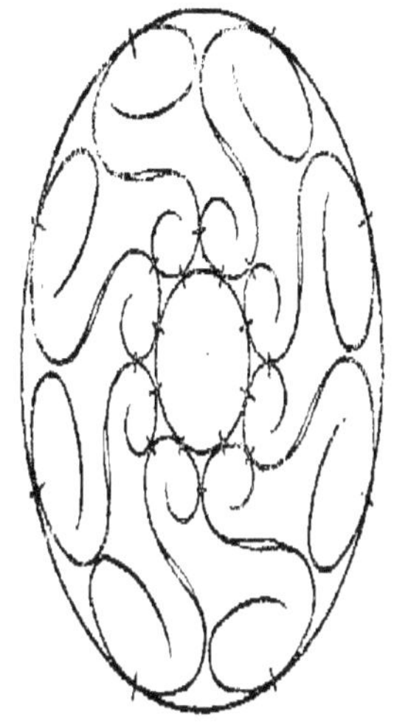

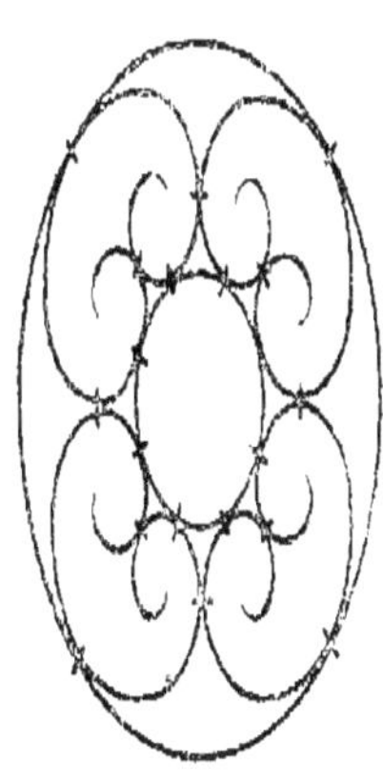

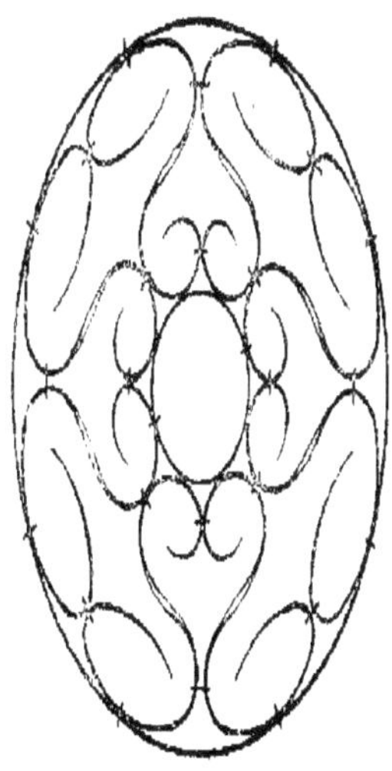

Deuxième année d'atelier.

Travail du bois.

La matière d'œuvre est préparée par les élèves dès le début, car ils ont été initiés au corroyage à partir du troisième trimestre de la première année.

L'éducation de la main est continuée par l'usage des principaux outils du menuisier, et par l'exécution des travaux demandant une précision de plus en plus grande. Les manipulations comprennent toutes celles que l'on rencontre couramment dans le travail du bois à l'établi.

Bien que nous n'ayons jamais parlé, dans la série de nos exercices scolaires, de l'affûtage des outils et de leurs soins d'entretien, cela ne veut pas dire que nous négligions cette partie si importante mais en même temps si délicate du métier. Les chefs d'ateliers, auxquels ces soins sont familiers, n'ont nullement besoin de notre direction sur ce point. Ils pourraient se trouver embarrassés, par contre, pour donner les raisons d'être de la forme des différents taillants, de leur inclinaison, de leur ouverture, etc.; ils trouveront dans nos leçons sur l'outillage tous les renseignements dont ils auront besoin. Quant aux procédés opératoires, à la manière de tenir le fer d'un ciseau ou d'une varlope, pour lui donner un affût convenable, nous n'avons pas cru devoir en entretenir des praticiens. Mais on ne saurait guère exercer les enfants à affûter un outil que quand ils savent le manier, et qu'ils ont la main suffisamment sûre pour ne pas le détériorer maladroitement.

C'est donc à la fin de la seconde année seulement qu'on pourra les exercer à morfiler leurs fers, à les affûter, à limer une scie, à lui donner de la voie, etc. Le chef d'atelier choisira les occasions propices, et il s'arrangera de façon à pouvoir diriger et surveiller de très près les enfants auxquels il confiera un outil à affûter. En attendant, lui seul mettra toujours les outils en état, sous peine d'avoir un matériel rapidement hors d'usage.

Travail du fer.

Les exercices de seconde année ont pour but d'initier les enfants au maniement des outils employés dans le travail du fer, et de leur faire exécuter les différentes manipulations de la serrurerie.

Le travail du fer plat demande plus de précision que celui de la tôle. Les procédés d'exécution sont analogues à ceux qui sont employés dans les ateliers.

Les tracés seront faits avec soin, en se servant des outils suivants : pointe à tracer, pointeau à repérer, équerre simple et à chapeau, sauterelle, trusquin d'ajusteur, compas à ressort, calibre à coulisse.

On ne saurait demander une exécution irréprochable, des champs rigoureusement droits et d'équerre, des faces parfaitement dressées à traits croisés, mais on doit exiger une réalisation aussi exacte que possible au point de vue des dimensions. D'ailleurs, les objets que nous indiquons ne présentent pas de pièces d'ajustage, et conduisent, dès le début, à un résultat qui satisfait l'enfant et l'encourage.

L'éducation de la main est complétée par le maniement d'outils demandant plus de sûreté de mouvements, comme les différentes opérations faites à la lime : dressage des champs d'une plaque de fer, exécution de courbes concaves ou convexes, arrondis en bout avec épaulement, etc. Les manipulations sont nombreuses et variées; elles comprennent, sauf la forge, toutes celles que l'on exécute couramment en serrurerie, y compris la brasure et la soudure à l'étain.

Les enfants particulièrement adroits, et qui finissent plus rapidement que leurs camarades le travail imposé à leur section, pourront exécuter quelques-uns des modèles que nous avons indiqués sous la rubrique *travaux facultatifs*, à la fin des exercices de première et de seconde année.

Dessin géométrique.

Les objets confectionnés à l'atelier du bois ou à celui du métal présentent le développement du même programme de tracés géométriques. Ce programme est conforme dans sa subdivision mensuelle à celui de la première année; il en est la revision et le complément.

Corroyage. Maniement de la scie à araser.

Bois. — Feuillet de sapin de 13 refendu en trois. Planchette de 330 de longueur.

Exécution. — 1° Blanchir une face. Trusquiner l'autre à 10 et la dresser à la varlope. Dresser un champ.

2° Tracer trois carrés de 80 de diagonale disposés comme l'indique la figure 94, et sept perpendiculaires équidistantes.

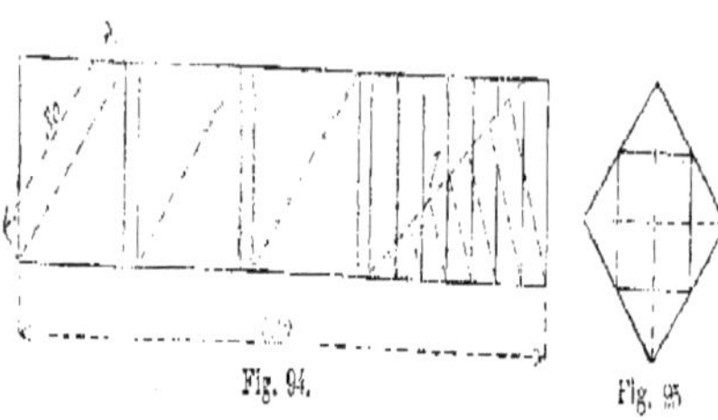

Fig. 94.   Fig. 95.

3° Tirer de largeur; donner des traits de scie à araser suivant les perpendiculaires; détacher les carrés, et les dresser en bouts sur la planche à recaler.

Pour le maniement de la scie et de la varlope, voy. pages 14 et 34.

Modifications. — 1° Joindre les milieux des côtés du carré (fig. 95), donner avec la scie à araser des traits à mi-bois suivant les côtés du carré inscrit, et faire l'élégi au ciseau.

2° Préparer une planchette rectangulaire de 260 × 100 × 10 dans du feuillet de 13, et exécuter la pièce de fond du panneau suivant le croquis.

3° Clouer les carrés sur cette pièce.

REMARQUES GÉOMÉTRIQUES

CARRÉ. DIVISION D'UNE DROITE EN PARTIES ÉGALES

Revision des remarques, pages 12 et 13.

Tracé d'un carré, connaissant sa diagonale (fig. 96). Mener un trait de trusquin AB à 2 ou 3 millimètres de l'arête, tracer avec l'équerre la perpendiculaire CD et, du point C comme centre, avec une ouverture de compas convenable, décrire un arc de cercle qui donne les points E et D. L'oblique ED fait 45° avec l'arête; prendre GF = 80 millimètres, longueur de la diagonale du carré, et, par le point F, mener un trait de trusquin parallèle à la rive dressée; les perpendiculaires à l'arête menées par G et F donnent le carré.

Les diagonales d'un carré se coupent à angle droit et en parties égales, cette figure est inscriptible dans un cercle (fig. 97); utiliser cette propriété pour vérifier l'exactitude du tracé précédent.

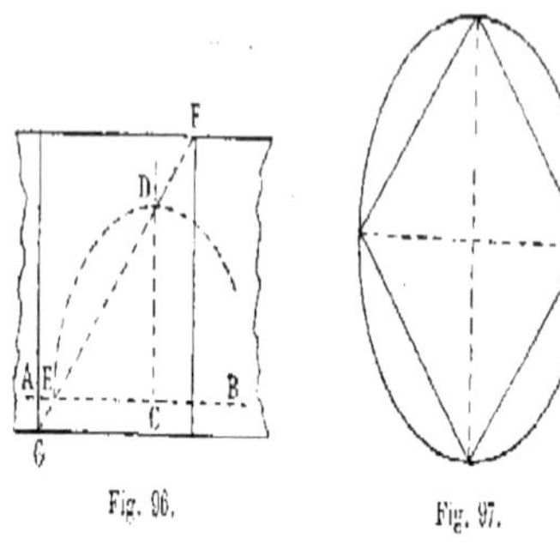

Fig. 96.   Fig. 97.

Division d'une droite en parties égales. Soit la droite AB (fig. 98) à diviser en 5 parties égales : mener l'oblique AC, sur laquelle on marque au compas 5 points à égale distance 1, 2..., 5, joindre le point 5 à B et, par les points de division, faire passer des parallèles à cette droite.

Pratiquement, quelle que soit la position de AB sur la matière d'œuvre, si un champ est dressé, ces parallèles se tracent à la fausse équerre ou sauterelle, car des droites parallèles forment des angles égaux avec une droite qui les traverse.

Lorsqu'on dispose d'une surface plane sur laquelle des droites équidistantes sont tracées, comme une feuille de papier bien réglée par exemple, porter la droite AB à diviser entre 5 + 1 ou 6 réglures (fig. 99), et marquer immédiatement les points de division. Cette construction est une modification de la précédente, elle n'est possible toutefois que si la droite AB est plus longue que la perpendiculaire AH comprise entre les parallèles extrêmes.

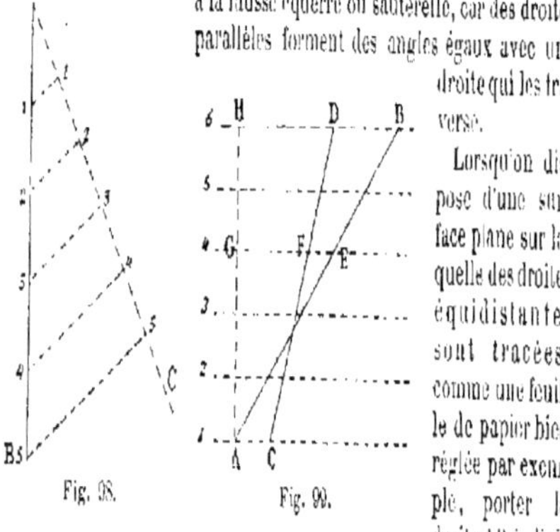

Fig. 98.   Fig. 99.

Un système de droites parallèles marque donc des divisions semblables sur toute droite AB, CD, AH... qui les traverse. On voit que les segments détachés sur ces droites sont entre eux dans le même rapport. on dit qu'ils sont *proportionnels*. Ainsi, par exemple, on peut écrire

$$\frac{AE}{AB} = \frac{CF}{CD} = \frac{AG}{AH} = \frac{3}{5}.$$

PANNEAU

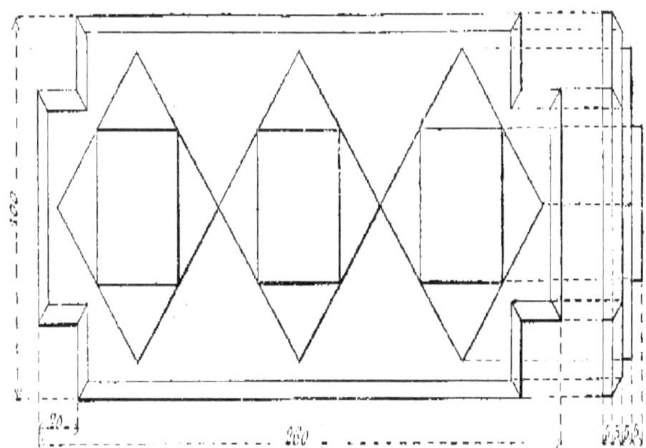

Corroyage. Maniement de la scie à araser, de la scie à refendre et du ciseau.

Bois. — Hêtre de 18 refendu en trois, morceau de 330 de longueur.

Exécution. — 1° Tirer d'épaisseur à 15 et de largeur à 60.

2° Refendre en deux dans le sens de la longueur, et tirer chaque morceau de largeur à 25.

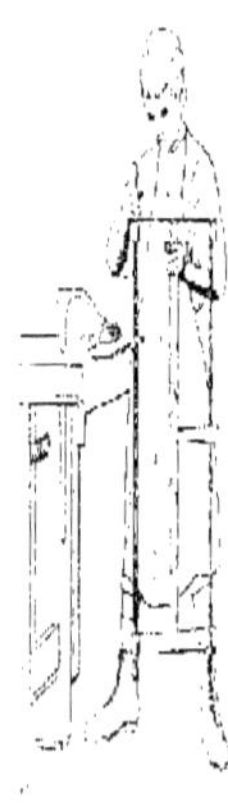

Fig. 100.

Rappeler comment on manie la scie à refendre (voy. p. 34 et *fig.* 100), et s'efforcer d'obtenir un mouvement régulier des bras. Faire observer à l'enfant que si la scie a dévié par trop du trait, pour le rejoindre, il est préférable, au lieu d'exercer une torsion sur la lame, de revenir un peu en arrière, pour rattraper progressivement la direction à suivre en élargissant le trait, ce qui s'obtient sans difficulté en faisant mordre les dents de la scie seulement du côté où le trait est découvert.

3° Tracer une entaille d'équerre à mi-épaisseur. Donner des traits de scie à araser à mi-bois, et exécuter l'entaille au ciseau.

4° Assembler les deux branches du croisillon.

Modifications. — 1° Tracer sur le parement les diagonales du carré occupé par l'entaille, et, de ce point comme centre, avec une ouverture de compas égale à 120, marquer les sommets du carré circonscrit au croisillon.

2° Abattre à la scie les branches du croisillon suivant les côtés de ce carré.

3° Chanfreiner à mi-épaisseur comme l'indique la planche ci-contre.

Revision des remarques, page 46.

Les branches du croisillon sont des parallélogrammes dont le centre de figure coïncide avec le centre du carré. Étant données : la position de ce centre de figure, la largeur du parallélogramme et la longueur de la diagonale, la construction est des plus simples.

Construire un parallélogramme, connaissant une diagonale et les deux côtés. — Soit AC la diagonale donnée (*fig.* 101), prendre une ouverture de compas égale à l'un des côtés, au grand par exemple, et décrire des points A et C deux arcs de cercle. Décrire des points C et A deux arcs de rayon égal au petit côté : les points d'intersection B, D de

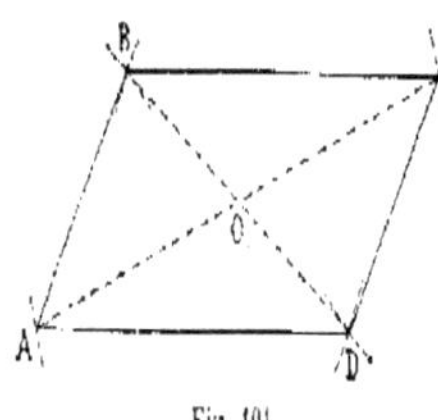

Fig. 101.

ces arcs sont les sommets du parallélogramme cherché.

Construire un parallélogramme, connaissant ses deux diagonales et un côté (fig. 101). — Soit AC l'une des diagonales; marquer le milieu O, et décrire de ce point comme centre, avec un rayon égal à la moitié de l'autre diagonale, deux arcs de cercle. Des points A et C comme centres, avec un rayon égal au côté donné, décrire deux arcs qui coupent les premiers aux points B et D, sommets du parallélogramme cherché.

Représentation du croisillon. — Le croisillon est représenté en élévation par sa vue à plat. Pour indiquer sans ambiguïté la forme des pièces, on suppose l'une d'elles désassemblée, et on représente ce qui serait vu en supposant que l'on ait fait faire *quartier* à cette pièce, c'est-à-dire qu'on lui ait fait exécuter une rotation d'un quart de tour sur elle-même, de façon à présenter le champ en haut.

CROISILLON

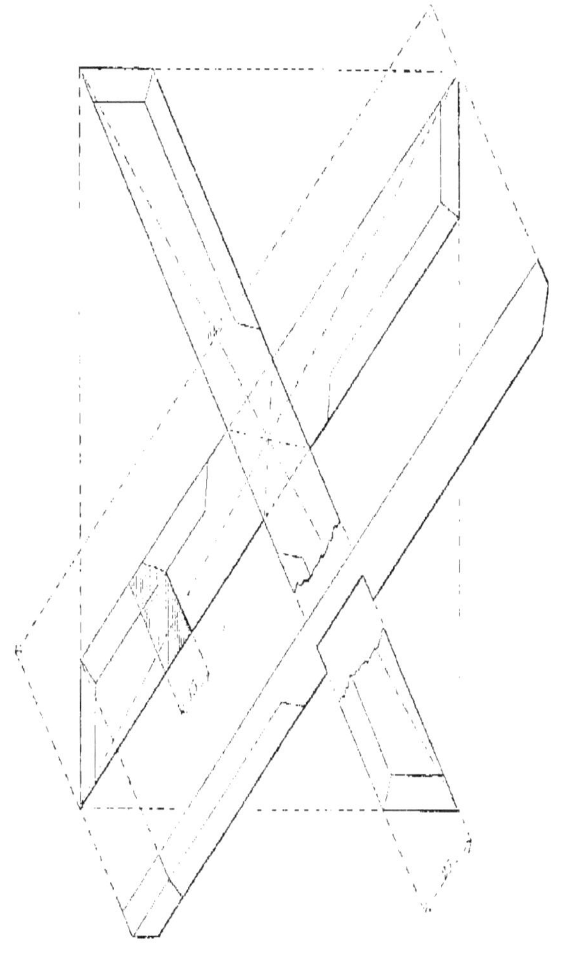

Bois. — Feuillet de l'être de 8 refendu en trois; planchette de 25 centimètres de longueur.

Exécution. — 1° Corroyer la planchette à 70 × 7 et la dresser en bouts sur la planche à recaler.

2° Tracer les deux équerres (*fig.* 102) en leur donnant les dimensions indiquées.

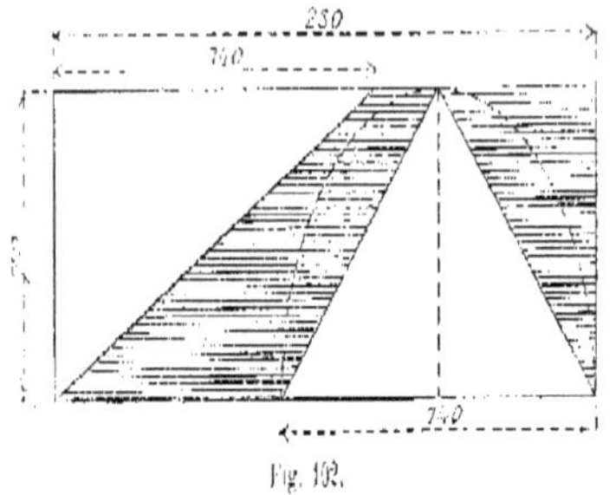

Fig. 102.

3° Débiter les équerres à la scie à araser, en laissant du bon sur les traits; atteindre exactement ces traits au rabot.

4° Percer un trou de 10 millimètres au point d'intersection des bissectrices.

REMARQUES GÉOMÉTRIQUES

TRIANGLES. TRIANGLES ÉQUIVALENTS

Revision des propriétés des triangles. — Définition; base; hauteur; différentes sortes de triangles; somme des angles; surface; triangle moitié d'un parallélogramme.

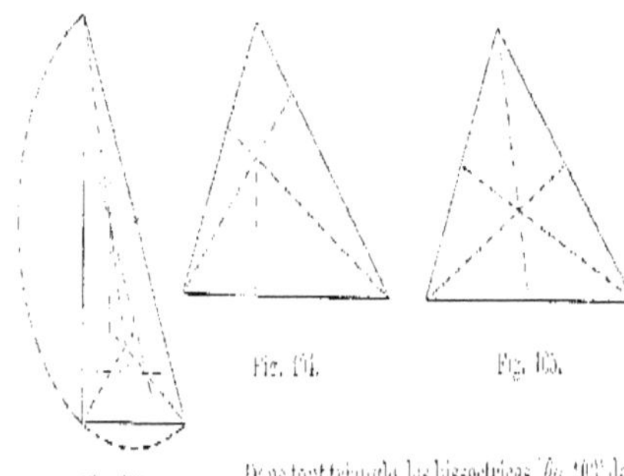

Fig. 104.   Fig. 105.

Fig. 106.

Dans tout triangle les bissectrices (*fig.* 106) des trois angles se coupent en même point; il en est de même des trois hauteurs (*fig.* 104) et des trois médianes (*fig.* 105).

Pour déterminer les bissectrices des angles d'un triangle réalisé avec une matière d'œuvre quelconque, utiliser le trusquin (*fig.* 105) qui donne un tracé rapide et précis.

Le tracé (*fig.* 106) employé lorsque les côtés de l'angle ne limitent pas la matière n'est pas pratique dans le cas actuel; il est difficile en effet de poser les pointes du compas sur une arête vive, d'ailleurs l'opération serait plus longue.

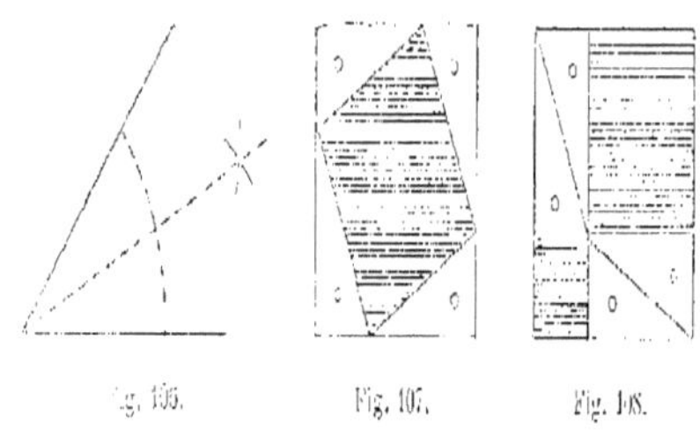

Fig. 106.   Fig. 107.   Fig. 108.

Triangle rectangle. — L'angle droit est inscriptible dans une demi-circonférence. Constater, en disposant quatre équerres égales, comme l'indiquent les figures 107 et 108, que *le carré construit sur l'hypoténuse d'un triangle rectangle est équivalent à la somme des carrés construits sur les côtés de l'angle droit.*

Vérification des équerres. — L'espace autour d'un point et du même côté d'une droite est couvert en clément par deux angles droits; utiliser cette propriété pour vérifier l'équerre.

S'il s'agissait de vérifier une équerre dont les côtés sont relativement longs, ou un angle droit tracé sur le terrain, par exemple, ce procédé n'est plus applicable; on utiliserait alors la propriété du carré de l'hypoténuse, de la manière suivante:

Prendre une longueur arbitraire, et la porter trois fois sur l'un des côtés de l'angle droit, quatre fois sur l'autre, la droite joignant les points extrêmes doit avoir une longueur égale à cinq fois la longueur arbitraire choisie, car $(3×3) + (4×4) = 5×5$.

REMARQUE. — Les deux équerres réalisées ont même surface. Si l'on prend comme base l'hypoténuse dans l'équerre à 45°, et le grand côté de l'angle droit dans l'autre équerre, on voit que ces deux triangles ont même base et même hauteur.

ÉQUERRES

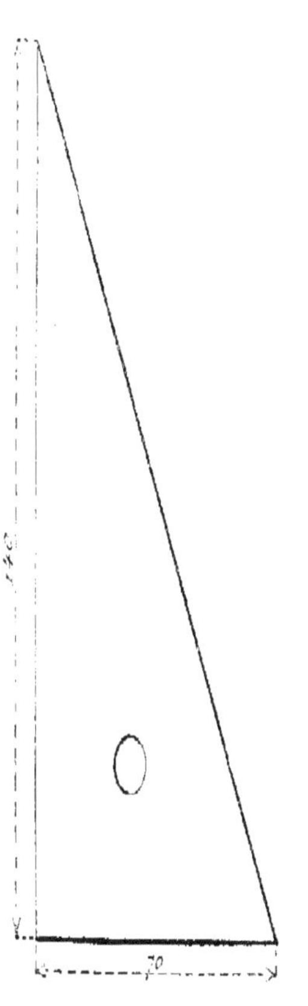

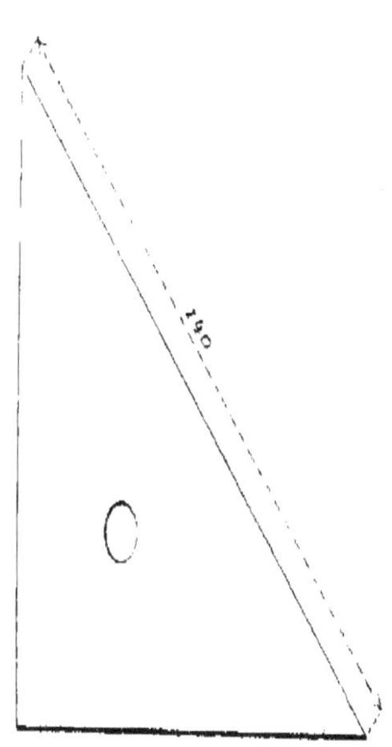

Trait de scie parallèle à une face. Maniement du ciseau et du guillaume.

Bois. — Sapin deux traits refendu en trois. — Planchette de 0m.33 de longueur.

Exécution. — 1° Corroyer à 60 × 21 ; recaler un bout et prélever un rectangle de 200 de longueur.

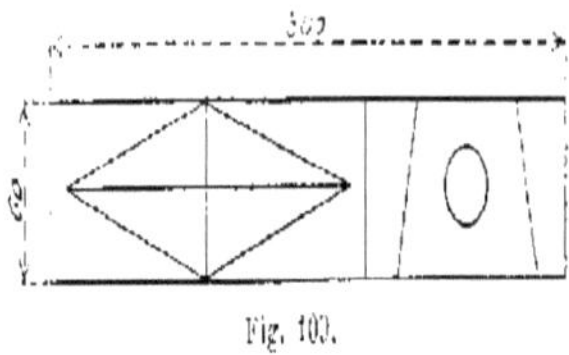

Fig. 103.

2° Tracer sur ce rectangle un losange ayant 180 de grande diagonale, et trusquiner les champs et les bouts au tiers de l'épaisseur.

Fig. 110.

3° Détacher le losange à la scie; faire le trait de scie parallèle aux plats à la scie à tenons, et les arasements à la scie à araser. Laisser du bon sur le trait.

Commencer le trait de scie parallèle aux plats comme cela a été indiqué (p. 38-41), puis continuer le trait en le faisant rayonner autour du point c situé sur le prolongement du côté du losange.

4° Recaler les traits de scie au guillaume et au rabot.

Maniement du guillaume. Exécution d'une feuillure. — Donner peu

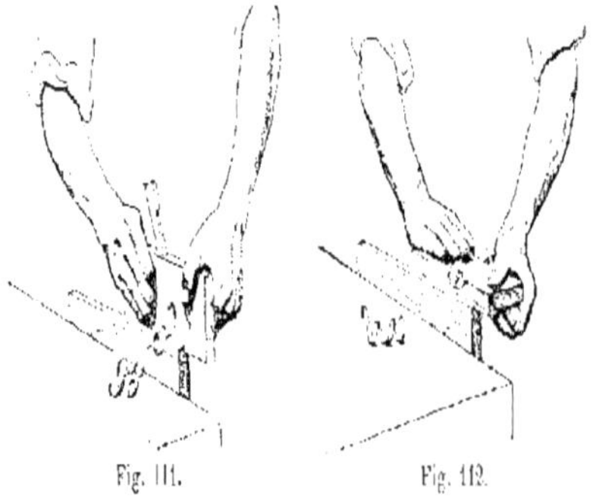

Fig. 111.   Fig. 112.

de fer: saisir le guillaume de la main gauche, le pouce embrassant transversalement le fût en avant de la lumière, les quatre doigts recourbés, de telle sorte que l'index soit en contact avec la face antérieure du fût; la main droite embrasse la partie supérieure du talon, qui vient porter sur la paume de la main, le pouce allongé le long de la face antérieure et les quatre doigts le long de la face postérieure (voy. *fig.* 111). Pousser le guillaume d'aplomb, en maintenant le fût en contact avec la paroi verticale de la feuillure.

On recale la paroi verticale de la feuillure en couchant le guillaume maintenu d'une façon analogue par les deux mains : le pouce de la main gauche allongé transversalement sur la face supérieure du fût, les quatre doigts repliés (*fig.* 112), le pouce de la main droite allongé sur le champ du fût, la paume et les doigts posés à plat sur la face supérieure.

3° *Exécution de la pointe de diamant.* — 1° Tracer sur les champs du losange des parallèles à 0m.007 du parement, et par le point d'intersection des diagonales, mener une parallèle ef (*fig.* 113) aux côtes.

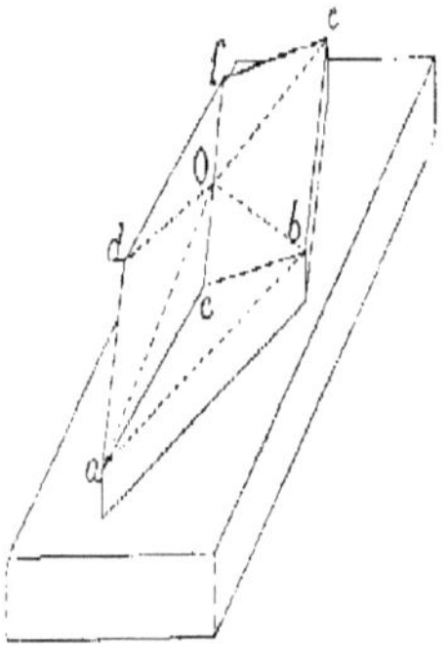

2° Serrer le morceau horizontalement dans la presse, et faire un double chanfrein d'arête ef au ciseau. Couper le bois en allant toujours d'un angle obtus vers un angle aigu, de b vers c, et de d vers a, et enlever des copeaux de faible épaisseur sur toute la longueur de coupe. Tenir la lame du ciseau à pleine main en appuyant le poignet ou l'avant-bras gauche contre les mors de la presse, et éviter de pousser l'outil les deux mains à vide, c'est-à-dire

Fig. 113.

sans que l'une d'elles ait un point d'appui stable.

Recaler les deux faces au rabot, si la coupe au ciseau laisse à désirer.

3° Tracer sur les faces du chanfrein les arêtes oa, oc, ob, od, et exécuter, comme il vient d'être indiqué ci dessus, un second double chanfrein, dont l'arête serait parallèle aux deux autres côtés du losange.

REMARQUES GÉOMÉTRIQUES

LOSANGE

Révision des propriétés du losange. — Définition. — Côtés. — Angles. — Diagonales. — Mesure de la surface.

Pour la suite des observations, voir le travail du métal.

La pointe de diamant s'exécuterait d'une façon analogue sur un rectangle ou un carré en relief. Ces ornements sont fréquemment employés en ébénisterie, et particulièrement dans les meubles de style Henri II.

POINTE DE DIAMANT

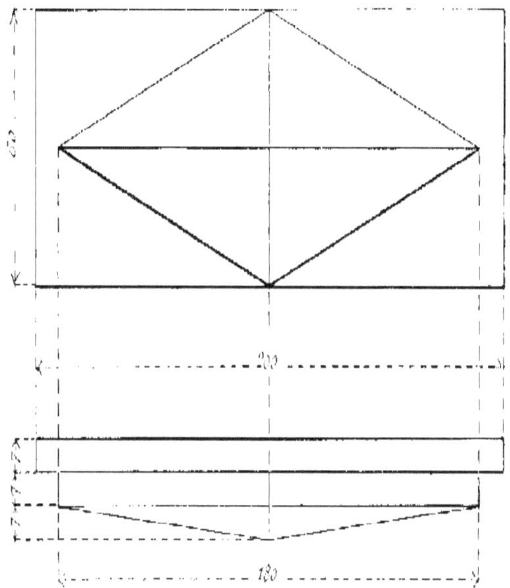

Bois. — Feuillet de peuplier ou de sapin de 13 refendu en deux; planchette de 0m,25 de longueur, plus le morceau restant de l'exercice précédent.

Exécution. — 1° Tirer la planchette d'épaisseur à 10, et de largeur à 100; dresser les bouts sur la planche à recaler.

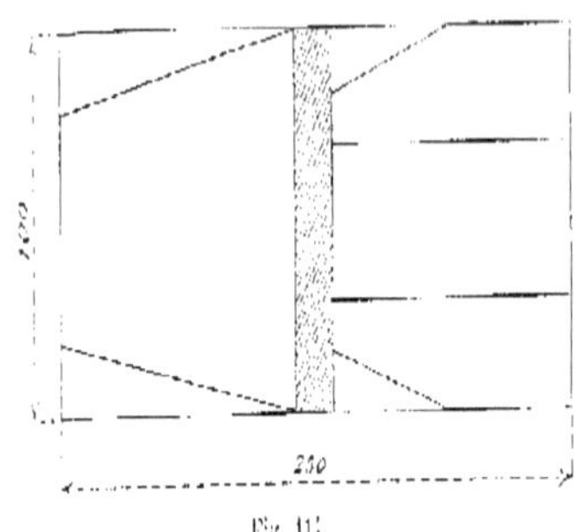

Fig. 114.

2° Tracer, comme l'indique la figure 114, le trapèze isocèle, et les côtés de l'encrier. Débiter ces pièces à la scie, et atteindre exactement les traits au rabot.

3° Débiter le trapèze isocèle formant le corps de l'encrier, et recaler les bouts à la lime. Percer le trou du godet avec une mèche anglaise.

4° Exécuter les chanfreins à la lime.

5° Assembler les pièces et clouer.

REMARQUES GÉOMÉTRIQUES

TRAPÈZE. — POLYGONES SEMBLABLES

Revision des propriétés du trapèze. — Définition. — Différentes sortes de trapèzes. — Diagonales. — Hauteur. — Surface somme de deux triangles.

Dans un trapèze isocèle les diagonales se coupent sur la perpendiculaire menée par le milieu des bases (fig. 115).

Construction des trapèzes. — Pour construire un trapèze isocèle, ou un trapèze rectangle, il suffit de connaître les bases et la hauteur; ces éléments ne suffisent plus pour un trapèze quelconque, il faut de plus un côté ou un angle.

Proposons-nous de construire un trapèze égal au trapèze ABCD (fig. 117): mener deux droites parallèles distantes de h; marquer sur l'une d'elles la grande base AD, puis tracer un angle égal à DAB, ou de A comme centre, avec AB pour rayon, décrire un arc de cercle qui coupe en B la parallèle BC. L'une ou l'autre de ces constructions donne le sommet B; il suffit alors de porter la petite base BC.

Trapèzes semblables. — Soit à construire un trapèze semblable au trapèze ABCD (fig. 117), étant donnée la longueur AB' du côté correspondant à AB: mener la diagonale AC et prolonger; prendre AB' sur le prolongement de AB, et par B' mener B'C' parallèle à BC, puis C'D'

parallèle à CD; le trapèze AB'C'D' a ses angles respectivement égaux à ceux du trapèze ABCD, et les côtés homologues sont tous dans le rapport $\dfrac{AB'}{AB}$ (voy. p. 62).

Remarque. — Le patin de l'encrier et le support du godet sont deux trapèzes isocèles dont les angles sont égaux, mais leurs côtés homologues ne sont pas dans le même rapport; bien que ces figures présentent une certaine analogie de forme, elles ne sont cependant pas semblables.

Construction des polygones. — Soit à construire un quadrilatère égal à ABCD (fig. 118): mener la diagonale AC et construire les deux triangles ABC et ACD au moyen de leurs côtés.

Un polygone quelconque ABCDE (fig. 119), étant décomposable en triangles par des diagonales partant d'un même sommet, on obtiendra un polygone égal en construisant successivement chaque triangle élémentaire.

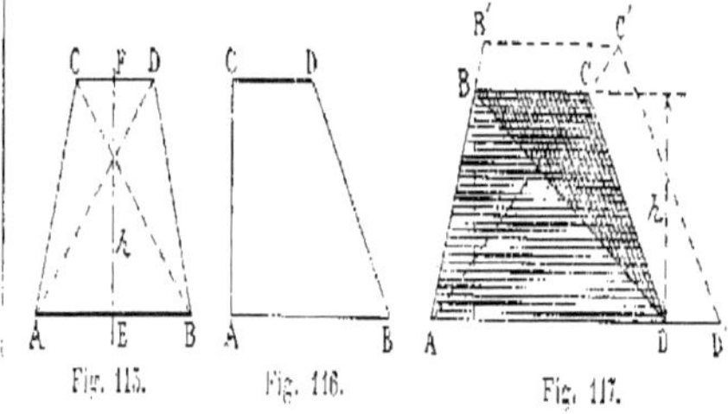

Fig. 115.   Fig. 116.   Fig. 117.

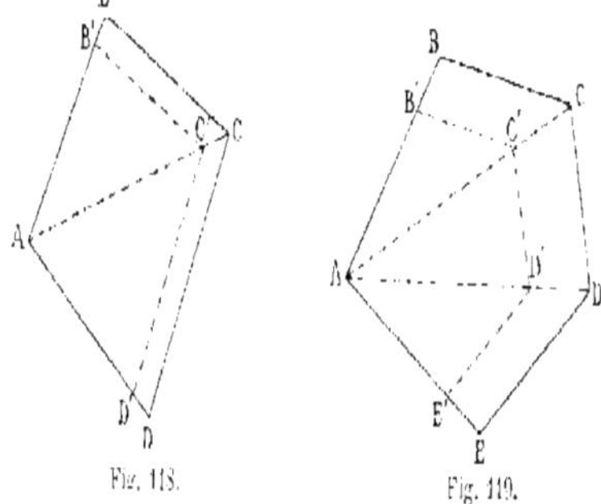

Fig. 118.   Fig. 119.

Construction d'un polygone semblable à un polygone donné. — Décomposer le polygone donné en triangles par des diagonales issues du même sommet, puis connaissant le côté AB', par exemple, du quadrilatère semblable (fig. 118), le porter sur son homologue AB et, partant du point B', mener des parallèles aux côtés du quadrilatère donné.

On obtiendra de même (fig. 119) un polygone semblable à un polygone donné, en construisant successivement les triangles semblables à ceux qui résultent de la décomposition de la figure primitive: les angles semblablement placés sont égaux, et les côtés homologues sont dans le rapport $\dfrac{AB'}{AB}$.

ENCRIER

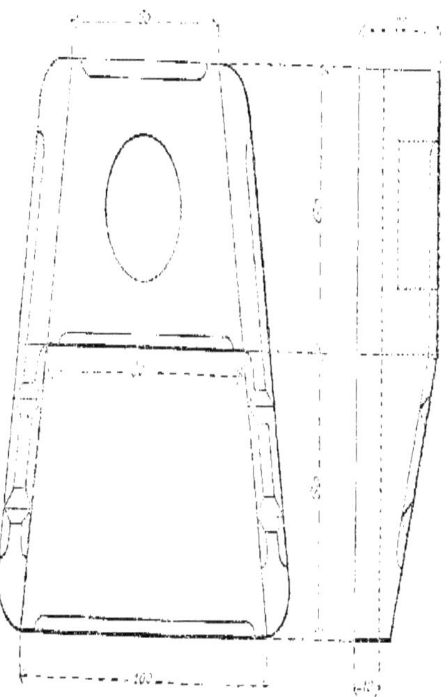

Bois. — Feuillet de hêtre de 15 refendu en deux. — Planchette de 0m,25 de longueur.

Exécution. — 1° Tirer la planchette d'épaisseur à 10, et dresser un champ.

2° Mener un trait de trusquin à 0m,002 ou 0m,003 de l'arête et reproduire l'épure (fig. 120).

3° Tirer de largeur à l'arasement des bases du trapèze; débiter les côtés à la scie, et recaler le trait au rabot.

4° Corroyer une règle de 250 × 30 × 10.

Nota. — Les élèves les plus avancés refendront ces règles dans un morceau de feuillet de 0m,013.

5° Visser le chapeau sur la lame, araser les bouts, et corriger l'inclinaison des côtés en faisant les vérifications indiquées ci-dessous.

Modifications. — Évidement de la lame. — Après vérification, dévisser le chapeau, trusquiner à 20 des côtés, et faire l'évidement en perçant des trous de mèche contigus, et achever à la râpe et à la lime.

REMARQUES GÉOMÉTRIQUES

MESURE DES ANGLES : ANGLES INSCRITS

Revision. — Évaluation des angles. — Mesure de l'angle au centre (voy. page 28).

Épure de la lame. — Décrire une demi-circonférence de centre O et de 0m,10 de rayon (fig. 120): porter ce rayon en BC et CD. Joindre A à C, et B à D; ces deux droites se coupent au point E; OE est perpendiculaire sur AB, et donne le point F, que l'on joint au point A.

L'oblique AF fait 45° avec AB, car AOF est un demi-carré; BC fait 60° avec AB, et CD est parallèle à AB; BC et CD sont les côtés d'un hexagone régulier, l'angle BCD vaut donc 120°.

Un angle est dit inscrit lorsque son sommet est situé sur la circonférence. — Remarquer que l'angle droit ACB limite entre ses côtés un arc égal à la demi-circonférence dans laquelle il est inscrit, l'angle BAF

de 45° limite un arc valant le $\frac{1}{4}$, l'angle ABC de 60° un arc valant les $\frac{2}{6}$, l'angle BCD de 120° un arc valant les $\frac{4}{6}$ ou les $\frac{2}{3}$ de cette circonférence.

Les arcs limités sont le double de ceux qui seraient interceptés par les côtés de ces angles, si leurs sommets étaient au centre de la circonférence. Il en est de même pour tous les angles inscrits, ce que l'on énonce en disant qu'*un angle inscrit a pour mesure la moitié de l'arc compris entre ses côtés.*

Vérification de l'angle de 60°. — Sur une planchette présentant une rive dressée, mener avec l'équerre une oblique AB (fig. 122): retourner la lame, et mener une deuxième oblique A'B' qui coupe la première au point O. Si le côté essayé fait 60° avec le chapeau, l'angle AOA', et par suite l'angle BOB' son opposé par le sommet, vaut 180 — (60 × 2) = 60°. Pour s'en assurer, du point O comme centre, avec une ouverture de compas suffisante, décrire un arc de cercle: l'arc CD compris entre les côtés de cet angle doit être sous-tendu exactement par le rayon.

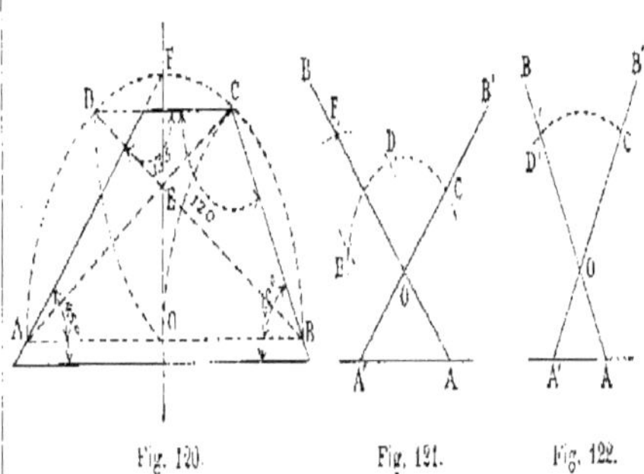

Fig. 120.   Fig. 121.   Fig. 122.

Vérification de l'angle de 45° (fig. 121). — Suivre la même marche que précédemment. L'angle BOB' doit être droit; décrire du point O comme centre un arc indéfini CDE, porter le rayon en CD, DE, et des points D et E comme centres, décrire, sans changer l'ouverture de compas, deux arcs qui se coupent en F. L'oblique AB doit passer par le point F, car l'angle COF vaut 60 + 30 = 90°.

Remarque. — Ce procédé de correction, par retournement de la lame, donne comme vérification le double de l'erreur commise sur l'inclinaison du côté essayé.

ÉQUERRE D'ONGLET

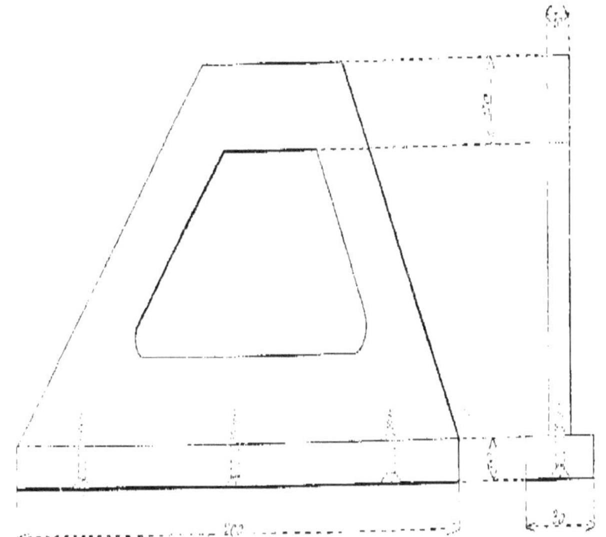

Maniement du bédane : mortaise.

Bois. — Feuillet de hêtre de 18 refendu en trois ; planchettes de 25 centimètres de longueur.

Exécution. — 1° Tirer d'épaisseur à 15 et de largeur à 70 ; reproduire le tracé *fig.* 123, et trusquiner les mortaises en parement et en contre-parement.

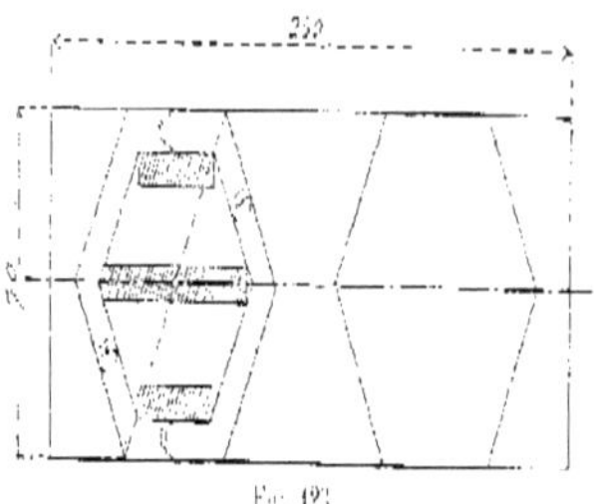

Fig. 123.

2° Percer les trois mortaises avec le bédane de 7.

Exécution d'une mortaise. — Fixer le morceau sous le valet, obliquement au bord de la table, la patte du valet placée entre la mortaise et l'ouvrier *fig.* 124, la partie travaillée à l'aplomb des pieds de l'établi. Saisir le manche du bédane à pleine main, le maillet de la main droite, et élever le coude droit à la hauteur de l'extrémité du manche du bédane. Frapper sur l'outil en faisant accomplir au maillet une rotation produite par un mouvement de poignet très souple. Commencer l'ouverture à 2 ou 3 millimètres du trait d'arasement le plus proche, la planche de la lame faisant face à l'ouvrier *fig.* 125. Creuser ainsi une ouverture triangulaire dont le sommet atteindra la moitié de la profondeur de la mortaise. Retourner le bédane, la planche en avant, et descendre des copeaux verticaux *fig.* 126 atteignant le milieu de l'épaisseur. Dégager le copeau détaché, en inclinant le bédane en avant, après chaque coup de maillet. Lorsqu'on arrive à proximité du second trait d'arasement, enlever des copeaux de mince épaisseur, pour éviter, pendant le dégagement, une pression trop énergique qui éraillerait le bord de la mortaise. Enfin, donner le dernier

Fig. 124.

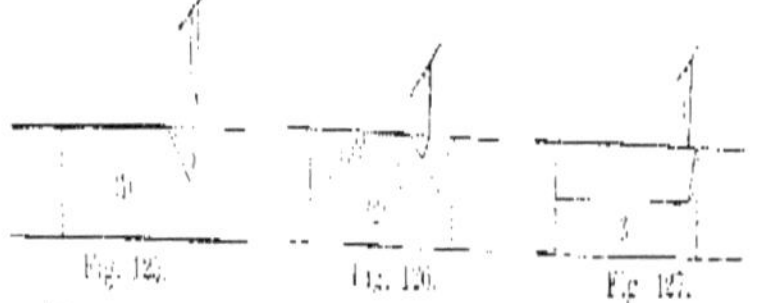

Fig. 125.   Fig. 126.   Fig. 127.

coup à l'aplomb du trait d'arasement, et briser le copeau en amenant le bédane à soi, au lieu de le projeter en avant. Remettre le bédane dans la première position, c'est-à-dire la planche faisant face à l'ouvrier, et atteindre le premier trait d'arasement par un ou deux copeaux verticaux *fig.* 127 ; détacher le copeau en inclinant l'outil en avant.

Pendant toutes ces manipulations, la main gauche seule, sans le secours de la main droite, doit guider et placer le taillant. Pour disposer le bédane entre les traits du trusquin, le faire cheminer par de légères oscillations communiquées au manche, l'arête du taillant reposant sur la face d'ouverture.

Tous les mouvements doivent se faire sans gêne et avec souplesse. De temps à autre, dégauchir la lame avec les faces de la pièce, et s'assurer que le bédane descend d'aplomb.

Procéder de même pour la deuxième moitié, creusée d'après le tracé fait en contre-parement.

3° Faire sauter le bois entre les mortaises au ciseau, et araser d'aplomb suivant les côtés de l'hexagone intérieur ; en cas d'exécution défectueuse, recommencer en utilisant le second hexagone.

4° Débiter les côtés à la scie et araser au rabot.

5° Les élèves ayant terminé le plus rapidement exécuteront les hexagones du fond, avec des planchettes de feuillet de 7, refendues en trois sur la largeur, et ayant 25 centimètres de longueur, qu'ils tireront d'épaisseur à 8 et de largeur à 72.

Modifications. — Sur les côtés de la boîte, élégir au ciseau des triangles semblables aux faces ; les tracer en trusquinant à 3 millimètres des parements. Clouer le fond après avoir arrondi à la lime les arêtes supérieures.

REMARQUES GÉOMÉTRIQUES

POLYGONES RÉGULIERS (POLYGONES SEMBLABLES)

Révision des polygones réguliers : définition, angles, côtés, rayon, apothème, diagonales, cercle inscrit, circonscrit, angles au centre, au sommet, périmètre, surface (voy. p. 21).

Tracé de l'hexagone et de l'octogone réguliers, en utilisant l'équerre d'onglet voy. le travail du métal.

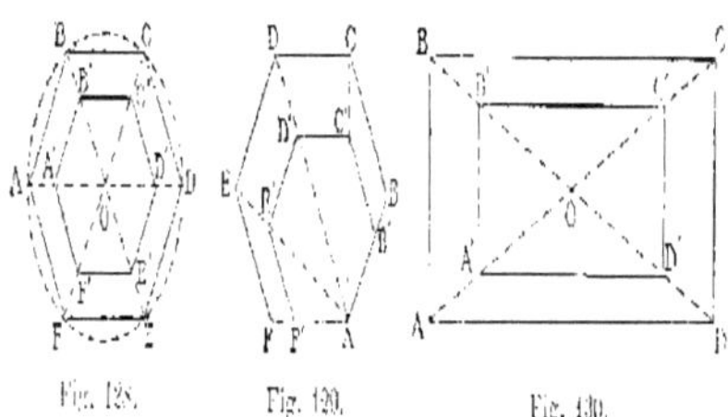

Fig. 128.   Fig. 129.   Fig. 130.

Polygones semblables. — Deux figures sont semblables, lorsque l'une est la reproduction agrandie ou diminuée de l'autre, proportionnellement, dans toutes ses parties.

Les parallèles menées aux côtés de l'hexagone régulier (*fig.* 128) forment, avec les diagonales passant par le centre, des triangles semblables à ceux qui résultent de la division de l'hexagone par ces mêmes diagonales, et les côtés de ces triangles sont dans le même rapport (voy. p. 62). Les deux hexagones ont donc leurs côtés correspondants ou homologues proportionnels, leurs angles sont égaux. Il en est de même des deux rectangles (*fig.* 130), et ces figures sont concentriques (elles ont même centre).

On obtiendrait encore un polygone semblable à un autre, en menant des diagonales partant d'un même sommet A (*fig.* 129), mais les polygones ainsi obtenus n'ont plus le même centre.

BONBONNIÈRE

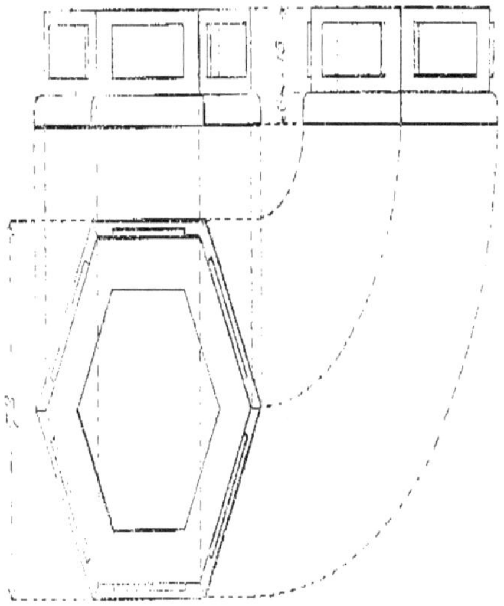

Maniement de la scie à chantourner.

Bois. — Feuillet de hêtre de 18 refendu en deux; planchette de 0m,33 de longueur.

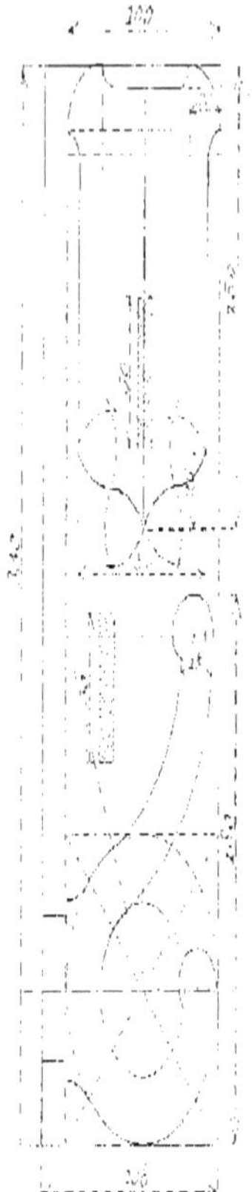

Fig. 131.

Exécution. — 1° Tirer d'épaisseur à 16, dresser un champ, et recaler un bout.

2° Reproduire en purement le tracé *fig.* 131.

3° Percer la mortaise à mi-épaisseur.

NOTA. — Percer une ou deux mortaises d'essai, avant d'exécuter celle de l'écusson.

4° Chantourner l'S: percer au préalable des trous dans les angles où le trait présente des brisures.

5° Débiter l'écusson à la scie.

6° Achever le contour des deux pièces à la râpe et à la lime, en laissant les champs d'équerre.

7° Débiter le tenon, et l'araser avec la scie à araser.

Modifications. — Chanfreiner l'écusson et arrondir les champs de l'S. Passer les pièces au papier verré.

Assembler l'S et le maintenir au moyen d'une vis à bois à tête plate.

REMARQUES GÉOMÉTRIQUES

RACCORDS

Révision : tangente, courbes tangentes à des droites et tangentes entre elles. Raccords et brisures (voy. p. 26).

Jarret (*fig.* 132 et 133). — Quand une droite et une courbe, ou deux courbes, ne se raccordent pas, mais que la brisure est peu accentuée, elle porte le nom de *jarret*.

Spirale à deux centres. — Des circonférences de centres O et O' qui se raccordent comme celles de la figure 134, et dont les rayons successifs augmentent régulièrement de la distance OO', donnent une courbe qui va constamment en s'éloignant du point de départ; cette courbe est une *spirale*.

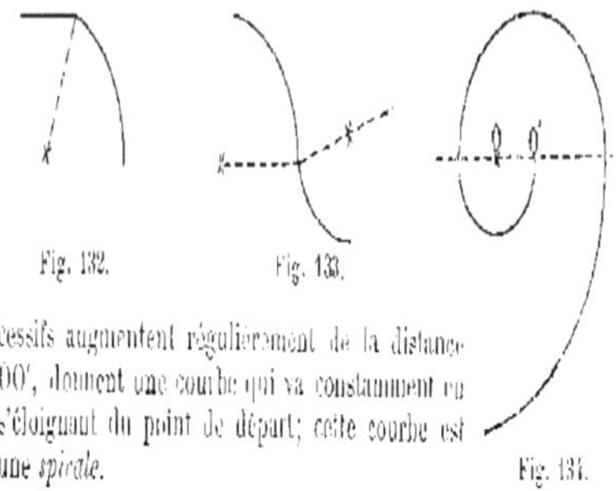

Fig. 132.   Fig. 133.

Fig. 134.

Raccord de deux droites (*fig.* 135). Soient deux droites AB, AC, à raccorder par un arc de rayon r : mener deux parallèles aux droites, à une distance r; le point d'intersection O de ces deux parallèles donne le centre de l'arc. Ce point appartient à la bissectrice AO de l'angle BAC.

Raccord d'une droite et d'une courbe (*fig.* 136). — Soit la droite AB à raccorder avec l'arc CD de centre O, par un arc de rayon r. Mener à la droite AB une parallèle à une distance r, et du centre O, avec un rayon égal au rayon de l'arc CD augmenté de r, décrire un arc qui coupe la parallèle au point O', centre de l'arc de raccord.

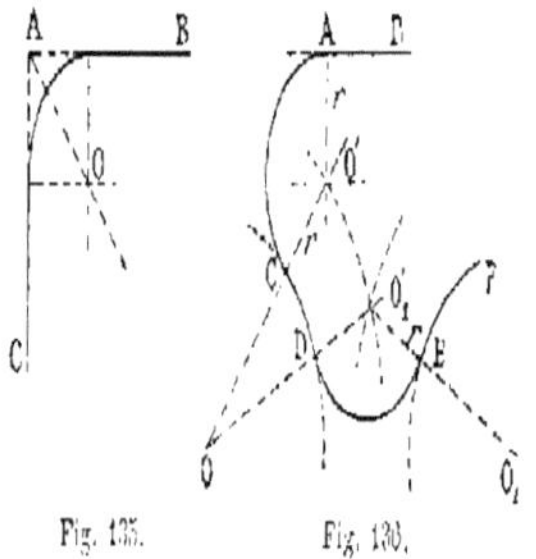

Fig. 135.   Fig. 136.

Raccord de deux arcs de cercle par un arc de rayon r (*fig.* 135). — Soient CD et EF deux arcs de centres O et O_1, et r le rayon de l'arc de raccord : décrire deux arcs de centres O et O_1, avec des rayons respectivement égaux à ceux des arcs augmentés de r. Ces arcs se coupent en O', centre de l'arc de raccord.

PORTE-MANTEAU

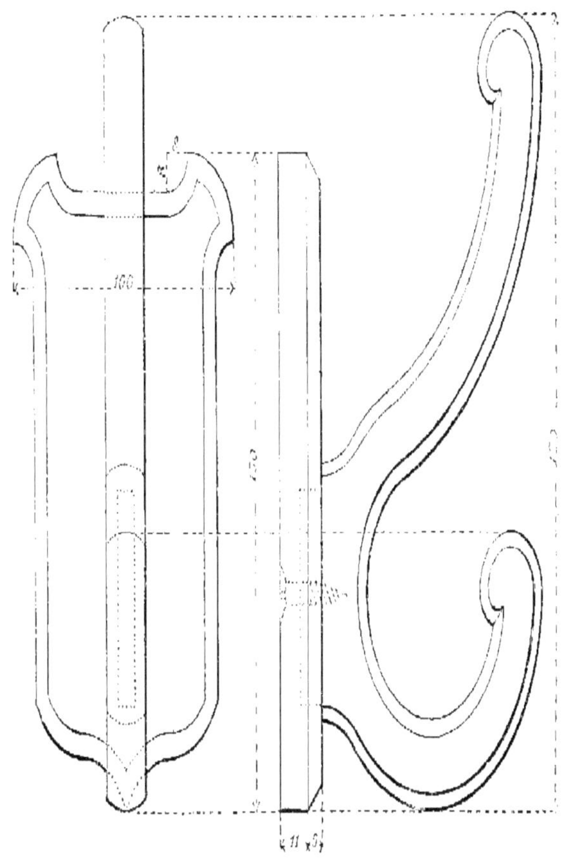

Pièces assemblées et collées.

Bois. — Feuillet de hêtre de 13 refendu en deux, planchette de 49 centimètres de longueur.

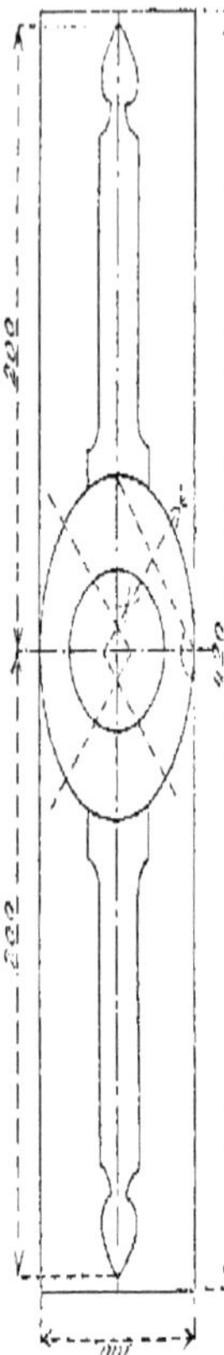

Fig. 137.

Exécution. *Pieds.* — 1° Tirer la planchette d'épaisseur à 12, et dresser un champ.

2° Tracer les deux pieds en les disposant comme l'indique la figure 137.

3° Percer les mortaises à 6 de profondeur.

4° Débiter les pieds à la scie à refendre et à la scie à chantourner.

5° Atteindre exactement le trait à la râpe et à la lime.

6° Séparer les pieds par un trait de scie donné d'aplomb suivant le grand axe de l'ovale intérieur.

7° Chantourner l'anse de panier intérieure, et atteindre le trait à la râpe et à la lime.

8° Exécuter la tête à la râpe et à la lime.

Pièce transversale. — Feuillet de hêtre de 8, planchette de 125 de largeur sur 33 centimètres de longueur.

NOTA. — Les élèves ayant fini les premiers tireront ces planchettes d'épaisseur à 7 et de largeur à 120; un morceau de 33 centimètres suffit pour trois élèves.

1° Tracer la pièce aux cotes demandées, et recaler exactement les bouts.

2° Débiter les tenons, et faire les arasements extérieurs à la scie à araser.

3° Faire sauter le bois intermédiaire en l'entaillant au ciseau. Commencer l'entaille sur une face, comme si l'on voulait percer une mortaise au ciseau, et en frappant légèrement avec le maillet (voy. page 74, 1re opération). Faire de même une seconde entaille sur l'autre face pour détacher le bois, et araser exactement à la lime.

Modifications. — Sabler les pieds en parement, comme l'indique la planche ci-contre, en réservant un filet de 4 millimètres de largeur. Assembler et coller.

REMARQUES GÉOMÉTRIQUES

FIGURES SYMÉTRIQUES

Révision. — Figures symétriques. — Axe de symétrie. — Tracé des figures symétriques. (Voy. p. 30 et 32.)

Ovale. — L'ovale est une courbe fermée que l'on peut comparer à une circonférence allongée; elle est composée d'arcs de cercle se raccordant, et symétriquement placés par rapport aux deux axes. — Le grand axe partage cette courbe en deux arcs surbaissés qui portent le nom d'*anse de panier.*

Le tracé de l'ovale dont les axes sont donnés se fait comme celui de l'anse de panier. (Voy. page 42.)

On emploie souvent l'anse de panier dans la construction des voûtes, quand on est gêné par la hauteur, et qu'il serait impossible d'établir une demi circonférence, ou *voûte à plein cintre.* Il existe des courbes en anse de panier formées de 5 et 7 centres, et même davantage.

On donne une forme ovale aux œils-de-bœuf, et aux cuviers qui, s'ils étaient circulaires, auraient un trop grand diamètre pour pouvoir commodément passer par la porte des buanderies ou des celliers.

PORTE-CALENDRIER

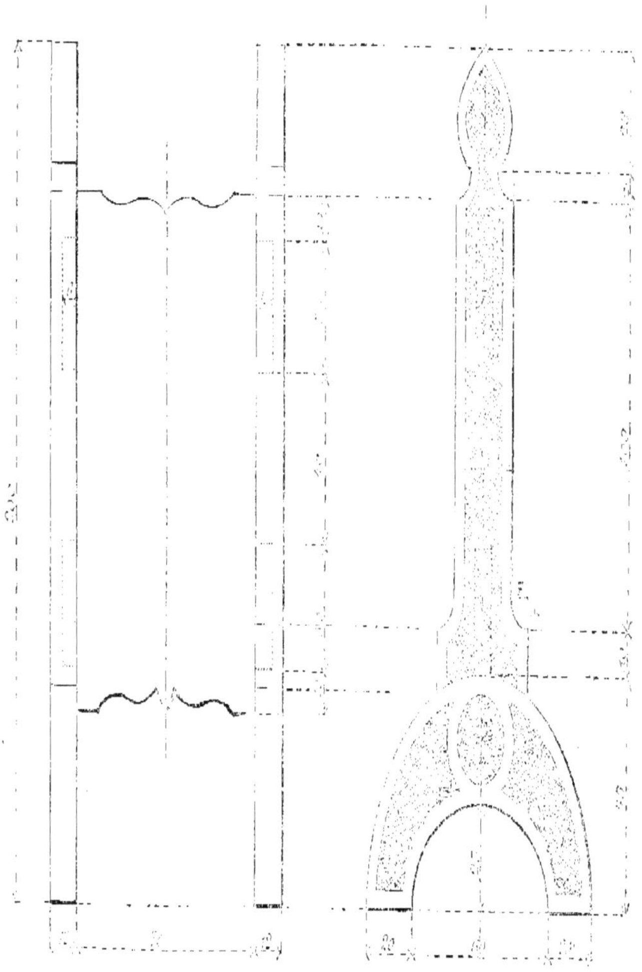

Mortaises sur plat et sur champ.

Bois. — Entrevous de hêtre de 27 refendu en trois, morceau de 33 centimètres de longueur.

Exécution. — 1° Corroyer à 65 × 24, et recaler un bout (côté de la boîte).

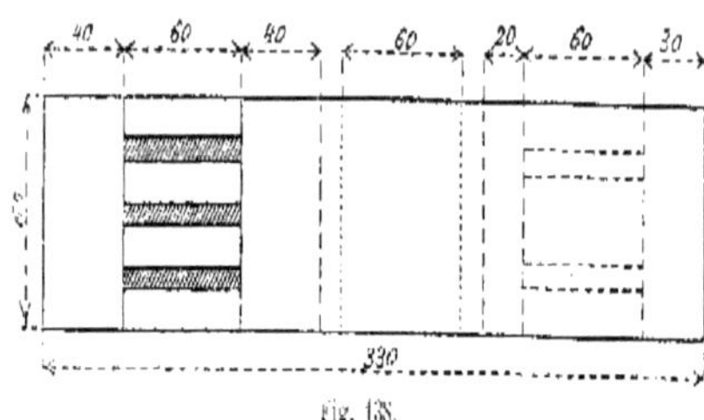

Fig. 138.

2° Reproduire le tracé (fig. 138), trusquiner les mortaises en parement et contre-parement.

Pour disposer les mortaises régulièrement sur la largeur, voir le tracé indiqué ci-après.

3° Percer d'abord les trois mortaises sur plat, puis la mortaise sur champ, et les deux mortaises de la boîte à graisse, à 18 millimètres de profondeur.

4° Achever l'ouverture de la boîte à graisse, en faisant sauter au ciseau le bois restant entre les mortaises.

Attaquer le bois comme si l'on voulait commencer une mortaise mais en frappant avec le maillet à coups très modérés, et en arrêtant cette

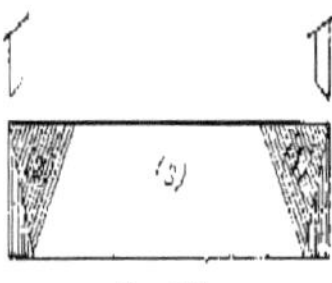

Fig. 139.

première entaille (1) (fig. 139) au niveau du fond. Sans desserrer le morceau, faire de même une seconde entaille (2), et couper le bois restant. Araser, en maintenant le ciseau vertical, la planche à l'aplomb du trait. Recaler le fond en utilisant le ciseau comme racloir.

5° Détacher la boîte d'un trait de scie, et la recaler en bout.

Couvercle. — Préparer une planchette rectangulaire de dimensions légèrement supérieures à celle de la boîte; détacher les deux pièces du couvercle par un trait de scie à 60°; coller et clouer la partie fixe, et poser la vis autour de laquelle le couvercle doit tourner. — Araser le couvercle sur la boîte.

PARALLÉLÉPIPÈDE RECTANGLE

Révision. — Parallélépipède rectangle : faces, arêtes, développement (voy. pages 34 et 50). — Rendu du relief : traits de force (voy page 50).

Tracé des mortaises. — Les trois mortaises doivent être régulièrement espacées sur la largeur. — Soit AB (fig. 140) la perpendiculaire commune aux arêtes; porter de A en C trois fois la largeur du bédane; CB représente quatre fois l'intervalle existant entre chaque mortaise. Mener l'oblique CD sur laquelle on marque quatre longueurs arbitraires égales 1, 2, 3, 4; joindre BD, et par le point 1, tracer la parallèle 1G à BD; FG est égal à un intervalle plus une mortaise.

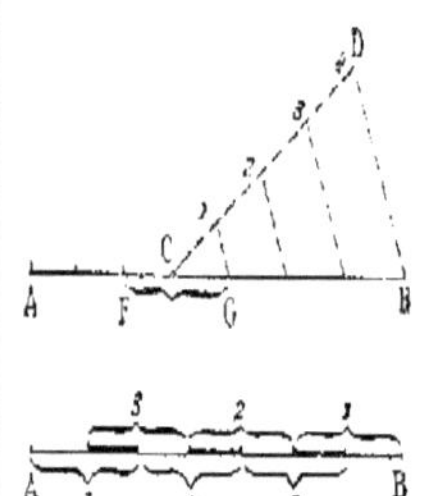

Fig. 140.

Prendre une ouverture de compas égale à FG, et la porter sur AB, d'abord trois fois à partir de A, puis trois fois à partir de B; les points marqués donnent l'emplacement des trois mortaises.

Place de la vis. — La vis doit être placée sur la perpendiculaire élevée à l'extrémité C de l'arasement CD du couvercle; de cette façon, le point C étant celui de tous les points de CD le plus rapproché de l'axe, le couvercle peut tourner de C vers E (voy. la planche).

Élever une perpendiculaire à l'extrémité d'une droite AB que l'on ne peut prolonger (fig. 141). — Avec une ouverture de compas convenable, décrire un arc de cercle AB passant par A; joindre le point d'intersection B au centre D de cet arc, et prolonger BD; porter le rayon de D en C sur le prolongement de BD; joindre CA qui est la perpendiculaire demandée. On voit en effet que, par la construction qui vient d'être faite, l'angle CAB est inscrit dans une demi-circonférence, c'est un angle droit.

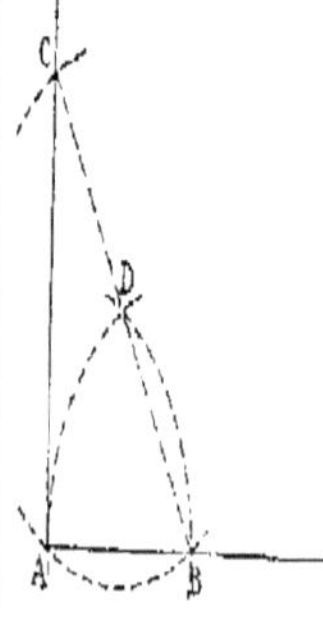

Fig. 141.

BOITE A GRAISSE

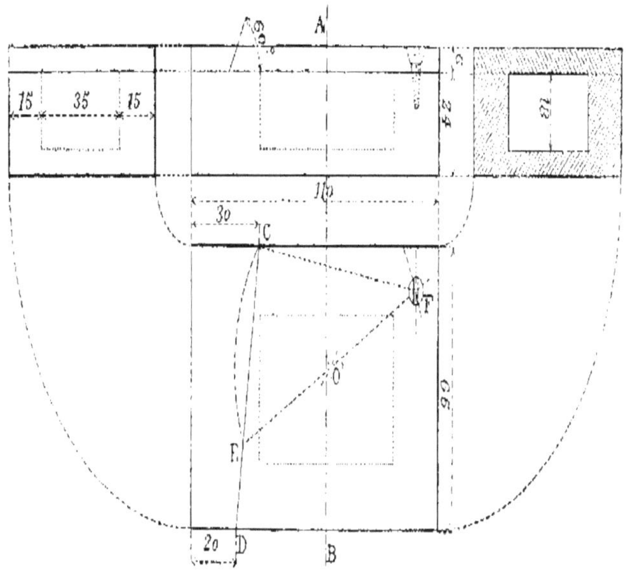

Maniement de la gouge et du racloir.

Bois. — Entrevous de hêtre de 27 refendu en trois, morceaux de 33 centimètres de longueur.

Exécution. — 1° Corroyer à 65×24, mettre de longueur 250 et recaler les bouts avec soin.

2° Trusquiner à 10 l'arasement du chanfrein en parement, sur champs, et en bouts; tracer la cannelure.

3° Fixer le morceau dans la presse, et creuser la cannelure à la gouge en lui donnant la forme d'un demi-cylindre terminé en quart de sphère. Finir au racloir arrondi.

Vérifier la cannelure en utilisant l'équerre comme il est indiqué ci-dessous.

4° Faire le chanfrein.

Le chanfrein indiqué est dit bouté rond. On l'obtient en exécutant la partie droite au ciseau, et le bout arrondi à la lime demi-ronde. Si les angles sont manqués, les abattre, et chanfreiner le pourtour en faisant régner le long des arêtes un chanfrein droit, que l'on obtient très facilement en se servant du rabot.

Modifications. — Modifier ces arêtes en parement de différentes façons : au lieu d'un chanfrein, pousser un congé sur le pourtour, ou profiler un quart de rond (*fig.* 143). Le congé ne peut se faire qu'avec un outil à moulures. Il n'en est pas de même pour le quart de rond que l'on exécute avec un guillaume, en procédant comme suit :

1° Faire une feuillure sur plat.

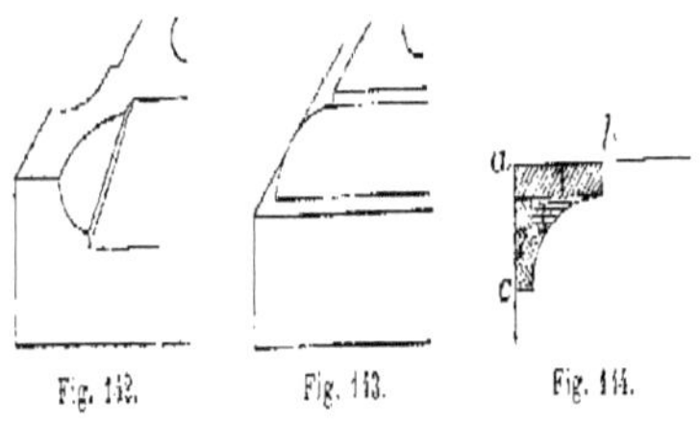

Fig. 142.   Fig. 143.   Fig. 144.

2° Trusquiner fortement sur plat, un peu en dedans de l'arasement de la feuillure. Commencer en inclinant l'outil de manière à ne faire mordre que l'angle du fer, et en guidant la semelle avec l'extrémité des doigts de la main gauche, qui glissent sur le champ de la pièce, à la hauteur de l'embouchure, mais légèrement en arrière; on évite ainsi de se couper par suite d'un faux mouvement. L'arête de la semelle suit le trait de trusquin. La feuillure amorcée, redresser peu à peu le fût, et la finir avec soin, en lui donnant comme section le rectangle (1) (*fig.* 144). Faire de même la feuillure sur champ (2) et achever le quart de rond par un arrondi au guillaume. La moulure serait trop difficile à exécuter en bout par ce procédé : araser la feuillure par un trait de scie, la recaler au ciseau; le quart de rond peut être dégrossi par quelques copeaux enlevés au ciseau, et achevé à la lime plate bâtarde.

REMARQUES GÉOMÉTRIQUES

CYLINDRE

Révision : prisme droit à base triangulaire, carrée, polygonale régulière. Développement; réalisations de ces solides par épannelage et par développement (voy. pages 36 et 52).

Cylindre. — Définition, génération : courbe directrice et génératrice. Réalisation d'un cylindre plein par épannelage d'un prisme octogonal régulier (voy. page 38) et par développement (voy. page 52).

Compléments. — Pour creuser un demi-cylindre, la matière d'œuvre est enlevée avec la gouge, sorte de ciseau dont la section est en arc de cercle, et la cannelure est obtenue en détachant une série de copeaux que l'on peut considérer comme autant d'éléments semblables de la forme définitive. La courbure de l'outil est d'un rayon plus petit que celui de la cannelure, et la surface de celle-ci est en quelque sorte l'enveloppe d'éléments cylindriques qui se déplaceraient sur la courbe directrice du cylindre. Pour s'assurer que la cannelure est exactement un demi-cylindre, il suffit donc de vérifier si la directrice est une demi-circonférence : prendre une équerre, ou se servir de l'extrémité de la lame de l'équerre à tracer, et déplacer le sommet de l'angle droit, en faisant glisser les côtés sur les arasements de la cannelure, et en maintenant la lame d'aplomb sur le parement, et d'équerre sur les arêtes (*fig.* 155); le sommet de l'angle doit appuyer constamment sur la surface réalisée, *car un angle droit est inscriptible dans une demi-circonférence.*

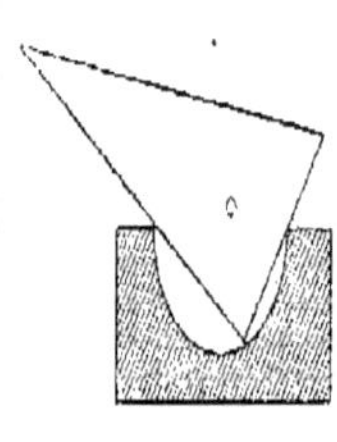
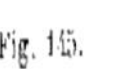
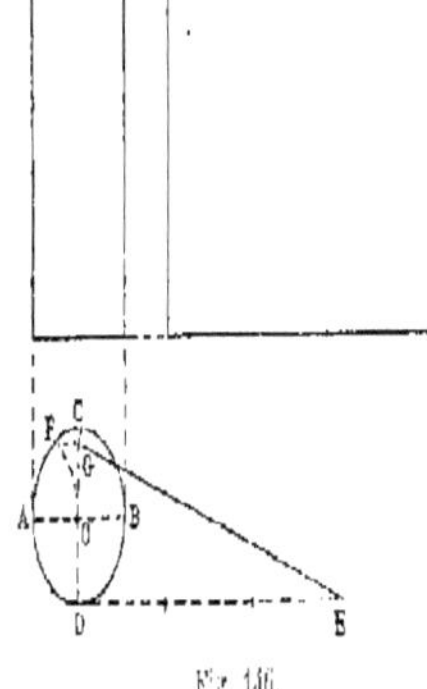

Fig. 145.   Fig. 146.

Développement du cylindre, tracé graphique (*fig.* 146). — Soit AB le diamètre du cylindre; mener deux diamètres d'équerre, AB et CD, et une perpendiculaire DE à CD, égale à trois fois le diamètre. Porter le rayon de A en F, et abaisser la perpendiculaire FG à CD; CE est la longueur *rectifiée* de la circonférence avec une erreur peu sensible, et négligeable dans la pratique.

PLUMIER

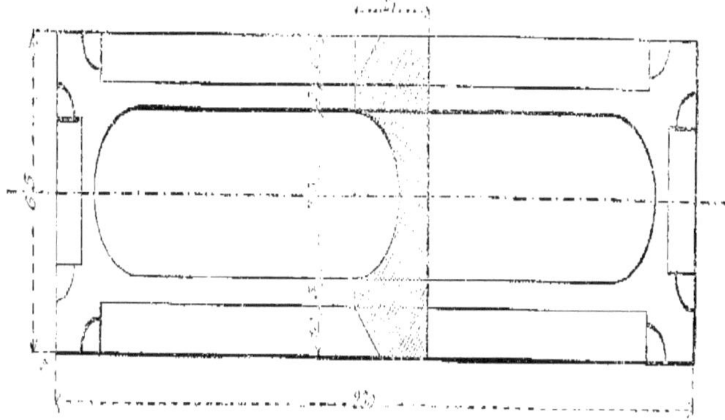

Pièces assemblées à tenon et mortaise.

Bois. — Quartelot de peuplier refendu en morceaux carrés de 38 centimètres de longueur; entrevous de hêtre de 27 et feuillet de 13 refendus en trois, un morceau de 25 centimètres pour deux élèves.

Exécution. — 1° Corroyer le peuplier à 40 × 40, les morceaux de hêtre à 68 × 25 et 55 × 12; scier les planchettes de hêtre en deux, chaque élève en a ainsi une à sa disposition.

2° Trusquiner les tenons en parement et contre-parement. Exécuter le tenon du dé, puis détacher le dé d'un trait de scie et le recaler en bout. Exécuter ensuite le tenon de la pointe.

Nota. — La longueur du prisme permet de recommencer chaque tenon deux fois en cas d'insuccès.

3° Scier de longueur d'équerre à partir de l'épaulement du tenon, trusquiner en bout les arasements du prolongement des faces du tronc de pyramide, et exécuter les faces du tronc au rabot, la pyramide au ciseau, en suivant une marche analogue à celle qui a été indiquée à propos du piquet (voy. p. 40).

Nota. — La cannelure du thermomètre sera tracée sur la première face du tronc, et on l'exécutera avant de continuer l'épannelage des autres faces. Pour la creuser, entailler en grain d'orge au ciseau, et achever avec la gouge.

4° Recaler d'équerre un bout de chaque planchette, trusquiner et percer les mortaises en leur donnant 36 millimètres de longueur, pour laisser de chaque côté un épaulement de 2 millimètres sur la longueur du tenon. Scier chaque planchette de longueur, et recaler en bout. Les planchettes ont été laissées un peu plus longues, afin d'en faciliter le serrage sous le valet.

5° Abattre les angles de la pièce du milieu au rabot, en trusquinant au préalable les arêtes des chanfreins; faire le congé du socle en commençant par un chanfrein à 45° creusé ensuite à la gouge, et achevé à la lime demi-ronde.

Fig. 117.

Modifications. — Orner les faces du dé d'un encadrement, avec angles à crossettes, obtenu par des entailles en grain d'orge faites au ciseau.

6° Assembler le dé sur le socle et coller. Clouer la pièce du milieu astragale sur le dé; assembler et coller la pointe.

PYRAMIDE ET TRONC DE PYRAMIDE

Révision : pyramide droite, inclinée: base, hauteur, arêtes, faces; développement de la surface latérale d'une pyramide.

Volume. — Réalisation par épannelage et par développement (voy. p. 40).

Tronc de pyramide. — En coupant une pyramide régulière (fig. 148) par un plan parallèle à la base, il reste un tronc de pyramide droit dont les bases sont des polygones semblables, ayant leurs côtés parallèles, et les faces des trapèzes isocèles égaux. Le tronc reposant sur sa base, le plan donne les bases en vraie grandeur; sur la figure 148 les arêtes sont vues en raccourci. Pour trouver la vraie grandeur de l'arête SA par exemple, la faire tourner

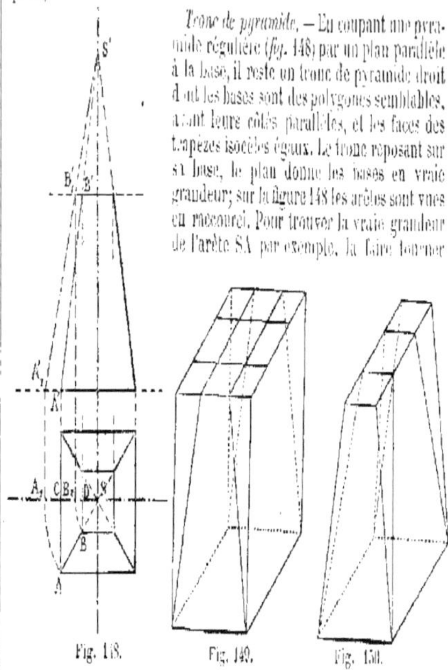

Fig. 148.   Fig. 149.   Fig. 150.

autour du sommet, et l'amener en SA_1, suivant une parallèle au plan vertical; les points A et B restent au même niveau, et $A'_1 B'_1$ donne la vraie grandeur de l'arête AB.

La hauteur ou *apothème* de l'une des faces du tronc, CD par exemple, est dans le cas de la figure représentée en vraie grandeur suivant A'B'. Le développement de la surface latérale est donc composé de quatre trapèzes isocèles égaux, dont les bases et la hauteur commune A'B' sont données par le dessin. Tracer ce développement.

Réalisation d'un tronc de pyramide. — Pour épanneler un tronc de pyramide, commencer d'abord par réaliser un prisme droit de même base et de même hauteur que celle du tronc; les figures 149 et 150 montrent comment il faut procéder pour tracer les arasements de la base supérieure, et épanneler les faces latérales. Il est facile ensuite de tracer sur les bases des octogones réguliers, et sur les faces les arêtes d'un tronc de pyramide régulier à base octogonale. On conçoit que par des épannelages successifs, conduits comme ceux que l'on a fait subir à un prisme régulier droit, dont on a sorti un cylindre, on obtiendra un tronc de cône, en partant d'un tronc de pyramide.

PORTE-THERMOMÈTRE

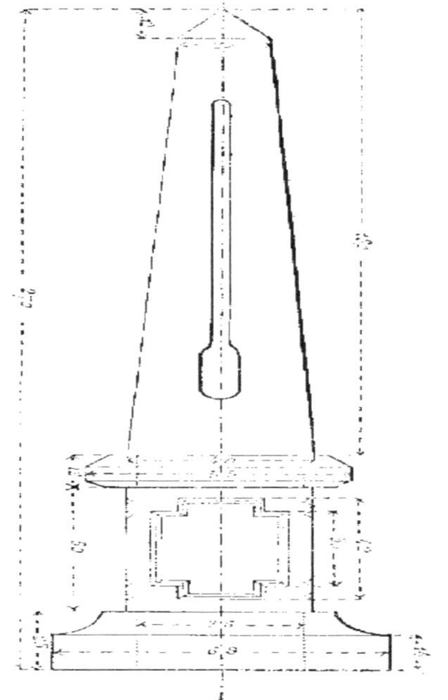

Travaux facultatifs.

Bois. — Entrevous de hêtre de 27 refendu en quatre, morceaux de 0m,35 de longueur; feuillet de hêtre de 8 refendu en trois ou en quatre, morceaux de 0m,50 de longueur.

Equerre.

Exécution. — 1° Corroyer à 45×21 et à 55×7. Un morceau de 50×7 suffit pour deux élèves.

2° Trusquiner la fourche, et la débiter par deux traits de scie à tenons descendus comme on l'a indiqué page 35.

3° Faire sauter le bois au bédane de la façon suivante :

Fixer le morceau sous le valet, et creuser une entaille atteignant le milieu de la largeur, comme si on voulait commencer une mortaise

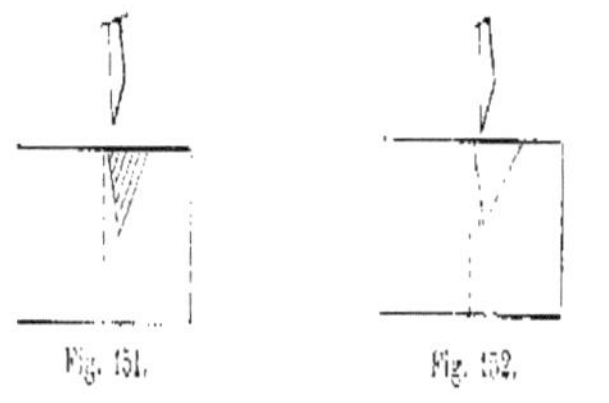

Fig. 151.   Fig. 152.

(fig. 151). Araser de suite (fig. 152). — Retourner la pièce sous le valet, et répéter la même opération sur l'autre champ.

4° Couper les morceaux de longueur, recaler en bouts et coller.

Té.

Exécution. — Le morceau de 45×21 suffit pour le chapeau de l'équerre et la tête du té.

1° Trusquiner l'entaille, et tracer les faces à l'équerre d'onglet; tracer les arasements du flottage en bout de la règle. (Voy. les remarques.)

2° Exécution de l'entaille.

Donner deux traits de scie d'équerre (1 et 2, fig. 153), puis deux traits

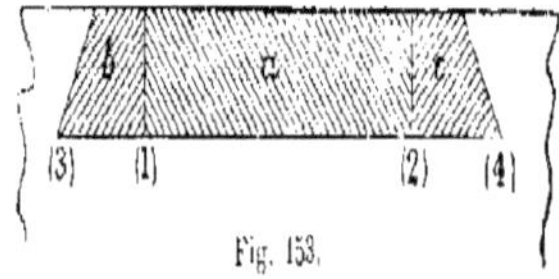

Fig. 153.

de scie obliques à 60° (3) et (4). Enlever au ciseau le bois compris entre les traits (1) et (2), puis les parties b et c. Recaler le fond exactement au ciseau.

3° Faire le flottage au ciseau.

4° Pousser la feuillure au guillaume.

Donner un fort trait de trusquin à 0m,002 ou 0m,003 de l'arasement de la feuillure sur champ; fixer le morceau dans la presse, et commencer en inclinant le fût, de manière à faire mordre seulement l'angle du fer. Le trait de trusquin guide l'arête de la semelle maintenue à une distance fixe par l'extrémité des doigts de la main gauche, qui viennent affleurer en arrière de la lumière, contre la face du morceau travaillé.

La feuillure amorcée par quelques coups de guillaume, ramener peu à peu le fût selon la verticale, et descendre d'aplomb comme on l'a indiqué page 68.

5° Couper de longueur, assembler, coller et recaler en bout.

Modifications. — Profiler le chapeau à la râpe et à la lime, suivant deux demi-anses de panier.

REMARQUES GÉOMÉTRIQUES

Les champs du flottage sont inclinés à 60° sur les faces; on les obtient en exécutant un chanfrein dont la section serait un triangle rectangle amn (fig. 154), et il faut mener au trusquin l'arasement mf de ce chanfrein. Au lieu de tracer l'oblique ma sur l'extrémité brute de scie, on peut déterminer un point de la parallèle mf par la construction suivante : d'un point quelconque c de l'arête, tracer deux perpendiculaires, l'une sur parement, l'autre sur champ; par le point d, mener à l'équerre d'onglet l'oblique dg faisant 45° avec dc; le triangle cdg est rectangle isocèle, et le côté cg est égal au côté cd, c'est l'épaisseur reportée sur l'arête. Faire passer par le point g, à l'équerre d'onglet, une oblique gf qui fasse 30° avec l'arête; les triangles rectangles gcf et amn sont égaux, et le point f donne l'arête d'arasement cherchée.

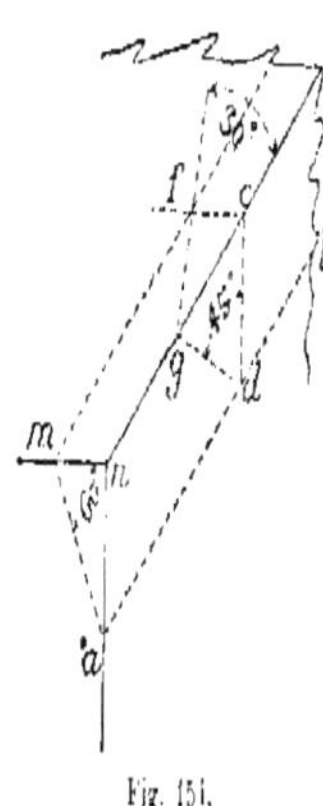

Fig. 154.

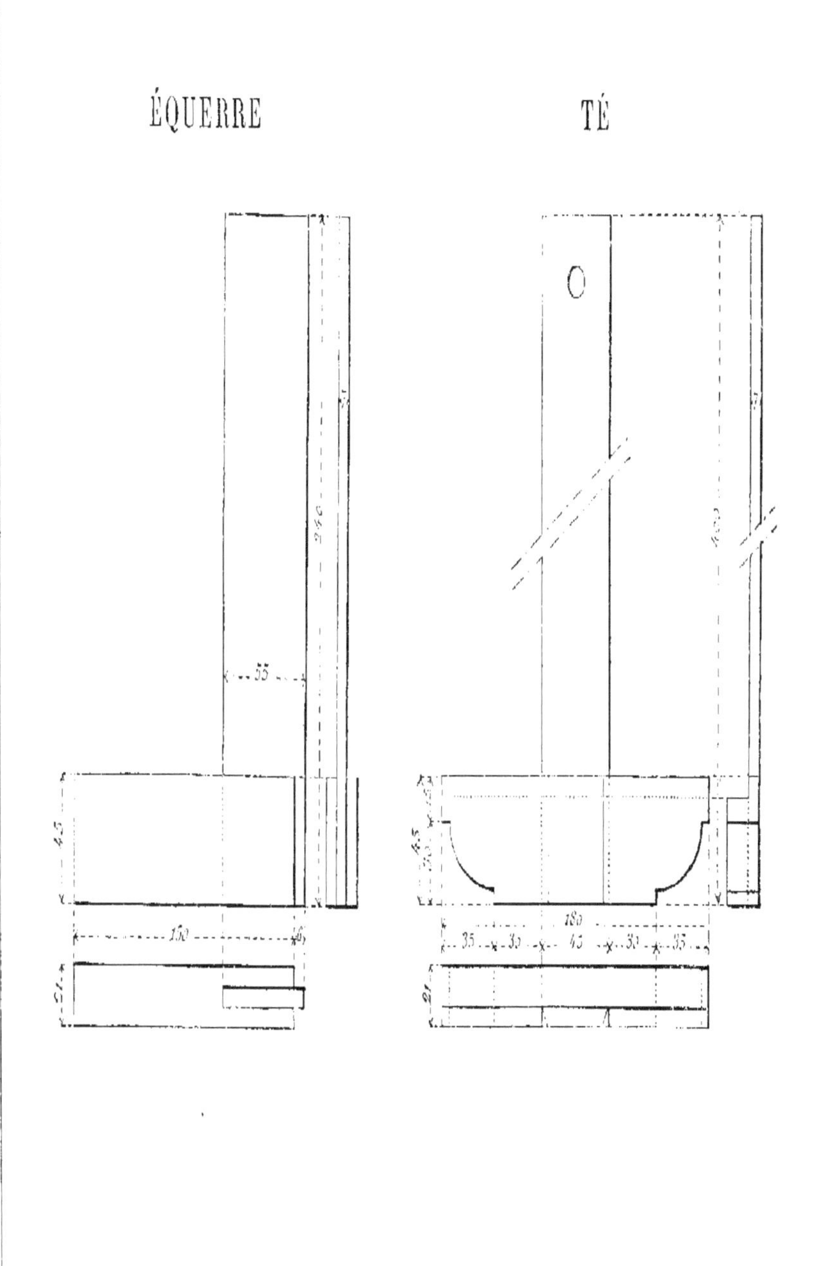

ÉQUERRE
TÉ

I. — Maniement de la lime rude des deux au paquet, et de la lime plate bâtarde.

Fer. — 0^m,060 d'aplati 60 × 4.

Outillage. — Lime rude des deux ; lime plate bâtarde. — Équerre. — Trusquin.

Exécution. — 1° Dresser un des côtés à la lime rude des deux.

Maniement de la lime (fig. 155). — Saisir le manche de la main droite, l'extrémité venant buter sur la paume de la main ; allonger le pouce verticalement au-dessus de l'axe du manche, et rabattre autour les quatre autres doigts. Se fendre d'un pas ; placer la pointe du pied gauche un peu à gauche du pied de l'étau, le pied droit d'équerre sur la ligne passant par les deux talons. L'écartement des jambes est tel que le coude vienne à la hauteur de la surface d'action de la lime. Fléchir légèrement la jambe gauche, et raidir la jambe droite, afin de porter en avant le poids du torse. Poser horizontalement la lime sur la partie à travailler, et appuyer sur l'extrémité avec la paume de la main gauche légèrement ouverte. Pousser l'outil en équilibrant la pression des mains, de façon à conserver cette position horizontale.

Fig. 155.

L'avant-bras droit doit toujours former, avec la lime, une ligne rigoureusement droite parallèle à la ligne passant par les talons. Porter le poids du tronc sur les bras, le corps étant bien d'aplomb. Tous les mouvements doivent s'effectuer avec aisance, sans raideur dans les bras. Veiller à ce que, dès le début, l'enfant prenne la position indiquée, en tenant le tronc droit, sans se voûter, les poumons jouant librement dans la cage thoracique. Les trois droites que l'on pourrait faire passer par les talons, la lime et l'avant-bras droit, les deux épaules, sont sensiblement parallèles entre elles.

La lime use le fer en raison de la forme des dents seulement lorsqu'elle avance ; c'est en la poussant qu'on doit appuyer sur elle, on la laisse glisser sans pression en la ramenant en arrière.

Les dents produisent de petits sillons à la surface de la partie travaillée ; on les détruit en donnant les coups de lime suivant deux directions obliques par rapport à l'axe de l'étau.

On donne une première série de coups de lime, la ligne des talons faisant 45° avec l'axe de l'étau, de droite à gauche, par exemple. Pour la série suivante, déplacer le pied droit suivant un arc de cercle de 90°, de gauche à droite ; la direction selon laquelle l'outil se meut fait alors 45° à droite de l'axe de l'étau. Cette façon de limer est dite à *traits croisés*. Elle présente l'avantage d'indiquer nettement le travail produit par l'outil. En effet, si la lime était toujours poussée dans la même

direction, les traces laissées se recouvriraient sans qu'il soit possible de les distinguer, tandis que, à traits croisés, les traces d'une passe ressortent sur celles de la passe précédente, et montrent immédiatement l'usure produite.

Une surface bien limée à traits croisés présente des traits parallèles obliques suivant deux directions sensiblement perpendiculaires entre elles.

2° Mettre un côté adjacent d'équerre à la lime.

3° Trusquiner à 0^m,055 des côtés dressés. Dégrossir à la lime rude et achever à la lime plate bâtarde.

Modifications. — Tracer à chaque sommet un arc de cercle de 0^m,015 de rayon ; abattre les angles à la lime rude ; atteindre l'arc à la demi-ronde bâtarde. Chanfreiner à mi-fer. Percer au centre un trou de 10. Blanchir le parement en fixant la plaque avec des clous sur un morceau de bois.

II. — Rosace en tôle douce de 5/10°.

1° Tracer le carré à la règle et au compas. Découper ce carré au burin. Affranchir à la lime demi-douce.

2° Tracer les branches de la rosace au compas, découper à la langue de carpe, finir à la lime demi-ronde douce. Repousser au marteau et parer sur le bout rolle.

REMARQUES GÉOMÉTRIQUES

CARRÉ (*suite*)

Les bords de la tôle étant irréguliers, le tracé se fait à la règle et au compas de la manière suivante : mener le côté AB de 0^m,050, et décrire les arcs AC et BD ; marquer le milieu I de l'arc BO, et du point O

Fig. 156.

comme centre, avec OI pour rayon, décrire l'arc DIC qui donne les sommets D et C. Par construction : l'angle BAD vaut 60° + 30° = 90°, il est droit ; il en est de même de l'angle ABC ; les côtés AB, AD et BC sont égaux ; la figure ABCD est donc un carré.

PLAQUE CARRÉE

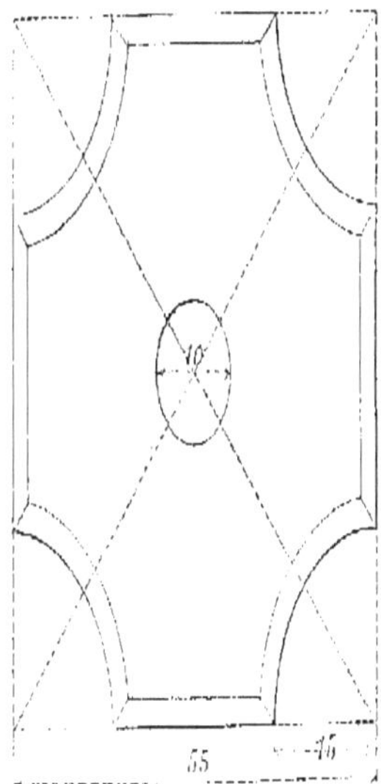

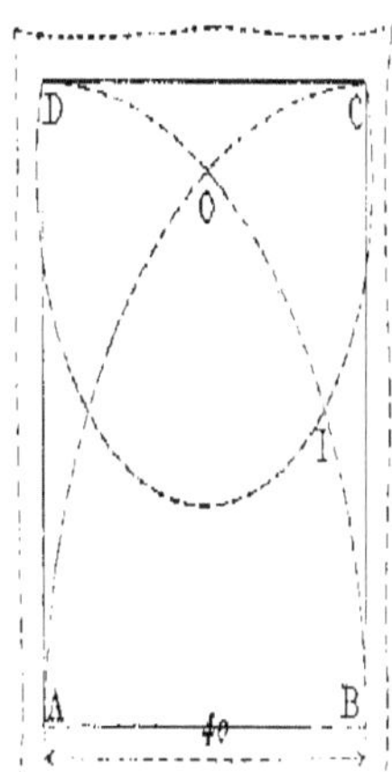

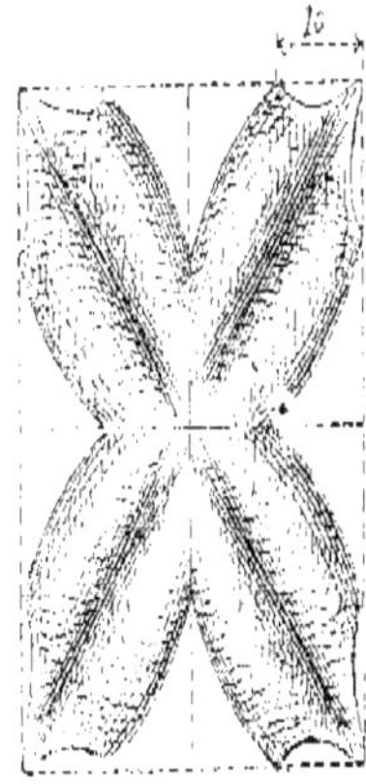

I. — Maniement du burin. (Entrée de serrure.)

Fer. — 0m,075 de fer plat 60 × 4.

Exécution. — 1° Dresser un grand côté de la plaque à la lime.
2° Trusquiner à 0m,050 du côté dressé, et pointer le trait.
3° Buriner jusqu'à 0m,002 ou 0m,003 du trait de trusquin, et atteindre ce trait à la lime.

Maniement du burin (fig. 157). — Saisir le burin de la main gauche, à pleine main, la tête à l'affleurement du pouce et de l'index; de la main droite, prendre le manche du marteau en rabattant le pouce sur les autres doigts.

Frapper sur la tête du burin d'un mouvement bien franc, et sans hésitation. L'impulsion communiquée au marteau est surtout due à un mouvement de rotation du poignet sur l'avant-bras, et de l'avant-bras sur le bras, celui-ci restant au corps et à peu près immobile. La puissance du choc est due à la fois au poids du marteau et à la vitesse avec laquelle il est projeté sur la tête du burin; la vitesse de projection dépend de la rapidité des deux mouvements de rotation du poignet et de l'avant-bras ainsi que de la distance à laquelle on tient le marteau.

La position des jambes qui donne le plus de stabilité se rapproche de celle qui a été indiquée pour le maniement de la lime. Une fois l'entaille commencée, conserver toujours la même inclinaison au burin, afin d'obtenir un copeau uniforme, et d'une

Fig. 157.

épaisseur ne devant pas dépasser 0m,001.

4° Tracer les extrémités avec l'équerre à chapeau.
5° Atteindre ces traits à la lime (lime rude et plate bâtarde).

Modifications. — 1° Tracer une diagonale du rectangle, élever une perpendiculaire en son milieu; sortir un losange de même largeur que le rectangle.
2° Casser les angles au burin : serrer le rectangle obliquement dans l'étau; entailler au burin le long de cd, en parement et contre-parement, casser l'angle.
Répéter la même opération sur ef.
3° Atteindre les traits à la lime.
4° Percer deux trous de 0m,006 comme l'indique la planche. Marquer au pointeau à repérer les centres des trous, et assurer la place du foret avec le gros pointeau.
5° Faire au bédane une entaille joignant les deux trous. Achever l'ouverture à la lime.
6° Chanfreiner à mi-fer, et blanchir le parement.

II. — Rosace en tôle douce de 5/10.

Tracer et découper un triangle équilatéral de 0m,050 de côté. Poinçonner un trou de 5 entre les feuilles; profiler à vue à la lime demi-ronde douce. Galber au marteau et parer sur la bouterolle.

Découper un triangle équilatéral à côtés curvilignes, dont les sommets coïncideraient avec les pieds des hauteurs du triangle précédent. Galber ce triangle et réunir les deux pièces par un clou à grosse tête ronde formant rivet.

REMARQUES GÉOMÉTRIQUES

LOSANGE (*suite*)

La perpendiculaire élevée sur le milieu de la diagonale du parallélogramme passe par le centre de cette figure, les segments limités par les côtés du parallélogramme sur cette perpendiculaire sont donc égaux. Les diagonales du quadrilatère tracé comme il a été indiqué se coupent d'équerre en leur milieu; ce quadrilatère est un losange. Pour s'assurer que des deux côtés tunés les derniers sont parallèles, comme on ne peut vérifier leur écartement au compas d'épaisseur, ou au calibre à coulisse, puisqu'ils ne sont pas en face l'un de l'autre, disposer la pièce entre deux équerres, comme l'indique la figure 158 : les côtés essayés doivent coïncider avec les champs des équerres, *car deux droites ab, cd, perpendiculaires à une troisième ac, sont parallèles entre elles.*

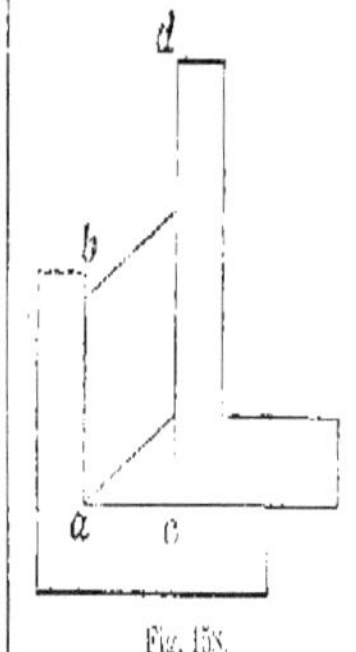

Fig. 158.

Triangles semblables. — En joignant les milieux des côtés d'un triangle on obtient un second triangle dont chaque côté est parallèle à un côté du premier, et vaut moitié; les angles formés dans les deux figures par deux côtés correspondants sont égaux. Ces deux triangles ont même forme, l'une est la réduction exacte de l'autre, ils sont semblables.

D'une manière générale, si, dans un triangle ABC (fig. 159), on mène une parallèle DE à l'un des côtés AC, le point B et les deux parallèles DE et AC déterminent sur les droites BA et BC des divisions semblables ou proportionnelles (voy. page 62), et on a $\frac{BD}{BA} = \frac{BE}{BC}$. De même, par le point E, mener la parallèle DE à BA, on a $\frac{BE}{BC} = \frac{AF}{AC}$ or, par construction, la figure ADEF est un parallélogramme, et DE = AF; par suite $\frac{DE}{AC} = \frac{BE}{BC} = \frac{BD}{BA}$. Les côtés des deux triangles sont donc entre eux dans le même rapport, les angles semblablement placés sont égaux, les deux triangles sont semblables.

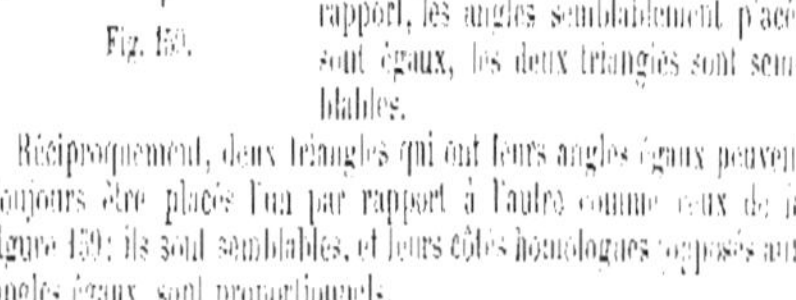

Fig. 159.

Réciproquement, deux triangles qui ont leurs angles égaux peuvent toujours être placés l'un par rapport à l'autre comme ceux de la figure 159; ils sont semblables, et leurs côtés homologues opposés aux angles égaux, sont proportionnels.

ENTRÉE DE SERRURE

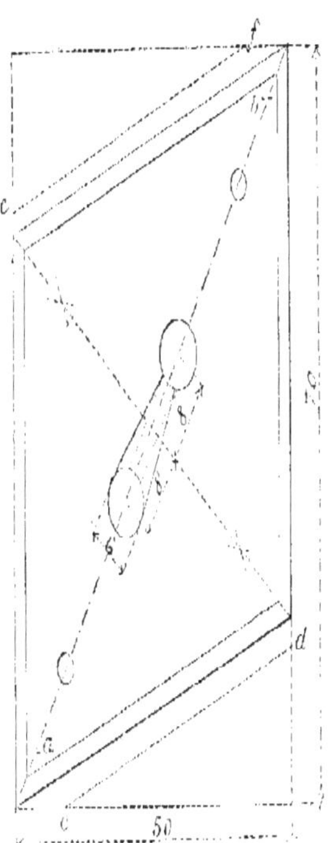

FLEURON

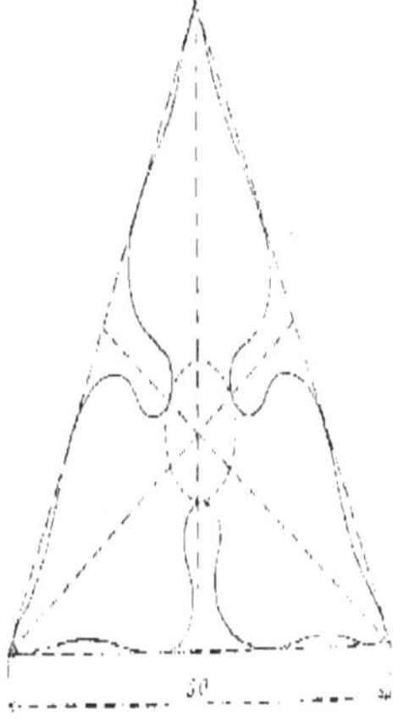

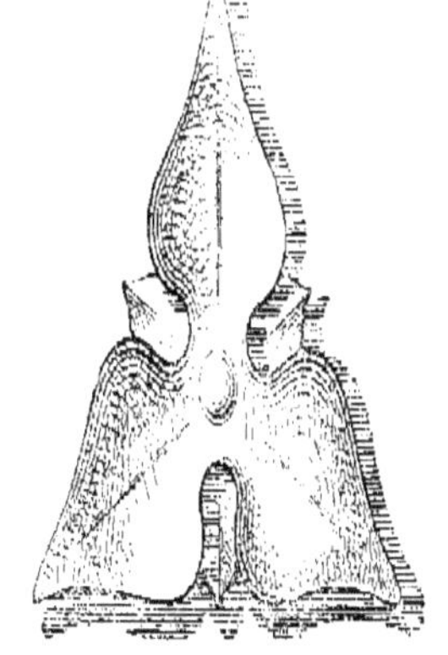

DÉCEMBRE

Équerre d'onglet : tôle de 0m,002, morceau rectangulaire de 125 × 60, et fer de 15 × 2, deux morceaux de 125 de longueur.

Pour le tracé voir page 72.

Exécution. — 1° Dégrossir la partie évidée : percer aux sommets du trapèze intérieur, à une distance convenable pour réserver 0m,003 à 0m,004 de bon sur le trait, des trous de 8. Couper au burin à l'affleurement extérieur des trous. Redresser sur l'enclume en fonte.

2° Casser les angles suivant les côtés du trapèze, en laissant 0m,002 à 0m,003 de bon sur le trait. Tracer et pointer les trous des rivets sur une des réglettes. Serrer dans un étau à main la lame et les réglettes mises en place, et percer les trous des rivets dans les trois pièces ainsi fixées. Fraiser légèrement les trous. Détacher à la lime demi-ronde de petits goujons dans du fil de 0m,003 à 0m,004 de diamètre. River.

3° Commencer par dresser la grande base du trapèze évidé, puis dresser et tirer de largeur le champ extérieur du chapeau. Achever le champ intérieur, dans les parties où il est resté brut, avec la lime plate à champ lisse.

4° Achever le pourtour à la lime, et vérifier l'inclinaison des côtés. (Voy. page 72.)

5° Tirer de largeur à la lime la partie évidée, en se guidant sur les côtés extérieurs de la lame.

JANVIER

I. — Étoile à 8 pointes : Fer plat de 60 × 4.

Exécuter un carré de 0m,055 de côté, abattre les angles de ce carré suivant les côtés d'un octogone régulier de même largeur. (Casser les angles au burin et atteindre les côtés à la lime plate bâtarde.) Obtenir l'étoile à 8 pointes par des échancrures faites à la lime plate bâtarde sur les côtés de l'octogone.

Nota. — Pour la réalisation des polygones réguliers, il est utile de tracer le cercle inscrit, qui reste comme témoin d'une bonne exécution ; les côtés de la figure terminée doivent lui être tangents.

II. — Rosace pentagonale en tôle douce de 5/10e.

Tracer et découper un pentagone régulier inscrit dans un cercle de 0m,025 de rayon. Tracer le cercle inscrit. Abattre les angles du polygone en les coupant au burin. Achever le contour à vue, à la lime demi-ronde douce. Repousser les lobes au marteau à panne ronde, et parer avec le petit rivoir sur une bouterolle sphérique.

TRACÉS GÉOMÉTRIQUES

POLYGONES RÉGULIERS (suite)

Tracés de l'hexagone régulier et de l'octogone régulier de largeur donnée en utilisant l'équerre d'onglet. — Hexagone (fig. 160) : le morceau est tiré de largeur : tracer la perpendiculaire AB avec l'équerre à chapeau ; puis l'oblique AC à 60° ; par le point C faire passer la perpendiculaire CD ; A, B, C, D sont quatre sommets de l'hexagone régulier : il suffit de faire passer par ces points des obliques à 60° avec les champs.

Octogone (fig. 161) : dans une pièce tirée de largeur : tracer avec l'équerre à chapeau la perpendiculaire AB ; mener l'oblique AC à 45°

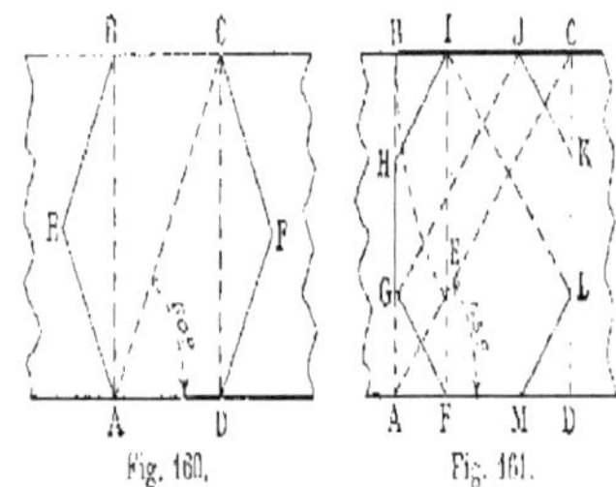

Fig. 160. Fig. 161.

avec les champs, et par C faire passer la perpendiculaire CD ; ABCD est un carré. Rabattre le côté CB sur la diagonale, en CE, et par le point E faire passer la perpendiculaire IF. Tracer à l'équerre d'onglet, avec le champ à 45°, les obliques suivantes : FG, GJ, JK, puis HI, IL, LM ; les points F, G, H, I, J, K, L, M sont les sommets de l'octogone cherché.

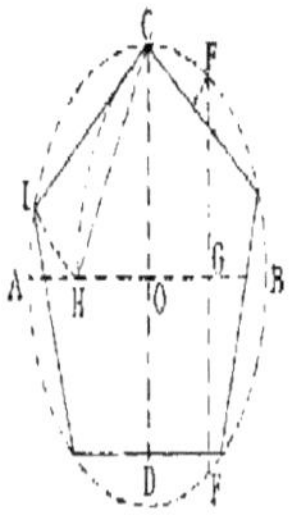

Tracé du pentagone régulier inscrit. — Tracer dans le cercle circonscrit deux diamètres perpendiculaires AB et CD ; du point B comme centre avec le rayon de ce cercle décrire un arc qui coupe la circonférence aux points E et F. Joindre EF ; G est le milieu du rayon OB ; de G comme centre, avec GC comme rayon, décrire l'arc CH ; la corde CH est le côté du pentagone inscrit.

Fig. 162.

DÉCEMBRE

ÉQUERRE D'ONGLET

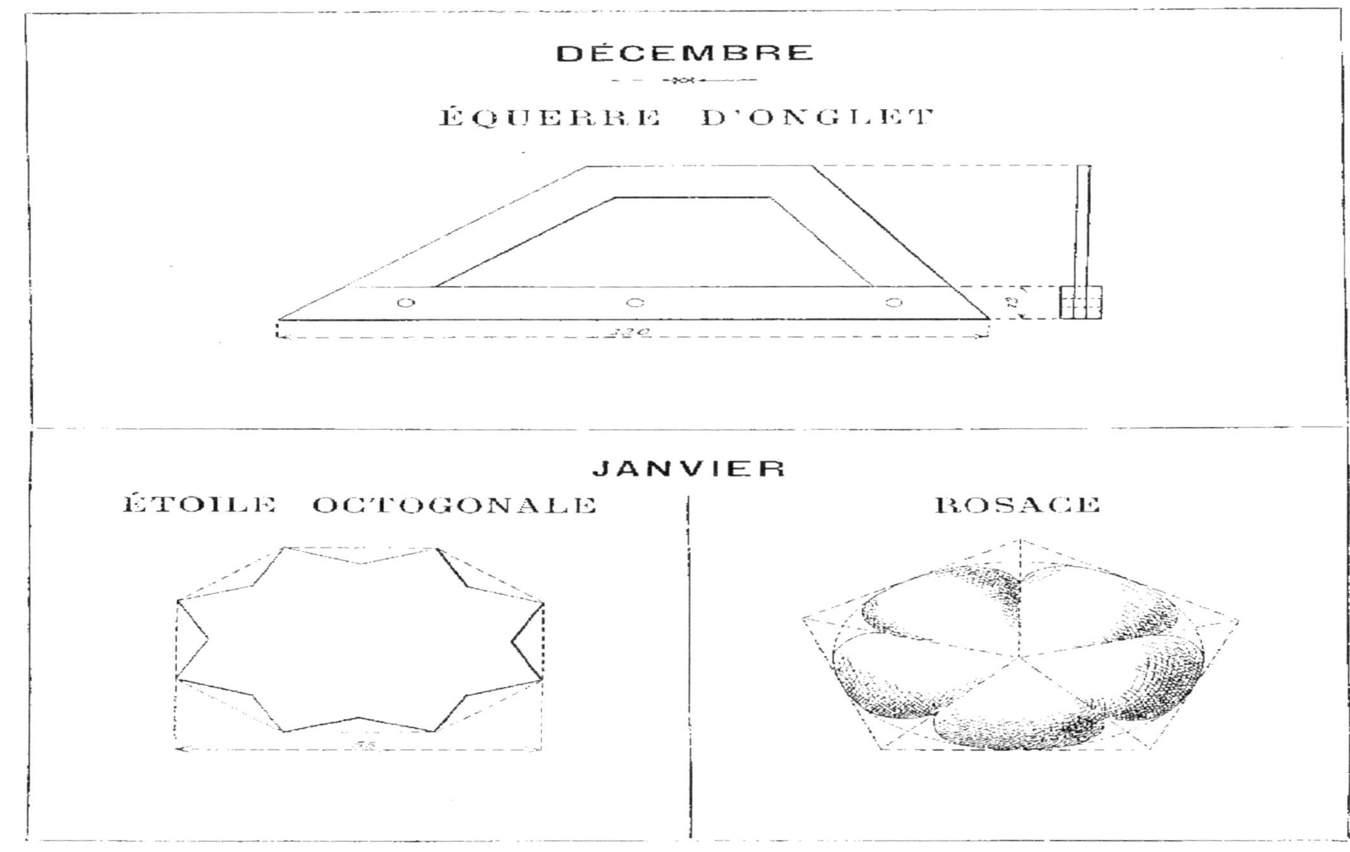

JANVIER

ÉTOILE OCTOGONALE

ROSACE

Chantournement des courbes à la lime. — Maniement du trusquin d'ajusteur.

I. Rondelle. — Fer plat de 60 × 4.

Exécution. — Réaliser un octogone régulier de 0ᵐ,55 de largeur. Percer un trou de 20. Abattre les angles de l'octogone à la lime rude des deux, et chantourner à la lime plate bâtarde.

Chantournement à la lime (fig. 163). — Il n'est plus possible de limer les champs à traits croisés sans les mettre hors d'équerre; on réalise cependant le trait croisé par l'artifice suivant :

Fig. 163.

1° La lime est poussée d'équerre, en greffant une torsion du poignet sur le mouvement de l'avant-bras droit. Par la torsion du poignet la lime tourne autour de l'axe du manche, et son point d'action se déplace sur la matière d'œuvre pendant l'impulsion en avant. Les traits produits par le coup de lime sont la résultante de deux mouvements : un longitudinal et un autre latéral; ils sont obliques par rapport au champ. Si la rotation du poignet a lieu de gauche à droite, le trait est oblique à droite; il est oblique à gauche pour une rotation de droite à gauche. L'effet produit est donc celui du trait croisé.

Le mouvement de torsion du poignet est peu accusé; il commence et finit avec le coup de lime, sans dépasser un quart de tour.

Modifications. — Chanfreiner à mi-fer en chantournant; fixer la rondelle à plat sur un morceau de bois, et blanchir le parement à traits croisés.

II. — Plaque pour poignée de sonnette en fer plat de 60 × 4.

Exécution. — 1° Dresser un grand côté (lime rude et plate bâtarde).

2° Trusquiner l'autre côté à 0ᵐ,055 du premier.

3° Buriner à 0ᵐ,002 du trait, achever à la lime.

4° Trusquiner l'axe.

Maniement du trusquin. — Dans les exercices précédents, le maître-ouvrier fixait la pointe du trusquin à la cote indiquée; cette fois, chaque enfant tracera l'axe sur un morceau de fer.

Procéder de la façon suivante : placer à vue la pointe au milieu de la largeur, et serrer très légèrement la douille sur la tige du trusquin. Faire un petit trait d'essai parallèle à l'un des côtés. Faire un second trait d'essai en face du premier, parallèle au second côté. Déplacer la pointe entre ces traits, en partageant en deux la différence, et recommencer jusqu'à ce que les traits d'essai coïncident. Un ou deux essais doivent suffire.

Il vaut mieux placer la pointe plutôt au-dessus, qu'au-dessous de l'axe, et la faire descendre graduellement en frappant sur la douille avec le manche du marteau. Serrer définitivement la vis, quand la pointe est à la hauteur voulue.

La pointe à tracer du trusquin présente deux branches aiguës, l'une droite, l'autre coudée. Cette dernière sert à tracer les parallèles dont la cote est moins élevée que le patin : elle peut également être utilisée dans le réglage exact de la cote.

Les premiers traits d'essai étant faits avec cette branche, mettre le coude oblique sur la verticale, serrer la douille sur la tige, et faire varier la cote de la pointe, en inclinant plus ou moins le coude. La pointe coudée décrit, en effet, un cercle autour d'un axe passant par la branche droite. En immobilisant la douille sur la tige, on peut, sans la déranger, faire mouvoir la pointe sur ce cercle, et lui faire prendre telle cote intermédiaire voulue entre deux cotes dont la différence est égale au diamètre du cercle décrit par le coude.

Une fois la pointe réglée, appuyer la pièce à tracer contre l'équerre du marbre, et déplacer le trusquin en faisant glisser le patin de la main droite. La pièce reste immobile.

5° Tracer les deux cercles tangents de 0ᵐ,055. Casser les angles au burin : obtenir une ligne polygonale circonscrite à ces demi-cercles. Chantourner à la lime plate bâtarde.

Modifications. — Exécuter les demi-cercles en retrait de 0ᵐ,005 sur les premiers, ménager l'épaulement d'équerre avec le champ lisse de la lime plate bâtarde. Percer l'ouverture au bédane, après l'avoir amorcée par deux trous de 6, finir à la lime plate pointue. Chanfreiner le pourtour à mi-fer, et blanchir le parement à traits croisés.

<hr>

REMARQUES GÉOMÉTRIQUES

Cercle. — On peut considérer le cercle comme un polygone régulier d'un nombre infini de côtés : le chantournement à la lime est l'application de cette propriété. En effet, on a commencé par réaliser un carré, puis un octogone, dont les angles ont été abattus suivant un polygone de 16 côtés; si la pièce avait été plus grande, on aurait encore abattu les angles de ce polygone avant de commencer à chantourner.

Trusquin. — Avec le trusquin du mécanicien, comme avec celui du menuisier, on dispose d'une pointe traçante maintenue à une distance fixe d'un plan directeur, ce qui permet de mener une parallèle à toute face dressée. Quand la pièce est de faible épaisseur, elle est posée sur champ; on l'appuie contre l'équerre du marbre, pour la maintenir d'équerre sur le plan directeur. Si la pièce était inclinée, la parallèle tracée ne serait pas à la cote de la pointe, car *une oblique est toujours plus grande que la perpendiculaire aboutissant au même point.*

FÉVRIER

RONDELLE

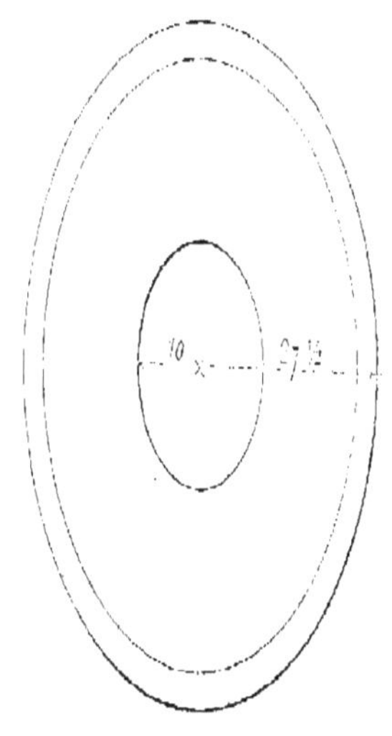

PLAQUE POUR POIGNÉE DE SONNETTE

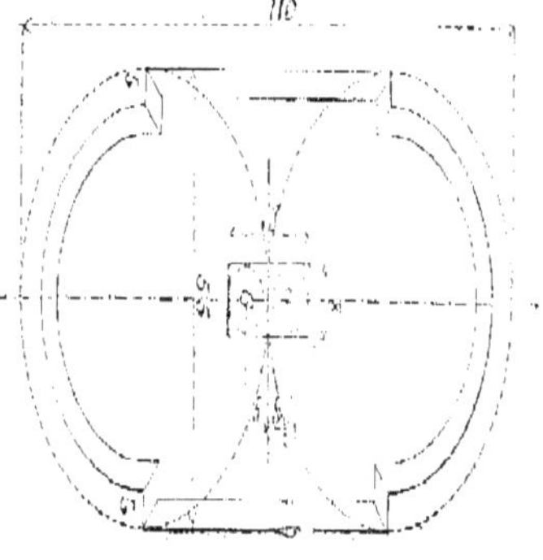

Patère.

Fer. — Tôle douce de 5/10e, morceau rectangulaire de 150 × 65; tôle ordinaire de 0m,002, morceau rectangulaire de 70 × 45.

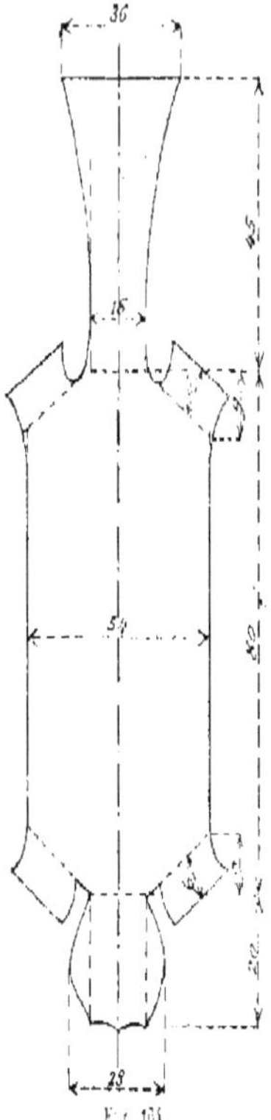

Fig. 164.

Exécution. — Le patère est composé des parties suivantes : l'écusson, la tige et la tête. — L'écusson est formé d'une pièce en tôle douce de 5/10e, rivée sur une plaque en tôle de 0m,002 pour lui donner la résistance voulue. La tête est faite avec la rosace obtenue précédemment (voy. page 92). — Les élèves devront tous exécuter l'écusson, on donnera seulement à ceux qui auront réussi cette première partie du travail la tige épaulée supportant la tête.

1° Reproduire sur la feuille de tôle douce la figure 164; les parties courbes se feront à vue pendant l'exécution, sans tracé préalable.

2° Découper ce développement au burin et à la langue de carpe. Affranchir à la lime demi-ronde douce. Tourner la volute. Galber les bords suivant le dessin ci-contre. Poinçonner les trous.

3° Tracer la plaque servant de support. Couper au burin la pièce serrée dans les mâchoires de l'étau. Affranchir à la lime. Tracer les trous en plaçant la plaque sous l'écusson. Percer ces trous à la machine. River.

4° River la tige sur l'écusson, et la rosace sur la tige.

FIGURES SYMÉTRIQUES (suite)

Le développement de l'écusson présente un axe de symétrie longitudinal qui sert de base au tracé. Commencer par mener cet axe; porter ensuite les distances des perpendiculaires sur lesquelles sont situés les sommets d'une ligne polygonale symétrique enveloppant la figure.

La coupe de la volute est représentée (fig. 165); c'est une spirale décrite à main levée. Pour réaliser la volute, et en tracer le dévelop-

Fig. 165.

pement, il est nécessaire de connaître la longueur rectifiée de cette spirale. On pourrait, comme cela a déjà été fait précédemment, parcourir la courbe avec une ouverture de compas convenable, et compter le nombre des cordes inscrites. Il est plus expéditif de procéder comme suit : remarquer que la droite AB coupe la spirale suivant des arcs que l'on peut assimiler à des demi-circonférences, dont les diamètres successifs ont 0m,004, 0m,007 et 0m,011; le reste de la courbe est sensiblement le quart d'une circonférence de 0m,015 de diamètre. La longueur rectifiée de la spirale est donc égale à $\left(\frac{4\times 3}{2}\right)+\left(\frac{7\times 3}{2}\right)+\left(\frac{11\times 3}{2}\right)+\left(\frac{15\times 3}{4}\right)$ ou à $\frac{4+7+11.3}{2}+\frac{15\times 3}{4}=0^m,045$ environ, avec une erreur négligeable.

PATÈRE

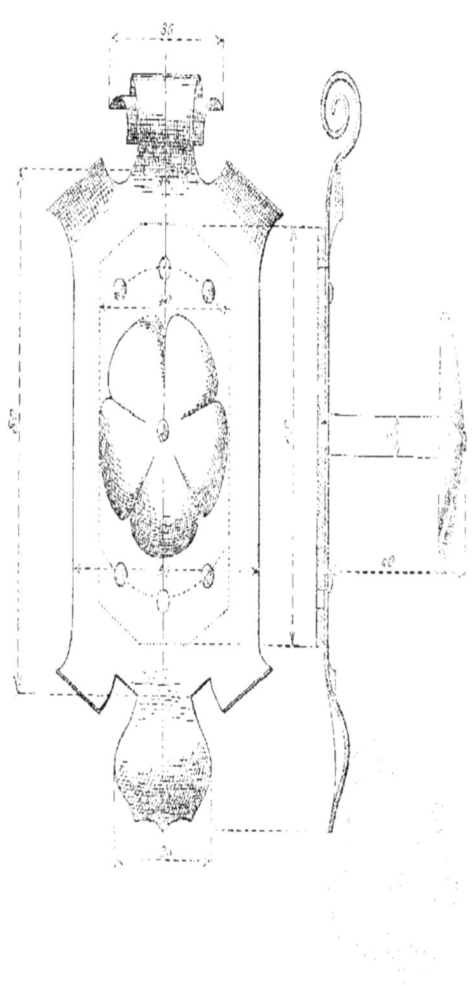

Cylindrage d'une tige à la lime. Taraudage.

Plaque et anneau de tiroir. — La plaque étoilée est celle de l'exercice du mois de janvier; le piton à œil, l'anneau et l'écrou sont seuls à exécuter.

Piton. Fer. — 0m,005 de fer mi-plat 16 × 8.

Exécution. — 1° Préparer un parallélépipède rectangle de 34 × 7; suivre la même marche que pour le corroyage du bois : dresser un plat à traits croisés. Dresser le second plat à l'épaisseur voulue. Vérifier l'épaisseur et le parallélisme des faces avec le calibre à coulisse. Mettre un champ d'équerre. Trusquiner le champ et tirer de largeur à la lime. Dresser et mettre d'équerre au bout.

2° Tracer la tête et trusquiner la tige du piton dans l'axe de la face. Percer l'œil à la machine (trou de 6).

3° Limer les champs de façon à obtenir une tige carrée de 7, abattre les angles de cette tige carrée suivant les faces d'un prisme octogonal régulier de 7 de largeur, et arrondir le prisme.

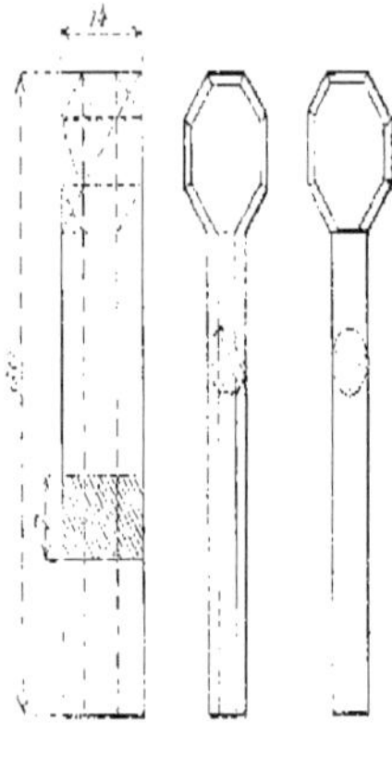

Fig. 166.

Arrondir à la lime. — Fixer dans l'étau un morceau de bois dur frêne ou cornouiller et y pratiquer une entaille. Serrer la tête du piton dans l'étau à main, et poser la tige dans l'entaille pour l'empêcher de glisser sous l'action de la lime.

Saisir le manche de la lime à pleine main (fig. 167), allonger l'index le long du manche. L'extrémité du doigt vient poser sur le talon de la lime pour produire une certaine pression; les autres doigts embrassent le manche. Pousser la lime d'équerre et imprimer de la main gauche un mouvement de rotation à la tige autour de son axe. La rotation se fait d'arrière en avant, de sens contraire au mouvement d'action de la lime. Les différentes génératrices du cylindre se présentent ainsi successivement sous l'outil, en venant à sa rencontre, et non en le fuyant.

Le mouvement de rotation est produit par une torsion d'un demi-tour environ de la main gauche autour du poignet; cette torsion commence et finit avec le coup de lime; elle doit se faire régulièrement de manière à soumettre les différentes génératrices à une égale usure.

Fig. 167.

On présente les différentes génératrices de la tige, en faisant tourner l'étau dans la main gauche, à tous les deux ou trois coups de lime.

Cette manipulation exige certaines précautions pour obtenir un cylindre régulier. On ovalise facilement au lieu d'arrondir, si l'action de la lime n'est pas répartie également autour de l'axe. Le défaut vient de ce que, au moment où la lime agit le plus efficacement, c'est-à-dire au milieu de sa course, la tige présente les mêmes génératrices diamétralement opposées. On combat cette tendance en faisant tourner

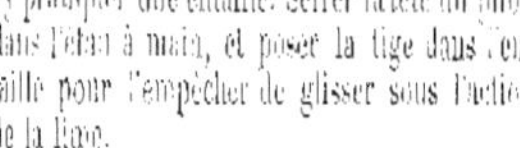

l'étau dans la main gauche d'un quart de tour environ, à tous les deux ou trois coups de lime.

4° Abattre les angles de la tête du piton, et chanfreiner à mi-fer. Tarauder la vis. Percer un trou de 6 1/2 dans la plaque et dans un morceau carré qui servira d'écrou. Tarauder la plaque et l'écrou.

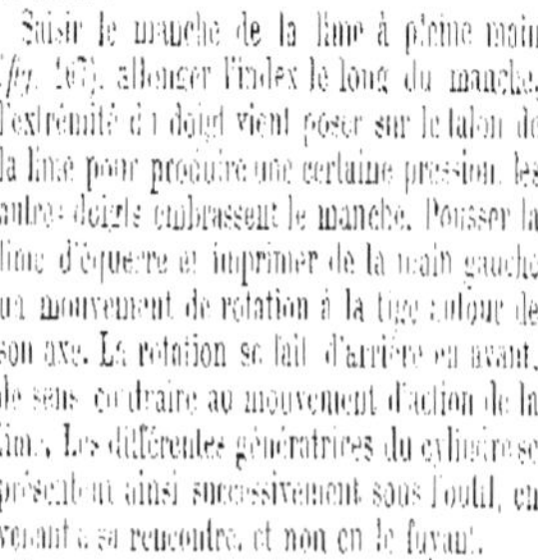

Fig. 168.

Anneau. — Donner à chaque élève un anneau ouvert de 40 pris dans du fil cylindrique de 0m,005 de diamètre. Amorcer en sifflet les bouts du fil; introduire l'anneau dans l'œil du piton. Rapprocher les amorces, braser, polir ensuite à la toile d'émeri.

Modifications. — Percer de petits trous au sommet des échancrures. Donner un léger trait de scie à métaux. Marquer le filet et sabler.

REMARQUES GÉOMÉTRIQUES

PARALLÉLÉPIPÈDES, PRISME RÉGULIER, CYLINDRE

(Voy. p. 81 et 82.)

Brasure. — Le fer chauffé au rouge blanc, à une température voisine de celle de son point de fusion, se soude à lui-même par le martelage, mais il est difficile de souder ainsi des objets de petites dimensions, qui se refroidissent rapidement, dès qu'on les sort du feu. On tourne la difficulté par le brasage ou soudure au laiton, qui consiste à réunir les parties en contact au moyen d'un alliage plus fusible que le fer. Il faut avoir soin de recouvrir le joint de borax, substance formant au feu de forge une sorte de verre fluide qui facilite la pénétration de la soudure, et l'empêche de brûler, de s'oxyder, au contact de l'air.

Taraudage. — Les coussinets de la filière portent des échancrures qui font de chaque filet autant d'outils coupants qui creusent un sillon dans la tige, et laissent en saillie le filet de la vis. Toutefois, surtout lorsque les coussinets ne sont plus neufs, une partie du filet est produite par refoulement, de sorte que le diamètre de la vis est légèrement supérieur à celui de la tige. L'action du taraud est sensiblement la même, les filets coupent et refoulent en partie, produisant ainsi une légère diminution du diamètre du trou; pour que la vis pénètre dans l'écrou, il faudra donc donner au trou un diamètre un peu supérieur au fond du filet de la vis. Dans les vis à filets triangulaires ayant moins de 0m,015 de diamètre, la section du filet est un triangle équilatéral dont la hauteur est la dixième partie du diamètre, le fond du filet forme donc un noyau cylindrique dont le diamètre est les 8/10 de celui de la vis.

ANNEAU DE TIROIR

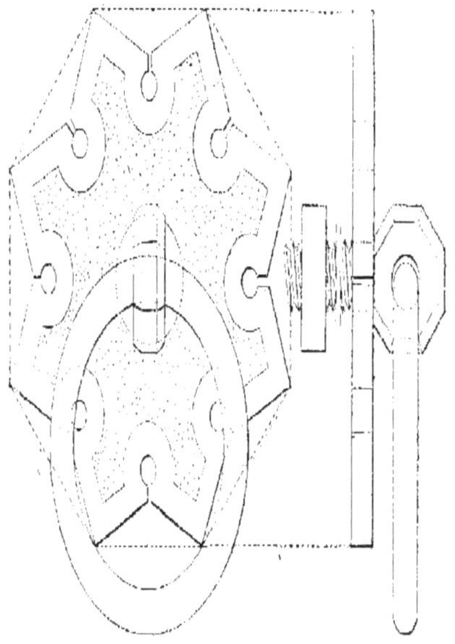

Porte-bouquet conique.

Exécution du cône. — Tôle douce de 5/10. 1° Tracé : l'arc du secteur circulaire donnant le développement du cône a 0m,08 de rayon; sa longueur est obtenue en portant six fois le rayon de base. Sur les rayons 1, 3, 5, 7 porter le centre des trous donnant passage aux rivets qui serviront à fixer les rinceaux, et en outre, sur les rayons extrêmes 1 et 7, deux trous correspondants a et b pour un rivet d'attache. Tracer les godrons sur les rayons 2, 4, 6; marquer le milieu des arcs 1, 2; 2, 3... et tracer les dents en arcs de cercles de 0m,003 de rayon. Remarquer que l'axe du trou des rivets extrêmes étant situé sur les rayons du secteur, les pinces doivent être prises en dehors du développement.

2° Découper au burin et à la langue de carpe. Affranchir à la lime douce. Exécuter les dents à la lime demi-ronde douce. Repousser les godrons.

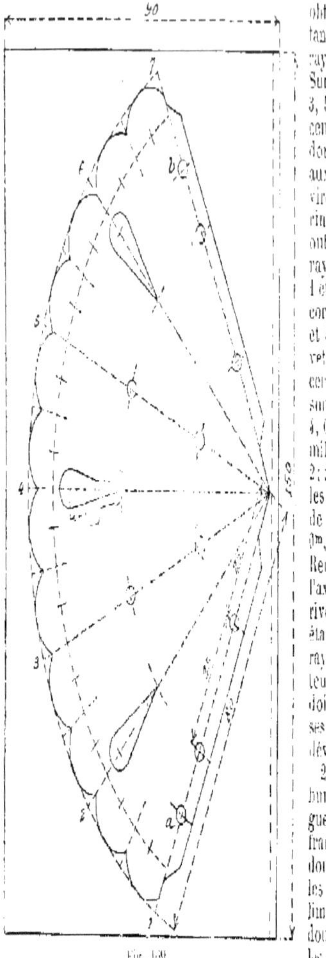

Fig. 169.

3° Rouler le cône sur la bigorne, ou sur un mandrin approprié; poser le rivet du haut (trous a et b) et finir de ramener la pointe.

Rinceaux. Fer plat de 8×1 1/2. Le cône est supporté par trois rinceaux: le dessin de la planche ci-contre représente le porte-bouquet posé de façon que l'un des rinceaux soit vu sur l'élévation sans être déformé.

1° Tracer, sur un panneau, la coupe du cône et l'un des rinceaux. Relever la longueur rectifiée de la courbe, environ 0m,21, en la parcourant avec une ouverture de compas convenable.

2° Exécuter les trois rinceaux d'après ce tracé.

3° River les rinceaux.

REMARQUES GÉOMÉTRIQUES

PYRAMIDE RÉGULIÈRE. SON DÉVELOPPEMENT
(Voy. p. 46.)

Cône. — En faisant subir à une pyramide régulière à base carrée des épannelages successifs suivant les faces d'une pyramide à 8, 16... faces, comme cela a été fait pour le cylindre, en partant du prisme droit à base carrée, on obtient un cône. On est ainsi amené à considérer le cône comme une pyramide régulière d'un nombre infini de faces infiniment étroites, réduites à la limite à une droite qui porte le nom de génératrice, car on peut en effet imaginer la surface latérale engendrée par une droite qui passant constamment par le sommet se déplacerait en touchant la circonférence de base.

Fig. 170.

La hauteur SO (fig. 170) du cône forme, avec la génératrice SA et le rayon OA de la base, un triangle rectangle, et on peut encore imaginer le cône massif comme engendré par la révolution de ce triangle autour de SO.

On conçoit aisément qu'en supposant le cône recouvert exactement par une feuille de papier, la feuille coupée suivant une génératrice, et étalée à plat, donnera un secteur circulaire ayant la génératrice pour rayon; la longueur de l'arc sera égale à celle de la circonférence de base.

Représentation du cône. — La hauteur du cône n'est pas donnée, on connaît seulement la génératrice qui a 0m,080 et le rayon de la base (0m,028). Par ce qui vient d'être dit sur la génération de ce solide, on voit que cette hauteur est celle d'un triangle rectangle SOA dont on connaît l'hypoténuse SA (génératrice) et un côté de l'angle droit OA (rayon de la base).

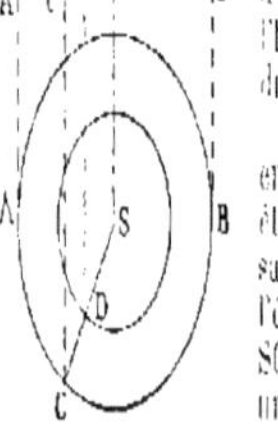

Fig. 171.

La figure 171 représente un cône vu en plan et en élévation. Une génératrice quelconque SC étant tracée sur le plan, la ligne de rappel passant par C donne le point correspondant C' sur l'élévation, et S'C' est la vue de la génératrice SC en élévation; les points D et D' situés sur une même ligne de rappel représentent un point de cette génératrice.

Réciproquement, le point D' est seul donné, on se propose de trouver le point suivant lequel on le voit sur le plan? On peut tracer une génératrice S'C' passant par le point D', la ligne de rappel passant par C' donne le point C, et par suite SC est la vue en plan de S'C'. La ligne de rappel D'D détermine sur SC le point cherché D.

PORTE-BOUQUET

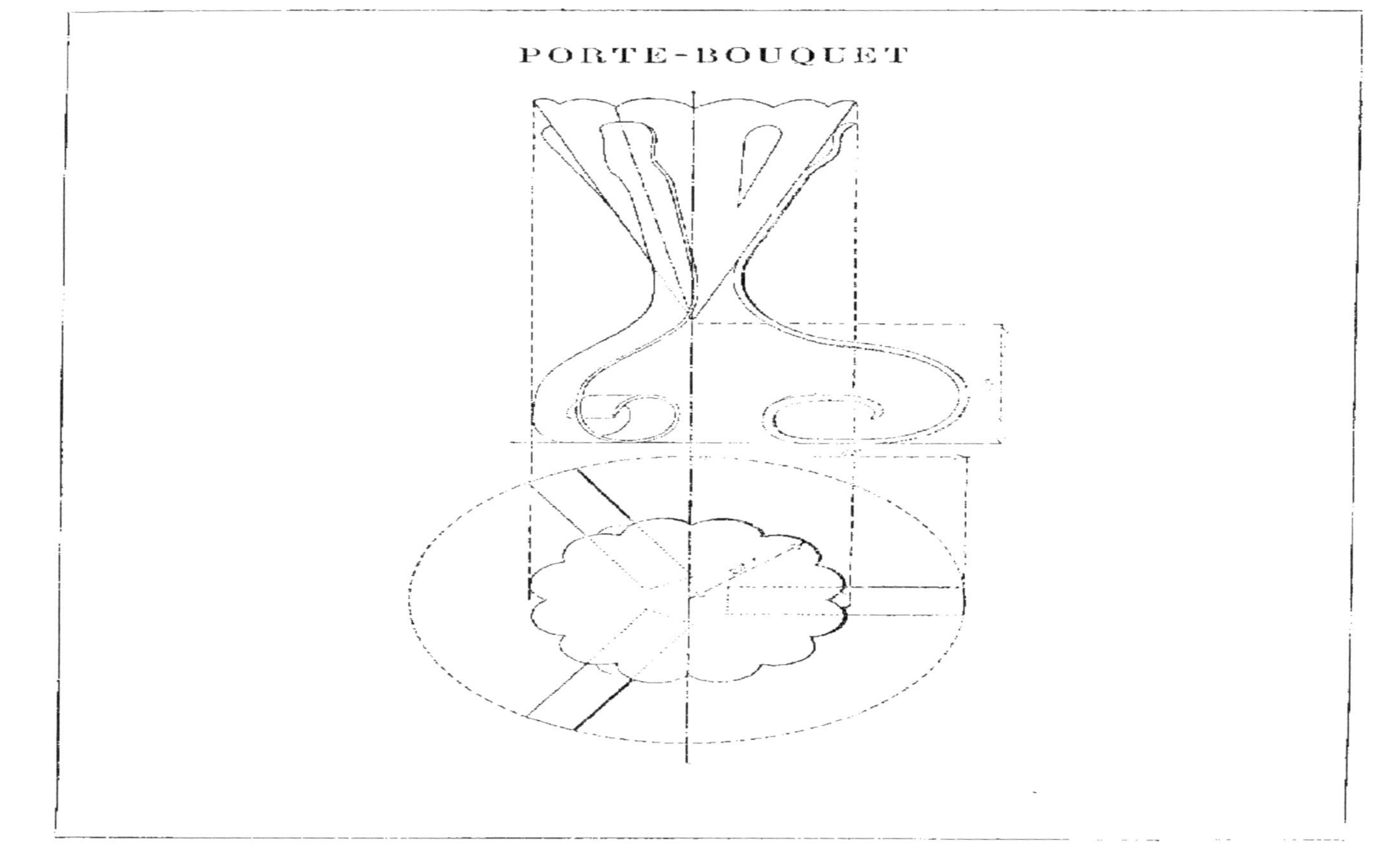

Godet en fer-blanc soudé à l'étain.

Ce godet se compose d'un tronc de cône agrafé et soudé sur un fond.

Développement du tronc de cône. — Tracer sur un panneau le trapèze rectangle ABCD aux cotes voulues; prolonger les côtés AB et CD qui se coupent au point S. Cette épure donne les éléments nécessaires au tracé, savoir : le rayon SB du secteur, et l'apothème BD du tronc.

Exécution. — 1° Tracer sur la feuille de fer-blanc le développement du tronc et le fond, en disposant ces pièces comme l'indique la figure 172. Prendre les agrafes en dehors du développement.

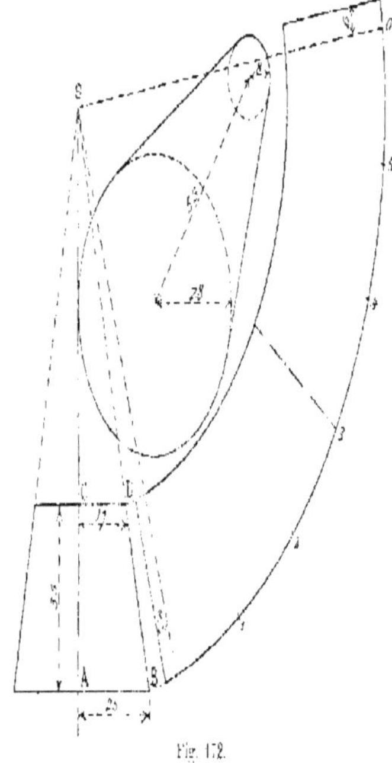

Fig. 172.

2° Découper à la cisaille le développement et le fond. Comme les élèves n'ont pas la main assez forte pour pouvoir manier la cisaille avec sûreté, il sera nécessaire de leur faire corriger à la lime plate bâtarde les irrégularités. Pour les courbes convexes, poser la feuille à plat sur un morceau de feuillet, en laissant dépasser légèrement la partie à retoucher, pousser la lime en laissant frotter le côté lisse sur l'établi. La petite base sera affleurée après soudure.

3° Préparer les agrafes, rouler le développement sur la bigorne,
serrer l'agrafure sur un mandrin portant une rainure appropriée (voy. page 39).

4° Souder à l'étain le tronc de cône sur le fond, ainsi que l'agrafure.

REMARQUES GÉOMÉTRIQUES

TRONC DE CÔNE

Révision. — Tronc de pyramide à base régulière : Bases. — Faces. — Hauteur. — Apothème. — Développement (voy. page 84).

Tronc de cône. — L'épannelage d'un tronc de pyramide à base polygonale régulière, conduit comme celui du cylindre et du cône, donne pour solide final un tronc de cône.

D'après ce qui a été dit sur la génération du cône, on peut considérer le tronc comme engendré par un trapèze rectangle tournant autour du côté d'équerre comme axe de rotation.

Le développement de la surface latérale a par suite la forme d'un trapèze à bases curvilignes égales aux circonférences des deux bases du tronc; la hauteur de ce trapèze, ou apothème, est la partie de la génératrice comprise entre les bases.

Soudure à l'étain. — Pour préserver le fer de la rouille, on le recouvre d'une mince couche d'étain, métal moins oxydable que le fer au contact de l'eau ou de l'air humide. Le fer-blanc est de la tôle mince de fer étamée en la plongeant dans un bain d'étain fondu. Cette couche ne résiste pas à l'action de la chaleur, car l'étain fond à une température de beaucoup inférieure à celle de la fusion du fer.

Pour souder deux feuilles de fer-blanc, on introduit, entre les surfaces en contact, un alliage fondu formé de parties égales de plomb et d'étain (soudure à l'étain), qui en se refroidissant fait corps avec l'étain de la couche superficielle.

On commence par nettoyer la feuille à l'endroit de la soudure, et on humecte le joint avec de l'esprit de sel dans lequel on a fait au préalable dissoudre des rognures de zinc. Cet esprit de sel décomposé donne un flux qui facilite la pénétration de l'alliage fondu. Sans ce flux, la soudure ne mouillerait pas les surfaces de contact, pas plus que l'eau ne mouille un corps gras.

La soudure est fondue et transportée avec le fer à souder chauffé à une température inférieure à celle du rouge sombre; mais le cuivre dont est formé le fer à souder s'oxyde en le chauffant, et sur le métal oxydé la soudure n'adhère pas. Il faut décaper (désoxyder) l'extrémité du fer en le frottant sur un morceau de sel ammoniac dès qu'on le sort du feu, puis le passer sur l'alliage et frotter à nouveau sur le sel. L'extrémité apparaît alors recouverte d'une couche brillante d'étain, elle est étamée; un grain de soudure fond à son contact et s'y maintient; on peut le déposer commodément à l'endroit voulu.

GODET

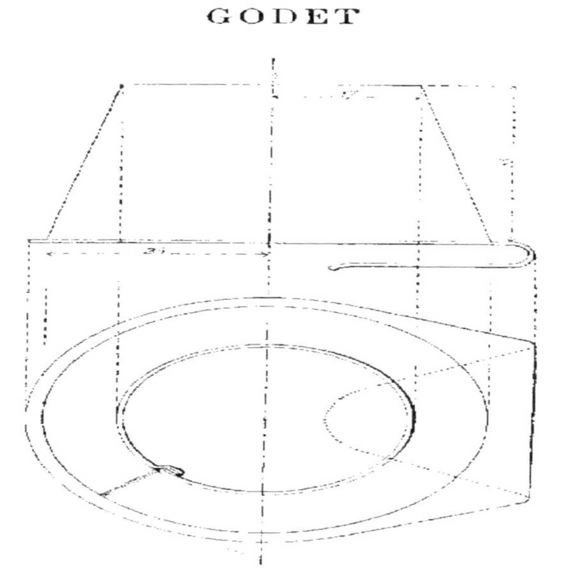

Travail de récapitulation : Pèse-lettres.

Le pèse-lettres se compose des pièces suivantes : un levier en S fait avec de la tôle douce de 8/10 ; une chape de support en tôle douce de même épaisseur avec anneau en fil de fer ; une aiguille indicatrice ; une pince en fil de fer pour tenir les lettres.

La planche représente le pèse-lettres grandeur d'exécution.

Exécution. — 1° Tracer le support en S : mener les lignes d'axes et construire les deux carrés, œils des spirales. Les arcs de cercles composant les spirales se raccordent sur les prolongements des côtés du carré intérieur, pour la petite spirale, et sur ceux du carré extérieur pour la grande (voy. le tracé des spirales, p. 56). Décrire les arcs formant le petit bras du levier suivant les cotes de la planche, et raccorder ces arcs aux spirales par des tangentes. Poinçonner les trous ; découper les parties courbes à la langue de carpe, les parties droites au burin, et affranchir à la lime douce.

2° La chape est d'une seule pièce courbée en U. Tracer les branches dans le prolongement l'une de l'autre ; poinçonner les trous des rivets ; découper et achever comme précédemment. Le maître ouvrier préparera un nombre suffisant d'anneaux en roulant du fil de fer autour d'un mandrin ; chaque tour coupé donne un anneau.

3° Découper l'aiguille dans de la tôle de $0^m,002$.

4° Exécuter la pince et son anneau.

5° River la chape et l'aiguille sans serrage ; graduer en suspendant des poids au crochet.

REMARQUES GÉOMÉTRIQUES

Raccords de courbes entre elles, et d'une courbe avec une droite ; spirale ; figures symétriques.

Travaux facultatifs.

Rosaces en tôle douce de 5/10 ou de 8/10 dérivées de polygones réguliers : on peut, en partant d'un polygone régulier quelconque, composer de nombreuses rosaces, dont les éléments courbes seront enveloppés par un réseau de droites symétriques données par les côtés, les diagonales, certaines cordes convenablement choisies.

Ces rosaces découpées à plat au burin, et à la langue de carpe, seront modelées au marteau à panne ronde et parées sur des bouterolles ; des nervures repoussées au traçoir viendront encore modifier l'aspect. Les figures 173 à 179 montrent quelques rosaces simples dérivées du carré, de l'hexagone, de l'octogone, du pentagone et du décagone. On pourrait, partant de la même forme à plat, obtenir un aspect différent par un mode à autre.

Le découpage des parties courbes sera surtout fait à vue, sans s'astreindre à un tracé autre que celui des lignes de construction.

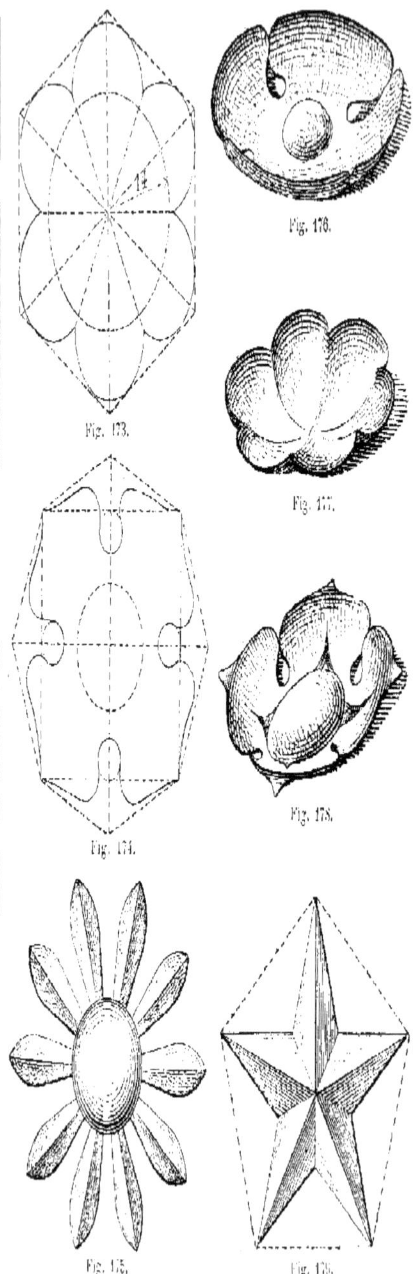

Fig. 173. — Fig. 174. — Fig. 175. — Fig. 176. — Fig. 177. — Fig. 178.

PÈSE-LETTRES

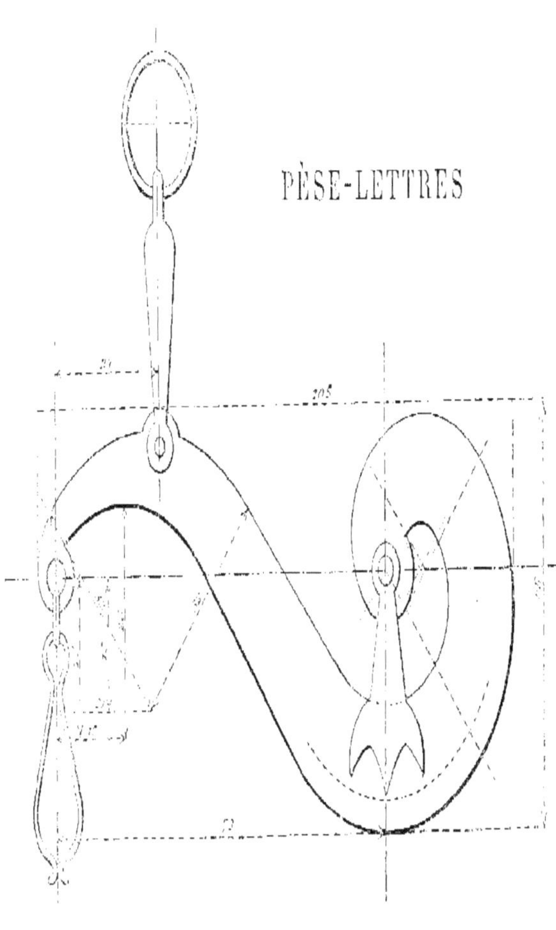

Troisième année d'atelier.

COURS COMPLÉMENTAIRE

Les exercices de troisième année (bois et fer) conviennent aux élèves du cours complémentaire. Ils sont, au point de vue du travail et du dessin, la revision et le complément des deux premières années.

Dès le début, les manipulations à l'établi consistent dans la préparation précise de la matière d'œuvre, l'exécution d'éléments techniques simples de menuiserie (assemblage à tenon et mortaise, à enfourchement, etc.) et leur application à des objets usuels.

Il en est de même pour le travail du métal. Les maîtres ouvriers exigeront un coup de lime franc, net, de la précision dans le tracé et la mise aux cotes.

Les objets confectionnés présentent l'application de notions nouvelles et complémentaires de géométrie, et toujours en suivant le même programme concentrique : figures planes et polygones, circonférence et courbes, figures symétriques, solides usuels.

Sous la rubrique *travaux facultatifs* figurent un certain nombre d'objets en bois ou en métal, présentant l'ensemble des manipulations faites dans le courant des trois années.

On laissera aux élèves les plus adroits, à ceux qui finissent avant leurs camarades, le choix d'un ou plusieurs de ces modèles, qu'ils pourront exécuter dans le courant de l'année, en y consacrant précisément le temps gagné par eux sur le travail imposé à leur section.

Conservation des objets en tôle. — On préservera la tôle de la rouille, en la recouvrant de l'enduit suivant :

Faire fondre de la cire vierge, y ajouter un grain de résine et un peu de suif ; incorporer du noir de fumée à la masse fondue, puis mouler le tout en bâtons de la grosseur d'une bougie. Appliquer cette préparation sur le métal légèrement chauffé, et étendre avec la brosse. Cette sorte d'encaustique noire est très solide, elle préserve complétement de l'oxydation les objets en fer qui en sont recouverts, et elle leur donne en même temps un aspect très agréable.

Corroyage. — Assemblage à tenon et à mortaise. — Maniement des affûtages, des scies à tenons et à araser, du bédane.

Assemblage à tenon et à mortaise. Bois. — Sapin deux traits refendu en trois, morceau de 0m,33 de longueur.

1° Corroyer à 21 × 65. Marche à suivre : dégauchir et dresser le parement à la varlope, le marquer d'une croix. Trusquiner les champs à 21. Dégrossir la seconde face au riflard, et atteindre exactement le trait à la varlope. (Pour le maniement de la varlope, voy. p. 34.)

2° Trusquiner le tenon et la mortaise, en appuyant le plateau du trusquin toujours sur le parement, précaution à prendre pour toutes les pièces assemblées, afin d'obtenir la correspondance exacte des parements.

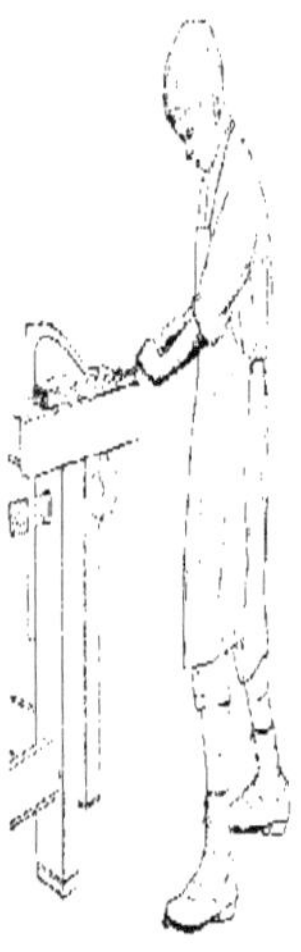

3° Débiter et araser le tenon, le recommencer en cas d'insuccès. (Pour les traits de scie parallèles aux faces, voy. p. 38.)

4° Percer la mortaise en suivant la marche indiquée page 74; recommencer en cas d'insuccès.

5° Séparer les pièces par un trait de scie, assembler et cheviller.

Confection d'une cheville. — Le procédé employé habituellement par les ouvriers est trop dangereux pour être adopté avec les enfants. Voici comment en opérera, sans craindre de se blesser.

Donner à chacun un petit morceau de bois de fil, ayant sensiblement la forme d'un prisme carré, dans lequel on taillera la cheville.

Fixer, sous la patte du valet, parallèlement au bord de l'établi, un morceau de bois de 0m,03 environ de hauteur, contre lequel viendra buter le morceau à tailler.

Fig. 180.

Façonner la cheville en maniant le ciseau avec les deux mains, comme le montre la figure 180.

Une cheville méplate dans un trou cylindrique tient mieux qu'une cheville ayant la même forme que le trou ; on doit entrer le plat dans le sens des fibres du bois, car en l'inclinant, les faces agiraient à la façon d'un coin qui tendrait à séparer les fibres en produisant une fente. C'est également pour éviter les fentes qu'il faut, dans le cas où l'on poserait une seconde cheville, la mettre en dehors des fibres sur lesquelles agit la première.

On donne du raide aux pièces assemblées, en les serrant avec une presse ou un serre-joints avant de percer les trous et d'enfoncer les chevilles.

Exercice d'application. — Potence assemblée, suivant la planche ci-contre. Bois nécessaire : Entrevous de hêtre de 27 refendu en cinq, morceau de 0m,50 de longueur.

Tracer les pièces et exécuter les tenons et la mortaise avant de les déparer.

REMARQUES GÉOMÉTRIQUES

Révision. Plan, surface gauche, dégauchissage. Droite parallèle à un plan. Plans parallèles, perpendiculaires, Parallélépipède rectangle.

Réalisation du plan. — Le plan est engendré par une droite qui se déplace sur deux droites qui se coupent ou qui sont parallèles. La marche suivie pour donner un trait de scie parallèle aux faces est une application de ce principe; le travail de la varlope consiste à produire une série d'éléments rectilignes parallèles aux arêtes et situés sur une droite.

Pour les ouvrages dormants dans lesquels le contre-parement reste brut, ou lorsque les champs sont trop irréguliers pour recevoir le trait de trusquin, on dresse les champs d'équerre avant de passer à la seconde face; dans tous les autres cas, il est préférable de corroyer en suivant la marche indiquée ci-dessus; car, les faces étant parallèles, on pourra toujours mettre les champs d'équerre, même si l'équerre dont on se sert n'est pas exacte. Il suffit alors de constater que le champ vérifié fait le même angle avec chacune des faces dressées.

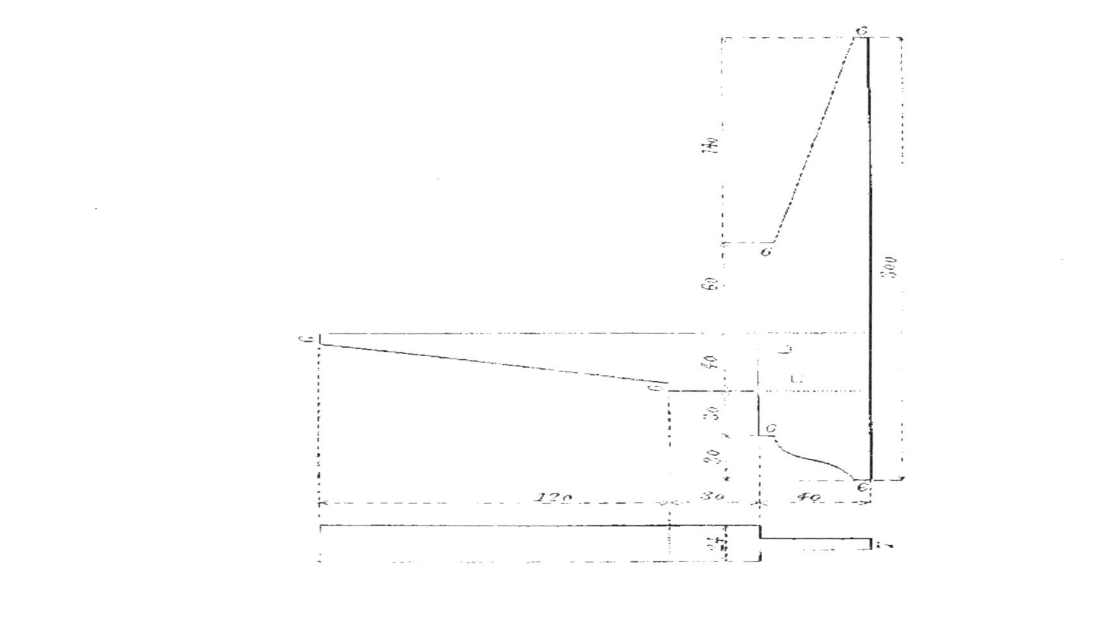

POTENCE
300
140
60
70
30
30
120
30
40
27

Assemblage d'équerre à enfourchement.

Bois. — Sapin deux traits refendu en trois, morceaux de 0m,33 de longueur.

Exécution. — 1° Corroyer à 65 × 21.

2° Tracer les tenons et la fourche.

3° Débiter et araser le tenon.

4° Débiter la fourche à la scie à tenons et faire sauter le bois au bédane en suivant la marche indiquée page 86.

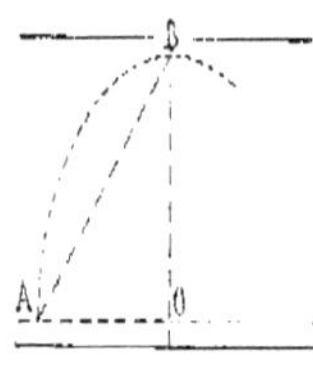

Fig. 181.

Exercice d'application. — Équerre à 45° ou à 108°.

Bois. — 0m.25 d'entrevous de hêtre refendu en quatre, et 0m.33 de feuillet de 8 refendu en trois.

Exécution. — 1° Corroyer la dossière et la lame.

2° Tracer et exécuter la fourche.

3° Couper les morceaux de longueur, les recaler en bout.

4° Coller la lame.

REMARQUES GÉOMÉTRIQUES

TRACÉ DES POLYGONES RÉGULIERS EN PARTANT DU CÔTÉ

Révision : Polygones réguliers. — Définition, Côtés, Angles, Diagonales, Cercle inscrit et circonscrit, Apothème, Périmètre, Surface, Angle au centre et au sommet, Polygones semblables.

Tracé des polygones réguliers en partant du côté. — La valeur de l'angle au sommet A d'un polygone régulier de n côtés est donnée par la formule $A = \left(2\text{dr} - \dfrac{4\text{dr}}{n}\right)$ ou $A = \left(\dfrac{2n-4}{n}\right)\text{dr}$ (voy. p. 24). L'angle au sommet de l'octogone régulier vaut 1 dr 1/2 ou 135°, celui du pentagone régulier : $\dfrac{2 \times 5 - 4}{5} = \dfrac{6}{5}$ de droit ou 108°.

Proposons-nous de tracer et de réaliser un pentagone régulier de

côté AB (fig. 183), ce côté étant l'arête dressée d'une planchette. Une équerre donnant l'angle au sommet du pentagone régulier facilitera le tracé, et de plus cette équerre sera très utile pour vérifier l'exactitude des angles au fur et à mesure de leur exécution.

L'arasement de la fourche de l'équerre pentagonale s'établira de la manière suivante : mener en parement un trait de trusquin OA à 0m,002 ou 0m,003 de l'arête, et élever au point O (fig. 182) une perpendiculaire OB ; décrire de O comme centre un arc de cercle indéfini AC, et diviser par tâtonnement l'arc AB en cinq parties égales ; porter une de ces divisions de B en C, et joindre CO. L'angle COA vaut 6/5 de droit, et donne l'arasement de la fourche.

Pour la vérification de cette équerre, voy. le travail du métal.

Avec l'équerre pentagonale, tracer le côté AC (fig. 183), suivant l'angle au sommet du cinq pans, et élever des perpendiculaires aux milieux D et E de ces côtés ; le point d'intersection O de ces perpendiculaires donne le centre du polygone, dont le tracé s'achève sans difficulté.

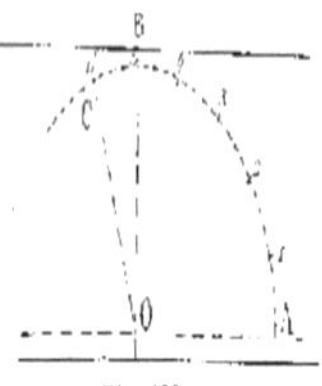

Fig. 182.

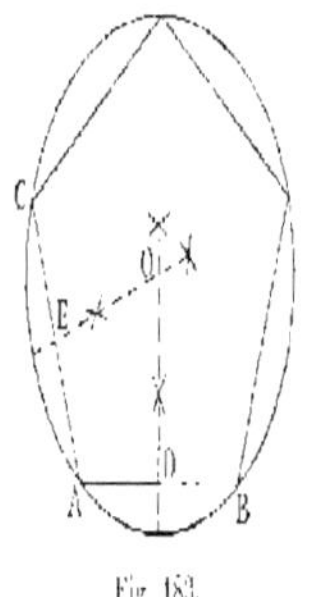

Fig. 183.   Fig. 184.

Pour la réalisation des polygones réguliers il est bon de décrire les cercles inscrits et circonscrits ; le cercle inscrit reste comme témoin pendant l'exécution, les côtés doivent lui être tangents.

On peut tracer de même un polygone régulier quelconque en partant du côté, et en traçant l'angle au sommet.

L'équerre à 135° ou 45° porte plus spécialement le nom d'équerre d'onglet ; elle est constamment utilisée pour tracer les coupes dites d'onglet (fig. 184), dans les pièces moulurées assemblées à angle droit.

ÉQUERRE A 45°

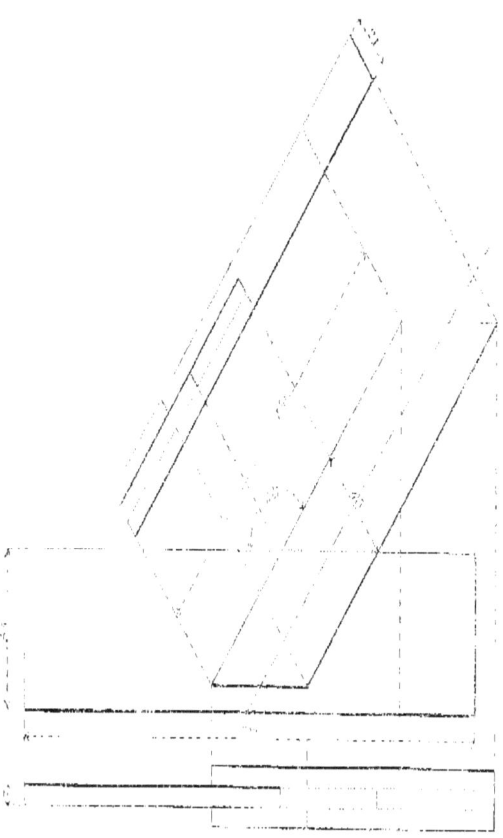

Equerre d'onglet.

Bois. — 0ᵐ,36 de feuillet de hêtre de 8 refendu en trois, et 0ᵐ,33 d'entrevous refendu en cinq, un morceau de chaque sorte pour deux élèves.

Exécution. — 1° Corroyer le morceau d'entrevous à 35 × 24, et le feuillet à 60 × 7.

2° Faire l'épure de la lame (*fig.* 186) sur un panneau, et tracer les deux branches dans le feuillet comme l'indique la figure 185; on peut dans le reste du morceau tracer le long de l'autre champ deux branches pour une seconde équerre: un morceau de 0ᵐ,13 suffit pour le chapeau.

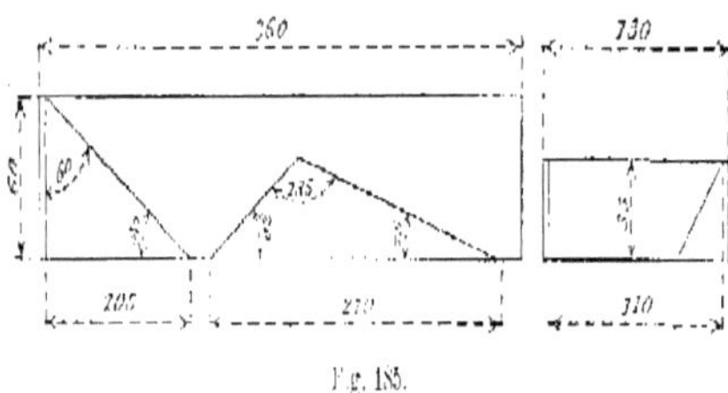

Fig. 185.

3° Tracer le chapeau de longueur, trusquiner la rainure.

4° Donner deux traits de scie à araser suivant les faces de la rainure, et enlever le bois avec un ciseau de 6.

5° Assembler les branches et coller. Vérifier et corriger, s'il y a lieu, l'inclinaison des côtés (voy. plus loin).

REMARQUES GÉOMÉTRIQUES

TRACÉ DES ANGLES USUELS, ET TRACÉS PRATIQUES A L'ÉQUERRE D'ONGLET

Épure de la lame. — L'épure de la lame (*fig.* 186) s'établit comme celle de l'exercice (p. 72), on la complète en décrivant du point F comme centre, toujours avec le même rayon, un arc qui coupe en G l'arc OC prolongé. La figure OFGB est un carré, FG est parallèle à AB, et GB est d'équerre sur le champ du chapeau.

L'échancrure est à angle droit, et les champs des branches de la lame donnent des angles de 30°, 45°, 60°, 90°, et leurs suppléments avec AB, ou avec le chapeau, dont le champ FG est parallèle à AB. L'angle inscrit FAC qui a pour mesure moitié de l'arc FC ou $\left(\dfrac{1}{4} - \dfrac{1}{6}\right)\dfrac{1}{2} \cdot \dfrac{1}{24}$ de la circonférence vaut: $\dfrac{360°}{24} = 15°$.

Il est donc possible avec cette équerre de tracer les angles usuels qui se rencontrent le plus fréquemment dans la pratique, ainsi que les coupes d'onglet des pièces moulurées assemblées suivant des angles de 90°, 60° et 120°.

Vérification. — Commencer par vérifier le champ GB, puis les champs AF et CB comme on l'a indiqué page 72; vérifier ensuite l'angle droit ACB, ou mieux, le champ AC qui par retournement de la lame donne un angle de 120°, sur lequel l'erreur commise est doublée. La vérification du champ AC dispense de celle de l'angle droit ACB, ou réciproquement, car dans le triangle ACB, si CB fait 60°, et AC 30° avec AB, l'angle ACB vaut 180 — (30 + 60) = 90°.

Tracés pratiques sur la matière d'œuvre. — On a souvent besoin de mener des traits de trusquin divisant une face ou un champ en deux ou trois parties égales, l'équerre d'onglet donne par un tracé rapide les points de division.

Division en deux (fig. 186). — Tracer un trait d'équerre AB, et mener par A et B deux obliques faisant 45° avec les arêtes. Le point d'intersection C appartient à l'axe CD de cette face, car le triangle ACB est isocèle par construction, et CD est la hauteur de ce triangle.

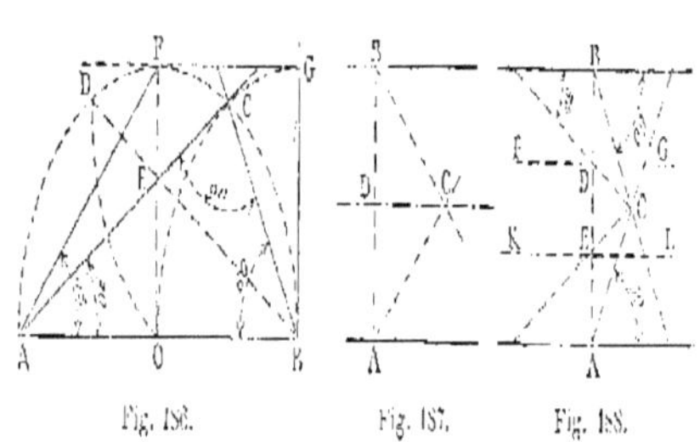

Fig. 186.   Fig. 187.   Fig. 188.

Division en trois (fig. 188). — Mener un trait d'équerre AB, par A et B faire passer deux obliques à 60° avec les arêtes; par leur point d'intersection C, faire passer deux obliques inclinées à 30° sur les arêtes; leurs points d'intersection D et E avec AB divisent cette perpendiculaire en trois parties égales. En effet, les triangles CAE et CBD sont isocèles par construction, le triangle CDE est équilatéral, et comme le triangle équilatéral a un côté commun avec chacun des triangles isocèles, il en résulte que l'on a : BD = DE = EA.

En répétant sur chacun des segments de AB (*fig.* 187 et 188) la même construction, on conçoit que, par le premier procédé, on puisse diviser cette perpendiculaire en 4, 8..., 2^p, et par le second en 3, 9..., 3^q parties égales, et en combinant les deux procédés, en $2^p \times 3^q$ parties égales, p et q étant des exposants entiers quelconques.

ÉQUERRE D'ONGLET

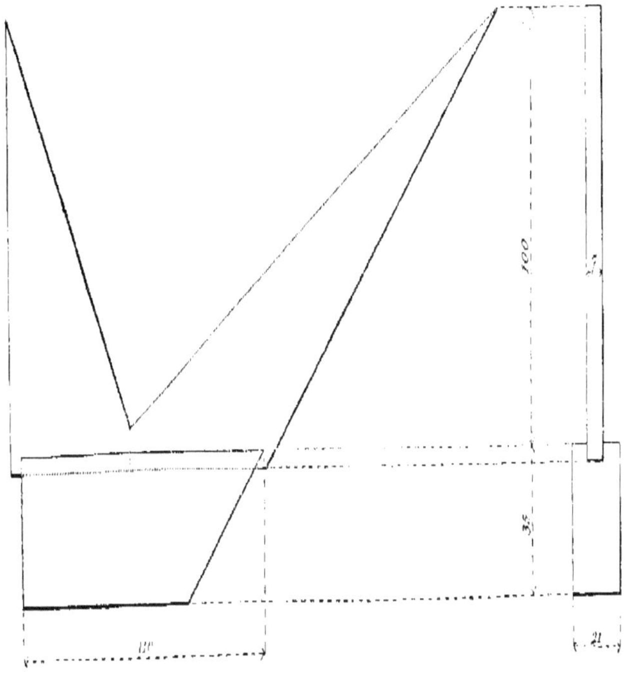

Maniement des affûtages des scies à tenon et à araser, du ciseau et du guillaume.

Bois. — 0m,35 environ de hêtre de 27 refendu en deux.

Exécution. — 1° Corroyer à 100×25 et recaler les bouts.

2° Détacher un morceau carré et un morceau rectangulaire de 220 de longueur; recaler les bouts.

3° Tracer le patin et le support.

4° *Exécution du support.* — Détacher à la scie à tenon les faces de la feuillure parallèles au parement. Araser à la scie les deux champs du carré intérieur en bois de fil. Recaler les faces de ces deux feuillures de fil au guillaume. Araser à la scie les deux champs en bois de travers, et recaler les faces à la lime. Percer les trous du godet avec une grosse mèche anglaise.

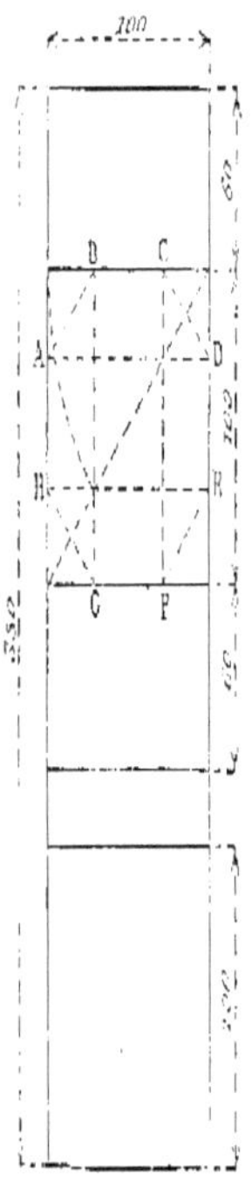

5° *Exécution du patin.* — Descendre à 0m,060 deux traits de scie à tenon parallèles aux faces. Araser les champs du carré, puis les champs de l'octogone. Avec la scie à araser, descendre au niveau de la partie élégie, deux traits en bois de travers suivant AD et EH, et deux traits en bois de fil suivant CF et BG (fig. 189); enlever au ciseau le bois de fil, puis le bois de travers détaché par ces traits de scie. Recaler au guillaume le fond de l'entaille de 61, sur toute la longueur du patin et à l'arasement des traits de trusquin; recaler de même l'entaille en bois de travers. Enlever et recaler au ciseau les quatre triangles isocèles restant pour dégager les cônes. Recaler au guillaume et au rabot les élégis du patin, et à la lime les arasements des champs du carré et de l'octogone.

6° Exécuter les grains d'orge et les chanfreins au ciseau.

7° Ajuster le support sur le patin.

Fig. 189.

REMARQUES GÉOMÉTRIQUES

POLYGONES ÉTOILÉS

Une circonférence étant divisée en n parties égales, lorsqu'on joint chaque point de division au suivant, on obtient un polygone régulier: si on trace successivement des cordes sous-tendant 2, 3,...p arcs consécutifs, p étant un nombre entier premier avec n et plus petit que $\frac{n}{2}$, on revient au point de départ après avoir tracé n cordes égales qui forment une étoile à n pointes. Cette figure est un *polygone étoilé.* Elle présente alternativement des angles rentrants et des angles saillants, et les angles de même nature sont égaux entre eux, les côtés des pointes ont même longueur.

On peut former autant de polygones réguliers étoilés différents de n côtés qu'il y a de nombres premiers avec n et inférieurs à sa moitié.

Lorsque le nombre p n'est pas premier avec n, les deux nombres admettent un plus grand commun diviseur d; dans ce cas on revient au point de départ après avoir décrit $\frac{n}{d}$ cordes, et on a un polygone de $\frac{n}{d}$ côtés qui peut être ou non étoilé. Ainsi l'encrier vu en plan est une étoile à huit pointes, mais cette étoile résulte de la pénétration des deux carrés. Une circonférence étant divisée en huit parties égales, en joignant les arcs de deux en deux, on obtient un carré, non une étoile; on obtiendrait une étoile à huit pointes en joignant les arcs de trois en trois.

Division de la circonférence en 4, 8, 16... en parties égales, à la règle et à l'équerre (fig. 190).

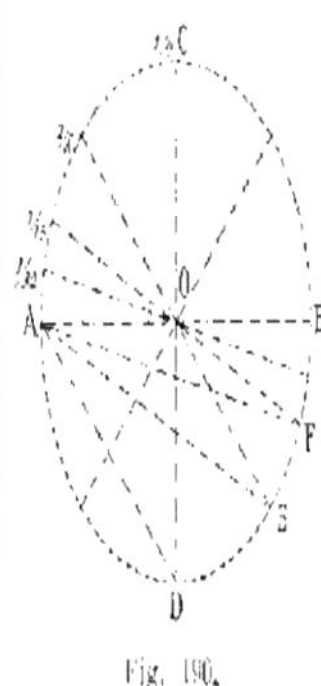

Fig. 190.

Deux diamètres perpendiculaires AB et CD divisent la circonférence en quatre parties égales. Faire passer par le centre un diamètre parallèle à la corde AD, on obtient l'arc BE qui est la huitième partie de la circonférence, car l'angle au centre BOE vaut 45°.

Joindre AE, et mener par le centre un diamètre parallèle à cette corde. L'angle BOF est égal à l'angle OAE; or le triangle AOE est isocèle, l'angle EOB qui lui est extérieur est égal à la somme des angles non adjacents, par suite l'angle BOF est moitié de l'angle BOE; c'est l'angle au centre du polygone régulier de 16 côtés.

En poursuivant la même construction, qui se fait avec la règle et l'équerre, on obtiendrait successivement l'angle au centre des polygones réguliers de 32, 64... côtés.

Rose des vents (fig. 191). — Le polygone étoilé connu sous le nom de rose des vents n'est autre chose que le polygone étoilé à 16 pointes obtenu en traçant d'un mouvement continu les cordes sous-tendant 7 arcs consécutifs d'une circonférence divisée en 16 parties égales.

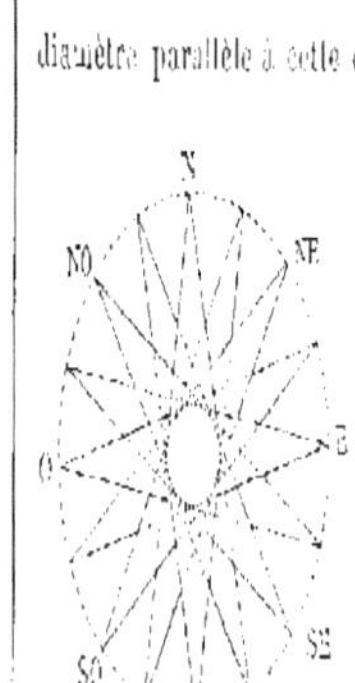

Fig. 191.

ENCRIER

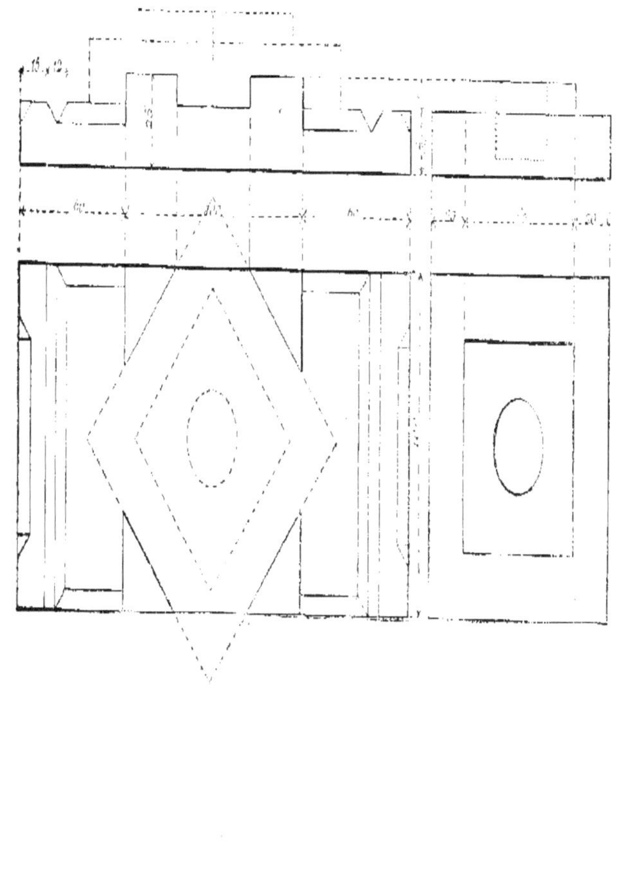

Boîte cubique pouvant servir de couvercle à l'encrier.

Bois. — 0m,40 de feuillet de hêtre de 0m,008 sur 80 de largeur.

Exécution. — 1° Blanchir les faces, tirer d'épaisseur à 7, de largeur à 74, et recaler les bouts exactement d'équerre.

2° Détacher un carré de 74.

3° Tirer le reste de la planchette à 67 de largeur.

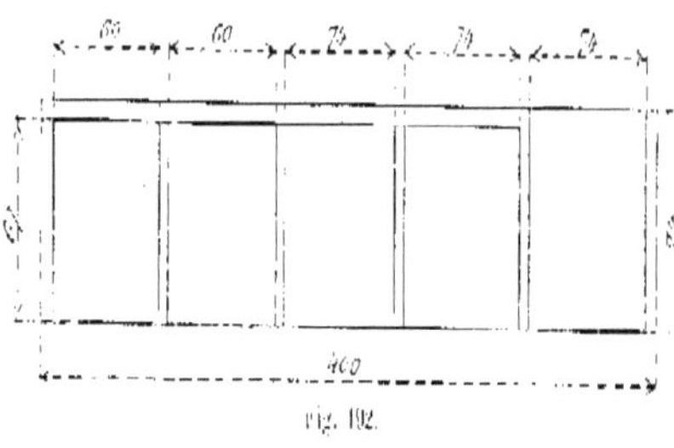

Fig. 192.

4° Exécuter deux rectangles de 74×67, et deux de 60×67.

5° Clouer les faces, puis le fond.

Modifications. — Marquer sur les faces les points d'un dé à jouer, en tenant compte de ce que la somme des points de deux faces opposées forme comme total le nombre 7. Donner un coup de fraise à bois sur chacun de ces points.

REMARQUES GÉOMÉTRIQUES

CUBE

Révision. — Polyèdres. Parallélépipèdes. Parallélépipède rectangle. Cube. Faces. Arêtes. Angles. Développement.

Réalisation des solides par panneaux assemblés. — Pratiquement, les polyèdres sont obtenus par épannelage, lorsqu'ils sont massifs, ou par développement, lorsqu'ils sont creux. Quand la matière d'œuvre est flexible et d'une faible épaisseur, comme une feuille métallique, par exemple, on trace les faces latérales les unes à côté des autres, et on plie la feuille suivant les arêtes. Ce procédé ne peut plus être employé avec le bois; on doit réaliser chacune des faces séparément, elles constituent autant de panneaux. Il faut tenir compte de l'épaisseur de ces panneaux et de la façon dont ils sont assemblés pour en tracer les épures. La boîte à réaliser devant être cubique extérieurement, le fond recouvrant les faces latérales, le fond seul est un carré dont le côté est égal à l'arête du cube, les faces latérales sont des rectangles de hauteur égale à l'arête diminuée de l'épaisseur du fond; pour deux de ces rectangles appartenant à deux faces latérales opposées, les bases seront égales à l'arête diminuée de deux fois l'épaisseur du panneau.

Diagonales du cube. — La diagonale EC (*fig.* 193) d'un cube est l'hypoténuse d'un triangle rectangle ayant pour côtés de l'angle droit l'arête AE, et la diagonale AC d'une face. On construit donc la diagonale de la manière suivante : Mener AB (*fig.* 194) d'équerre sur BC, et prendre AB = BC = l'arête du cube; AC est la diagonale d'une face. Mener CD perpendiculaire à AC et égale à l'arête, AD est la diagonale cherchée.

Proposons-nous de trouver l'arête d'un cube, connaissant sa diagonale. Porter la diagonale donnée en AE, et par le point E mener la parallèle EF à CD; EF est l'arête cherchée.

Relations métriques. — Soit a la longueur de l'arête du cube, on a : $AC^2 = AB^2 + BC^2 = 2a^2$, et $AD^2 = AC^2 + CD^2 = 2a^2 + a^2 = 3a^2$, ce qui donne $AC = a\sqrt{2}$ ou $a \times 1,414$ et $AD = a\sqrt{3}$ ou $a \times 1,732$.

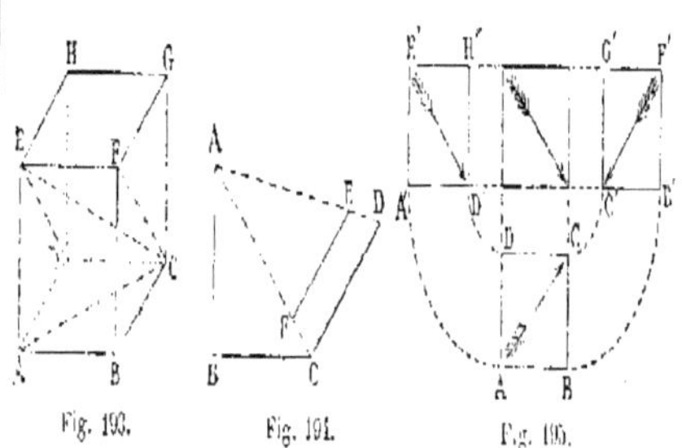

Fig. 193.   Fig. 194.   Fig. 195.

Angle solide, trièdre trirectangle. — Les faces du cube sont perpendiculaires les unes sur les autres, et deux d'entre elles se coupent suivant une droite ou arête perpendiculaire à une troisième face. — A chaque sommet du cube aboutissent trois arêtes limitant trois faces planes à angle droit. L'espace limité par ces faces est un angle solide portant le nom de trièdre (trois faces) trirectangle. Le cube est un polyèdre (plusieurs faces) régulier, les faces, les arêtes, les angles solides sont égaux entre eux.

Représentation de la boîte. — La boîte posée sur le plan horizontal, les faces latérales obliques au plan vertical, est vue en plan suivant un carré. En élévation les faces sont déformées suivant des rectangles. Il en est de même des deux vues de profil, et en disposant le dessin comme sur la planche ci-contre, il est possible de représenter cinq faces du cube. Le numérotage des faces montre clairement la place qu'elles viennent occuper sur les différentes vues.

La figure 195 montre comment la diagonale d'un cube posé d'aplomb par rapport aux deux plans H et V se projette dans les différentes vues; cette diagonale est la direction conventionnelle des rayons lumineux. On remarquera que, pour le profil de gauche, comme pour l'élévation, cette direction fait 45° avec l'horizontale de haut en bas, et de gauche à droite; et que pour le profil de droite elle est à 45° de haut en bas, mais de droite à gauche. Dans le rendu du relief, on place les traits de force en élévation et en profil, pour celui de droite, comme pour celui de gauche, en supposant que les rayons lumineux se projettent toujours de gauche à droite, et de haut en bas.

BOITE CUBIQUE

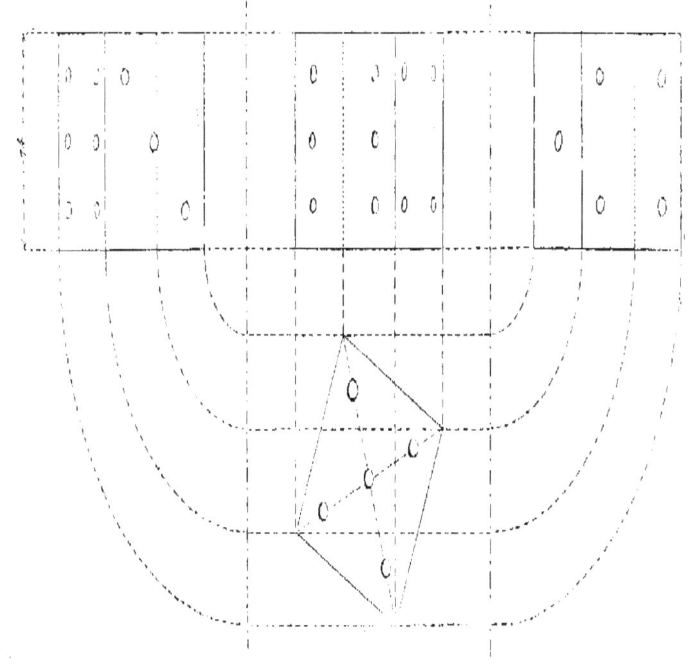

Bois. — 0m,33 d'entrevous de hêtre de 27 refendu en morceaux prismatiques carrés; 0m,30 de fouillot de hêtre de 8 refendu en six.

Nota. — Faire refendre le bois aux élèves.

Exécution. — 1° Corroyer le morceau d'entrevous à 25×25.

2° Tracer les mortaises, et les percer avant d'épanneler le prisme octogonal.

3° Tracer les arêtes du prisme octogonal, et recaler les bouts à la distance exacte des mortaises.

4° Exécuter au rabot, le morceau maintenu dans la presse, deux troncs de pyramide carrée ayant 70 de hauteur et 0m,05 de côté à la petite base.

Pour le tracé et la marche à suivre, voy. p. 40.

5° Épanneler le prisme octogonal et les deux troncs de pyramide au rabot.

6° Couper de longueur, et exécuter les deux pyramides à la râpe et à la lime.

7° Corroyer une réglette de 25×7, prélever la clef en bout, couper de longueur et recaler.

8° Pour faire la clef, on exécutera d'abord un trapèze rectangle de 80 de longueur, de 18 de grande base, et de 9 à la petite. Achever de profiler à la râpe et à la lime.

9° Assembler les pièces et coller la règle en bout.

REMARQUES GÉOMÉTRIQUES

PRISMES ET PYRAMIDES

Révision. Prismes droits et pyramides régulières. Bases. Faces. Arêtes. Développements. Cylindre et cône. Réalisation de ces solides par épannelage et par développement.

Compléments. — Tronc de prisme : solide obtenu en coupant un prisme droit par un plan oblique à la base. En représentant le tronc de prisme placé de telle façon que le plan sécant soit perpendiculaire au plan vertical, on obtient la figure 197 qui est un tronc de prisme droit à base pentagonale quelconque. En élévation, la base supérieure est vue suivant une droite $f'l'$, et en plan suivant un pentagone qui se confond avec la base inférieure, mais ce n'est pas la vraie grandeur

Fig. 196.

de cette figure. Voici comment on peut l'obtenir : Supposons le plan sécant mobile autour d'une charnière qui serait à l'intersection de ce plan avec le plan vertical, et faisons-le tourner de façon à le rabattre sur ce plan. La distance du sommet f à la charnière est fa', sur le plan sécant rabattu fa' vient en fF, perpendiculaire à $f'l'$, et à une distance $fF = a'f$. On obtiendra de même les autres sommets et le pentagone FGHIJ est la vraie grandeur de la base supérieure.

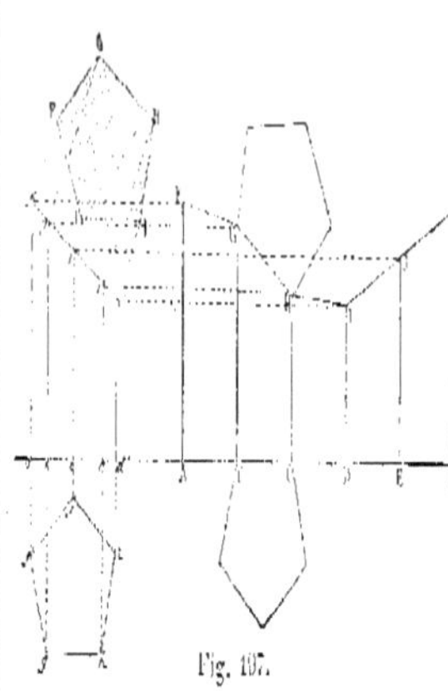

Fig. 197.

Développement de la surface latérale (*fig. 197*). Les faces sont toutes des trapèzes rectangles, dont les hauteurs sont les arêtes de la base inférieure, et les bases, les arêtes latérales du tronc, données en vraie grandeur par le dessin; pour le tracer, porter en A, B, C... les côtés de la base inférieure, élever en ces points des perpendiculaires à AA jusqu'aux lignes de rappel correspondant à chaque sommet.

Tronc de cylindre. — Solide obtenu en coupant un cylindre par un plan oblique à la base. En supposant le plan sécant disposé par rapport au plan vertical comme dans le prisme précédent on obtient la figure 198.

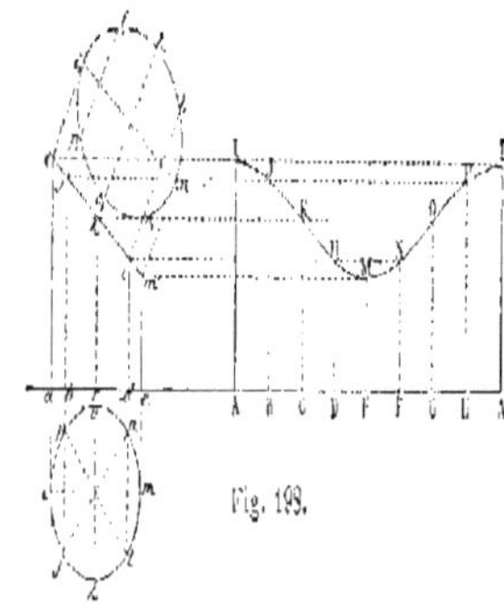

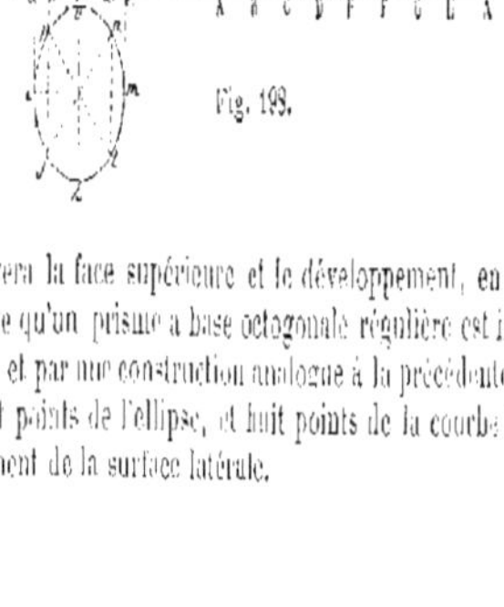

Fig. 198.

On trouvera la face supérieure et le développement, en imaginant par exemple qu'un prisme à base octogonale régulière est inscrit dans le cylindre, et par une construction analogue à la précédente, on déterminera huit points de l'ellipse, et huit points de la courbe limitant le développement de la surface latérale.

COMPAS A VERGE

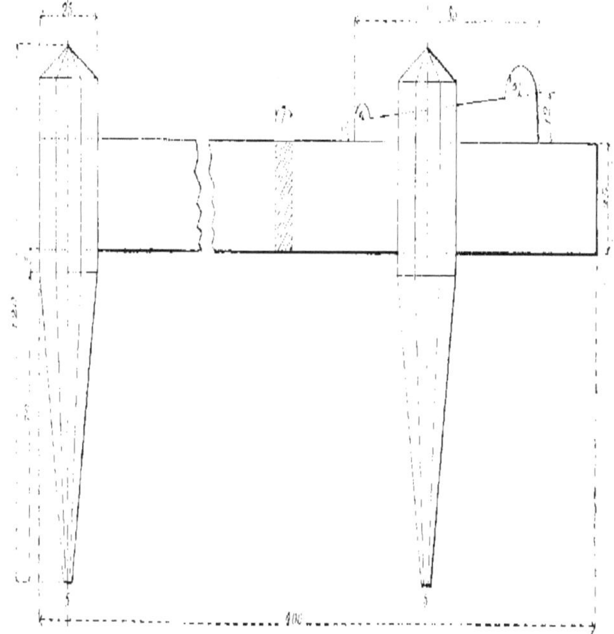

Bois. — 0ᵐ,33 d'entrevous de hêtre refendu en deux.

Exécution. — 1° Corroyer à 90 × 21, refendre en deux, et tirer chaque morceau de largeur à 42.

2° Tracer et exécuter en bout un assemblage à enfourchement arasé à 120°, et le descendre de 0ᵐ,004 ou 0ᵐ,005 de plus qu'il ne serait nécessaire pour la tête.

En cas d'insuccès, recommencer l'assemblage, les branches seront alors moins longues.

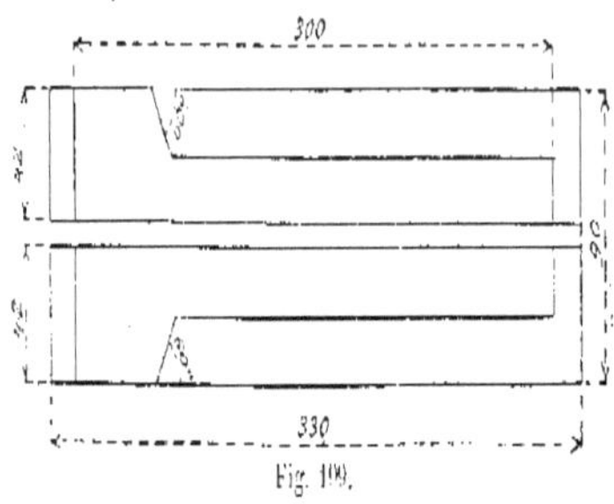

Fig. 199.

3° Refendre les branches, les tirer de largeur à 21, les araser à 120°, et les couper de longueur.

4° Exécuter en bout, au rabot, un tronc de pyramide à bases carrées, de 180 de hauteur, et de 0ᵐ,008 de côté à la petite base. L'une des faces du tronc est la face intérieure même de la branche; en supposant le tronc prolongé, la pyramide carrée qui en résulterait aurait son sommet sur le prolongement de l'axe du compas.

5° Dans la partie prismatique restante, tracer les arêtes d'un prisme octogonal, et épanneler au ciseau, en terminant les faces de ce prisme en chanfrein bouté d'onglet.

6° Abattre au rabot les arêtes du tronc de pyramide, selon les faces d'un tronc à bases octogonales régulières. Arrondir les branches à la lime.

7° Assembler les branches, les maintenir en place dans la presse, percer le trou de vis à la mèche de Styrie, et poser la vis. Prendre une vis de longueur telle que le collet non fileté forme gond.

8° Arrondir la tête de la manière suivante : ouvrir peu à peu la branche portant le tenon (fig. 200), et enlever à la lime ce qui dépasse, à l'arasement des champs de la fourche. Le tenon arrondi, fermer le compas, et araser la fourche à l'affleurement du tenon.

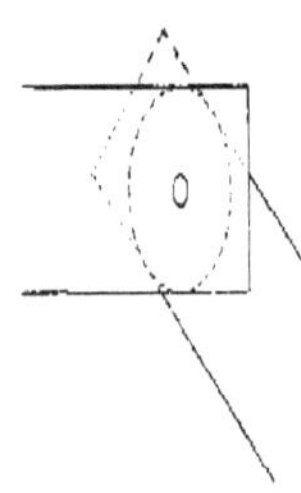

Fig. 200.

REMARQUES GÉOMÉTRIQUES

TRONC DE PYRAMIDE ET TRONC DE CÔNE

Révision. — Tronc de pyramide et tronc de cône à bases parallèles. Faces. Arêtes. Génératrice. Hauteur. Apothème. Développement.

Complément. — Soit une pyramide tronquée par un plan oblique à la base, et perpendiculaire au plan vertical. La figure 201 représente une pyramide à base carrée ainsi sectionnée. La base supérieure, les arêtes et les faces latérales, sont figurées en raccourci. On trouvera la vraie grandeur des arêtes en les amenant, par une rotation autour du sommet, à être parallèles au plan vertical, et la vraie grandeur de la base supérieure, par un rabattement sur le plan vertical analogue à celui qui a été fait à propos du tronc de prisme. Ainsi l'arête sa, $s'a'$ vient par rotation en sa_1, $s'a'_1$, le point e, e' en e_1, e'_1; $s'a'_1$ est la vraie grandeur de l'arête sa, et a'_1e_1 la vraie grandeur de la partie de l'arête limitée par le plan sécant. Ces éléments, et les côtés de la base donnés en vraie grandeur par la projection horizontale, suffisent pour tracer le développement de la surface latérale du tronc (fig. 202).

La figure 203 représente un cône tronqué par un plan oblique au plan horizontal, et perpendiculaire au plan vertical. La courbe résultant de la section est une ellipse, dont on déterminera un nombre suffisant de points par rabattement, comme pour le tronc de pyramide; le développement de la surface latérale est également obtenu comme celui du tronc de pyramide.

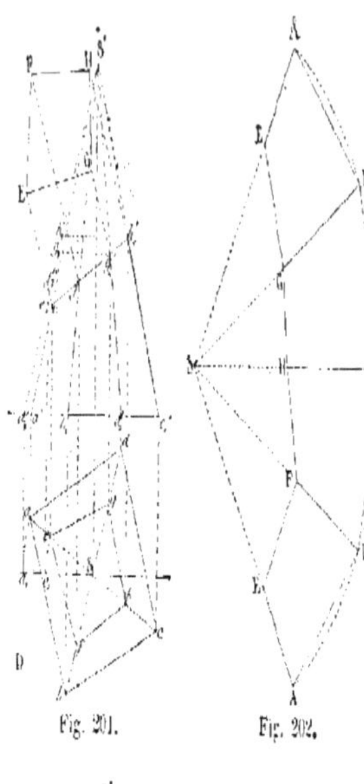

Fig. 201.　　Fig. 202.

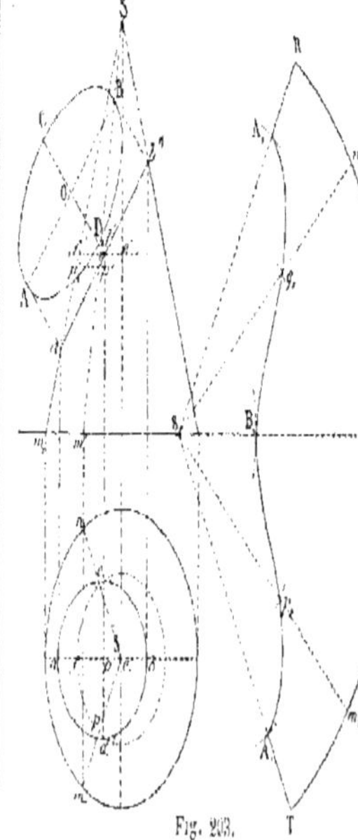

Fig. 203.

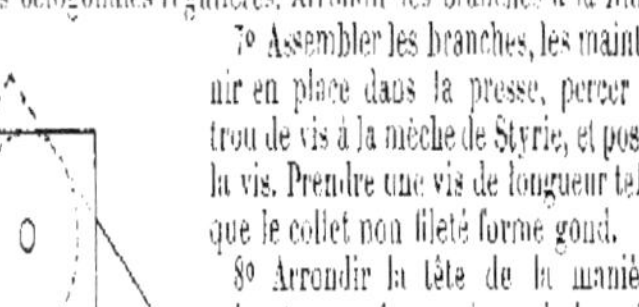

COMPAS

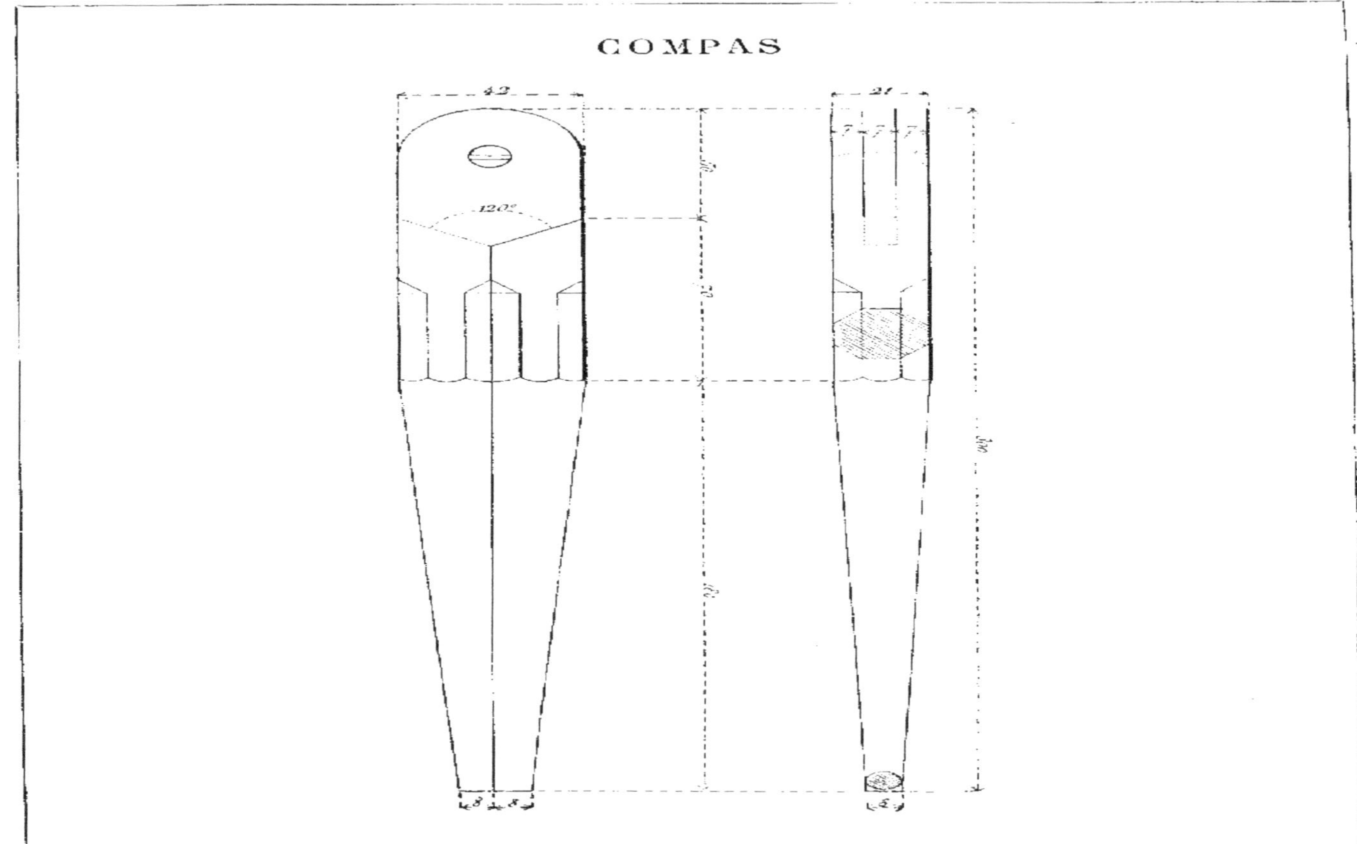

MAI. — Monture de scie.

Bois. — Feuillet de hêtre de 21 tiré d'épaisseur à 18. Une planchette de 0ᵐ,30 de longueur sur 0ᵐ,45 de largeur suffit pour deux sommiers, y compris la poignée.

Prendre l'axe du sommier en bois de fil, et tracer l'épure de la poignée comme suit :

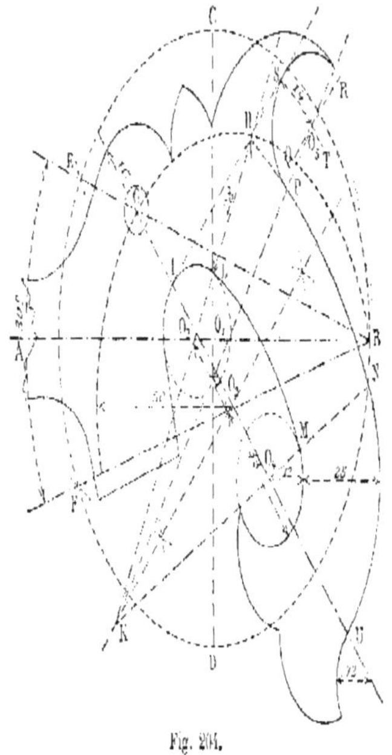

Fig. 204.

Soit AB (*fig.* 204) l'axe du sommier; décrire une circonférence de centre O_1 d'un rayon quelconque (0ᵐ,06 environ) et mener le diamètre CD d'équerre sur AB. Porter le rayon en CE et EF; joindre BE et BF; l'angle inscrit EBF vaut 30°. La corde est sur le prolongement de BE, la lame sur le prolongement de BF, et le sommier forme la bissectrice de l'angle EBF. Avec un rayon de 0ᵐ,050, décrire une demi-circonférence passant par le point B et ayant son centre O_2 sur DF. Joindre le point G, intersection de cette demi-circonférence et du côté BE, au centre O_2 et prolonger. L'angle GO_2F extérieur au triangle isocèle GO_2B vaut 60°, la droite GO_2 axe de la poignée fait donc 60° avec la lame de la scie. Marquer sur cet axe, de chaque côté du centre O_2, deux points O_3 et O_4, à 0ᵐ,021 de O_2, et décrire de O_3 et O_4 comme centres, deux cercles de 12 de rayon. Élever en I une perpendiculaire à l'axe de la poignée; cette perpendiculaire coupe en H la demi-circonférence de 0ᵐ,050 de rayon. Joindre HO_2 et prolonger; élever en O_2 une perpendiculaire à l'axe de la poignée; cette perpendiculaire rencontre en K

l'oblique HO_2; ce point est le centre de l'arc de raccord LM; augmenter le rayon KL de 0ᵐ,025 et décrire l'arc PN; de O_4 comme centre, décrire l'arc NU. Du point K comme centre, décrire l'arc ST à 0ᵐ,014 en dehors de HP, et mener la parallèle QR à 0ᵐ,014 de HI. Le point d'intersection O_5 est le centre de la demi-circonférence RSP qui se raccorde avec l'arc PN. Le reste du tracé ne présente plus de difficulté.

Le bras de la scie porte une mortaise peu profonde recevant un tenon ménagé à l'extrémité du sommier, afin d'éviter un glissement des deux pièces.

JUIN. — Trusquin.

Bois. — 0ᵐ,35 de feuillet de hêtre de 21 refendu en trois.

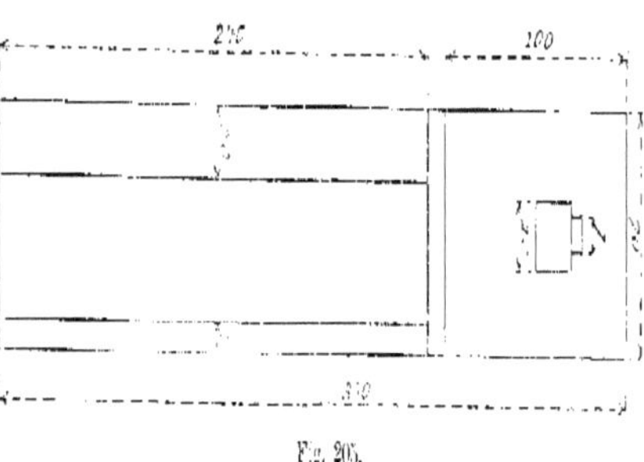

Fig. 205.

Prélever les différentes pièces comme l'indique la figure 205.

JUILLET. — Rabot.

Bois. — 0ᵐ,35 d'entrevous de hêtre de 27 refendu en trois.
Le rabot est fait de deux pièces qui sont, après le perçage d'une

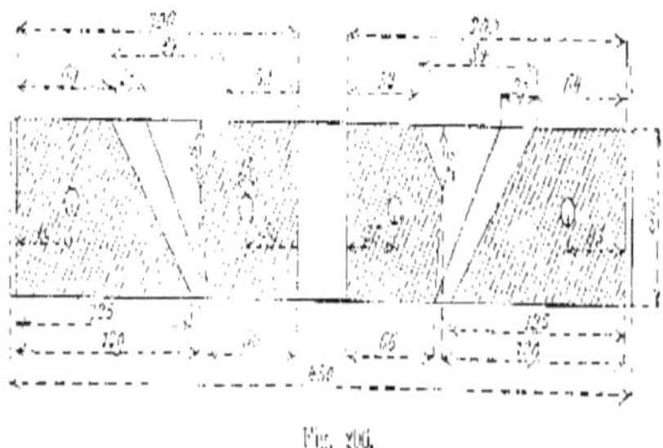

Fig. 206.

moitié de la lumière sur chacune, goujonnées et collées. La lumière est ragréée après collage.

SCIE

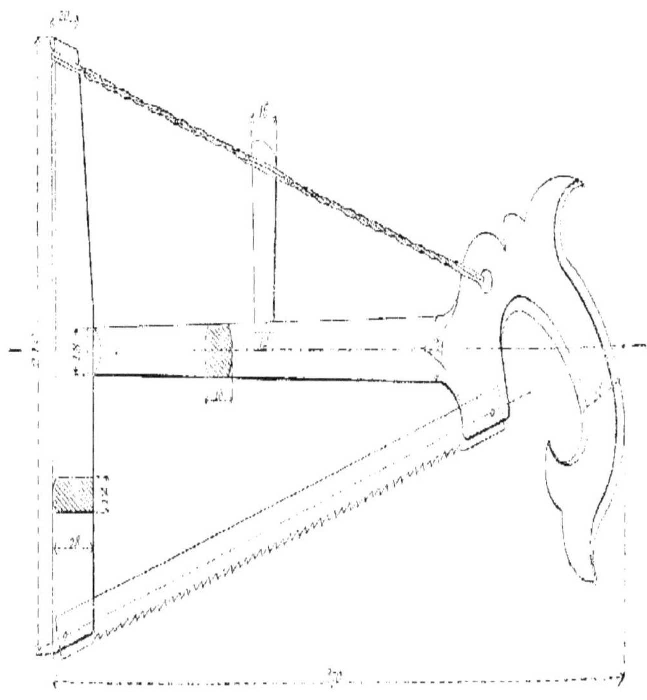

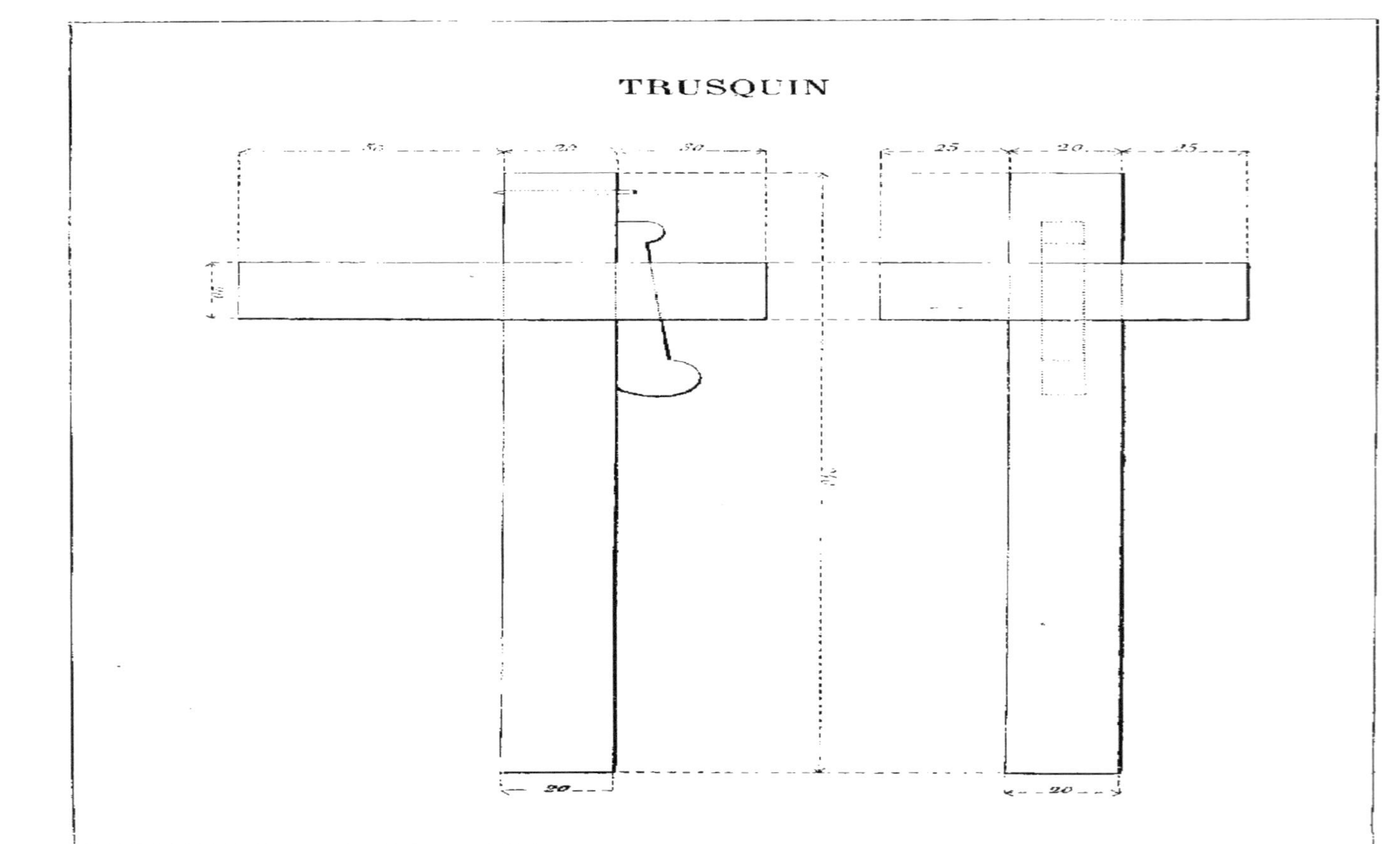

TRUSQUIN

RABOT

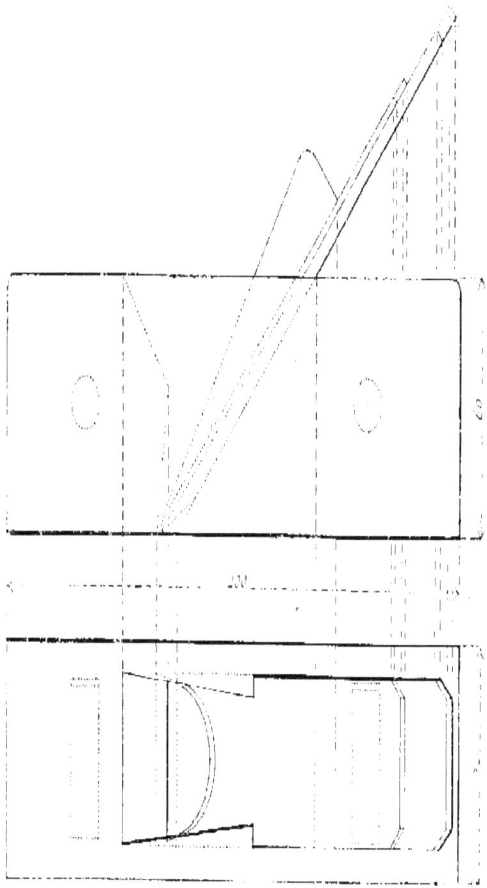

TRAVAIL DU FER

Maniement de la lime et du burin.

(Voy. p. 88 et 99.)

Équerres de surfaces équivalentes de 60° et 45°, prises dans du fer plat de 60 × 4.

Équerre à 60°. — **Exécution.** — Morceau rectangulaire de 0m.105.

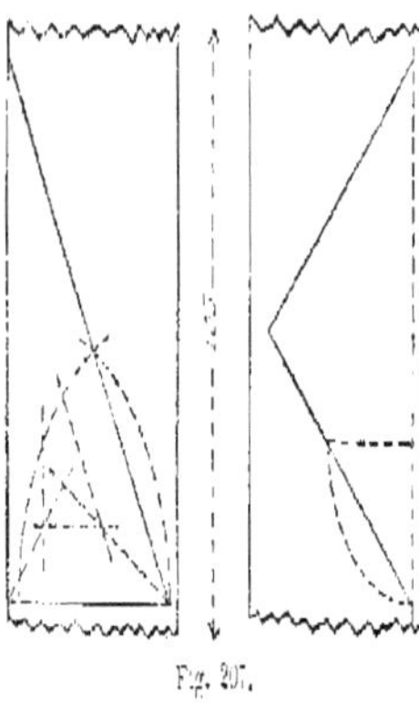

1° Dresser un champ, et tracer l'équerre à 60° comme l'indique la figure, en donnant 0m,055 au petit côté de l'angle droit.

2° Dresser à la lime le second côté d'équerre. Casser au burin suivant l'hypoténuse. Affranchir le trait à la lime plate bâtarde.

3° Tracer deux bissectrices (se servir du trusquin pour déterminer un point de chaque bissectrice (*fig.* 207) et percer à leur intersection un trou de 6).

Fig. 207.

4° Fixer l'équerre à plat sur un morceau de bois, et blanchir les deux faces à traits croisés.

Modifications. — Chanfreiner le pourtour à 45°.

Équerre à 45°. — Morceau rectangulaire de 0m,105 de long. Tracé : mener au trusquin une parallèle à 0m,002 d'un champ. Reproduire le tracé (*fig.* 207). (Pour déterminer la longueur des côtés à angle droit, voy. les remarques géométriques.)

Exécution. — Casser les angles de la plaque rectangulaire au burin. Affranchir les traits à la lime. Achever en suivant la même marche que pour l'équerre à 60°.

REMARQUES GÉOMÉTRIQUES

Révision. — Angle droit. Angles de 60° et 45°. Vérification de ces angles. Tracé de la bissectrice d'un angle au trusquin. Triangles : angles (somme). Hauteurs. Bissectrices. Médianes (point de concours). Triangles semblables. Plan, dégauchissage.

Réalisation d'une surface plane à la lime : les dents de la lime usent le fer suivant des sillons rectilignes que l'on s'efforce d'obtenir parallèles entre eux. La surface qui en résulte peut donc être considérée comme engendrée par une droite qui se déplace parallèlement à elle-même, en touchant une autre droite, l'arête de champ. C'est un plan. Les passes successives à traits croisés montrent exactement le travail de l'outil à chaque coup de lime; de plus, lorsque les traits sont parallèles entre eux, et qu'ils se croisent régulièrement sur toute la surface travaillée, c'est l'indication d'un bon coup de lime. Des traits croisés régulièrement ne peuvent être que droits. On vérifie la surface obtenue en s'assurant qu'elle coïncide avec l'arête de l'équerre. Pour les ouvrages de précision, ou lorsque la pièce ne présente pas, comme les équerres précédentes, deux diagonales de dégauchissage, on applique la surface travaillée sur le marbre ou plan de contrôle. La surface du marbre recouvert de rouge marque les endroits sur lesquels doivent porter les retouches.

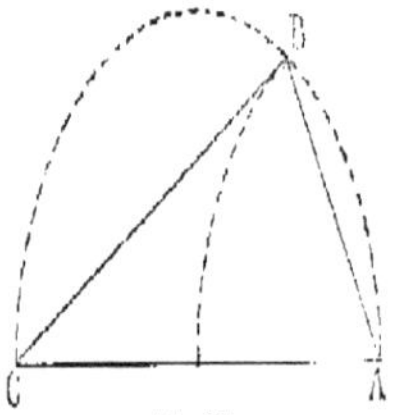

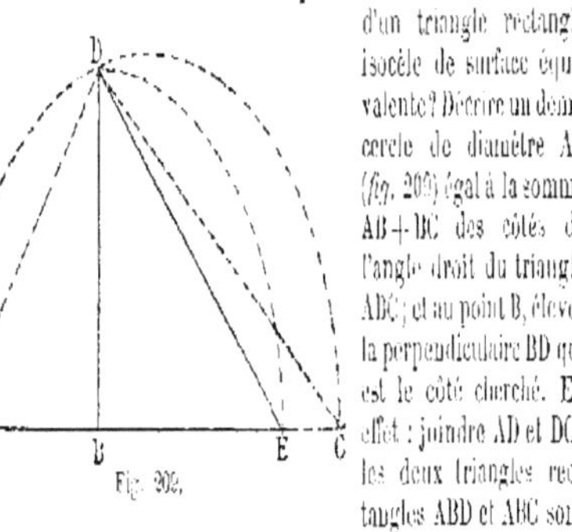

Fig. 208.

Fig. 209.

Tracé de l'équerre à 45°. — Soit ABC un triangle rectangle (*fig.* 208). Proposons-nous de trouver le côté d'un triangle rectangle isocèle de surface équivalente? Décrire un demi-cercle de diamètre AC (*fig.* 209) égal à la somme AB + BC des côtés de l'angle droit du triangle ABC; et au point B, élever la perpendiculaire BD qui est le côté cherché. En effet : joindre AD et DC; les deux triangles rectangles ABD et ABC sont semblables, car leurs angles sont égaux (comme ayant leurs côtés perpendiculaires); ou encore, l'angle inscrit DAC qui a pour mesure moitié de l'arc DC est le complément de l'angle ACD qui a pour mesure moitié de l'arc AD; les angles BAD et BDC, tous deux complémentaires de BCD, sont donc égaux. Par suite, les côtés homologues sont proportionnels, et on peut écrire $\dfrac{AB}{BD} = \dfrac{BD}{BC}$ ou $BD^2 = AB \times BC$.

Or la surface du triangle ABC (*fig.* 208) a pour mesure $\dfrac{AB \times BC}{2}$, et celle du triangle rectangle isocèle de côté BD (*fig.* 209) vaut $\dfrac{BD^2}{2}$; ces deux triangles ont donc même surface.

ÉQUERRES A 60° ET A 45°

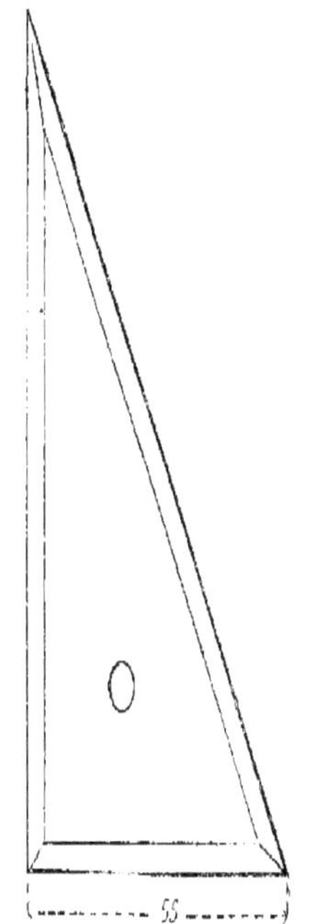

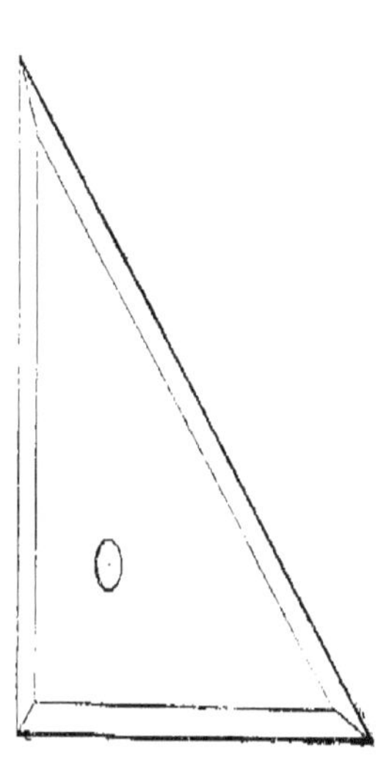

Encliquetage.

Rochet. — Fer plat de 60×4, morceau carré de 60×60.

Exécution. — Faire un octogone de 0m,055 de largeur; échancrer les côtés à la lime suivant les dents du rochet. Percer quatre trous d'évidement (0m,010), et le trou de l'axe (0m,005). Blanchir les faces à traits croisés.

Cliquet. — 0m,060 de fer plat 20×4. Tracer et exécuter le contour, et rectifier après montage le bout formant butée.

Plaque. — Tôle de 0m,002, morceau rectangulaire de 115×75.

Dresser un côté à la lime. Tirer de largeur à 70 (burin et lime), mettre les bouts d'équerre (burin et lime) et de largeur à 110. Abattre les angles suivant les côtés d'un octogone régulier de même largeur (pour le tracé voy. p. 24). Percer les trous d'axe du rochet et du cliquet.

Blanchir la plaque en parement, et le cliquet sur les deux faces, puis tirer de long à la lime douce.

Assembler les trois pièces avec des rivets à tête ronde, et à frottement doux.

Tirer de long à la lime (fig. 210). — Placer la pièce à tirer de long horizontalement, en la serrant dans les mâchoires de l'étau, ou en la fixant avec des clous, sur un morceau de bois. Prendre une lime plate douce, saisir le manche de la main droite, le pouce appuyé le long du champ; saisir de même l'extrémité de la lime avec la main gauche, et pousser la lime posée en travers de la pièce d'équerre sur les champs, sur toute la longueur à blanchir. Équilibrer la pression des mains de façon à éviter un balancement de l'outil, la lime ne doit pas plus mordre sur les bords qu'au milieu.

Fig. 210.

REMARQUES GÉOMÉTRIQUES

TRACÉ DES POLYGONES RÉGULIERS

Le tracé des polygones réguliers inscrits se fait en divisant la circonférence circonscrite en autant de parties égales que le polygone compte de côtés. Les polygones réguliers inscrits de 4, 6, 8 et 5 côtés ont déjà été tracés; la division de la circonférence en un nombre de parties égales $n = 2^p$ peut être faite avec l'équerre et la règle (voy. p. 111). Voici d'autres tracés d'un usage fréquent :

Division en 10 (fig. 211). — Mener deux diamètres d'équerre, et décrire une circonférence de centre E avec l'un des rayons comme diamètre; joindre AE; AF est le côté du décagone régulier.

Division en 15 (fig. 211). — Rabattre le rayon en AH et le côté AF en AG; l'arc GH vaut $\frac{1}{6} - \frac{1}{10} = \frac{1}{15}$ de la circonférence.

Division en 12 (fig. 212). — Mener deux diamètres d'équerre AB et CD; rabattre le rayon en BE; l'arc CE $= \frac{1}{4} - \frac{1}{6} = \frac{1}{12}$ de la circonférence.

Division en 24 (fig. 213). — Mener deux diamètres d'équerre; porter

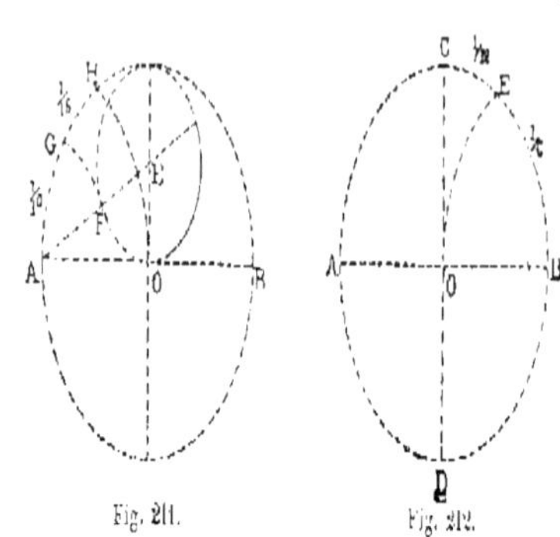

Fig. 211.   Fig. 212.

le rayon en AC, et tracer le rayon OD à 45°; l'arc BC $= \frac{1}{6} - \frac{1}{8} = \frac{1}{24}$ de

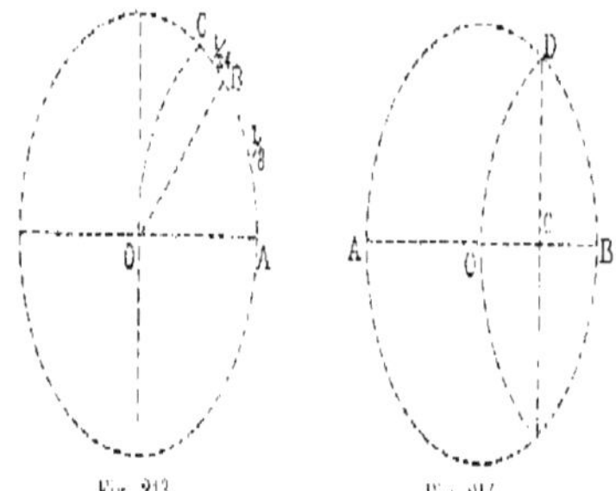

Fig. 213.   Fig. 214.

la circonférence.

Division en 7 (fig. 214). — Le côté est donné approximativement par la perpendiculaire CD élevée au milieu du rayon.

Division en un nombre quelconque n (fig. 215). — Mener un diamètre AB; de A et B comme centres, avec AB pour rayon, décrire deux arcs qui se coupent en E. Porter sur l'oblique AF, n longueurs arbitraires égales (13 par exemple); et marquer sur le diamètre AB le deuxième point de la division de ce diamètre en n parties égales. Joindre ce point à E et prolonger; l'arc AH est sensiblement la $n^{ième}$ partie de la circonférence. (Pour d'autres tracés, voy. notre *Géométrie expérimentale*, librairie Belin frères.)

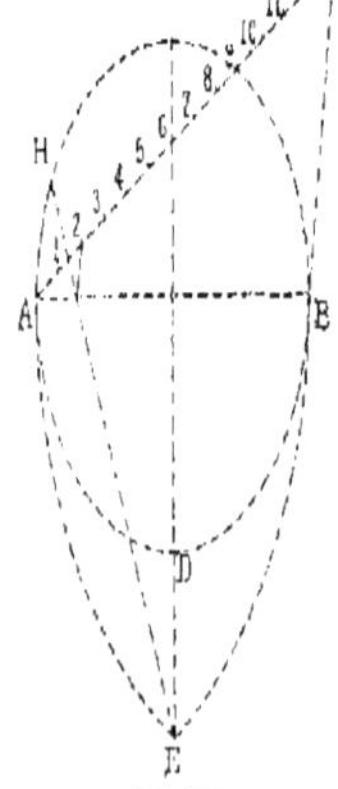

Fig. 215.

ENCLIQUETAGE

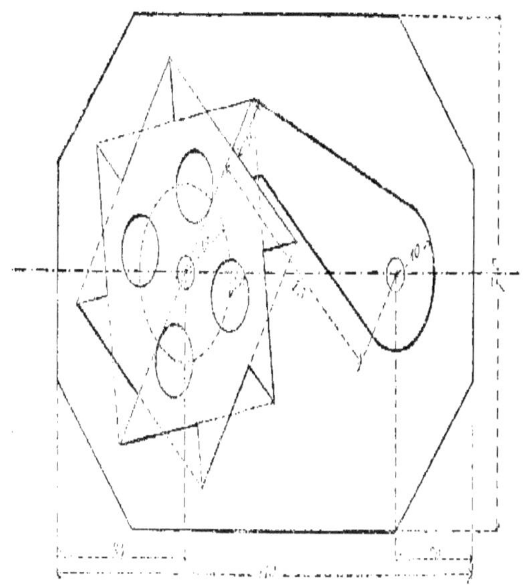

Maniement de la lime et du burin. — Equerre pentagonale ou à cinq pans.

Fer. — Morceau de fer plat 60 × 4, de 1m,05 de longueur.

Exécution. — 1° *Tracé* (*fig.* 216). Mener au trusquin une parallèle MN à 0m,002 du champ, et élever au milieu la perpendiculaire CD. Décrire du point C comme centre une demi-circonférence de 0m,030 de rayon, et marquer le milieu F du rayon CB. De F comme centre, avec

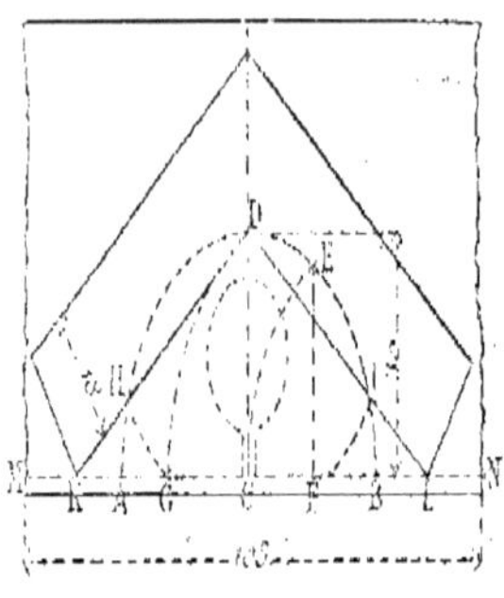

Fig. 216.

FD pour rayon, décrire l'arc DG. La corde DG est le côté du pentagone régulier inscrit dans le cercle de rayon CD; porter cette corde en DH et DI; joindre DH et DI, et prolonger jusqu'à leur rencontre avec MN, KD = DL, ce sont les champs intérieurs de l'équerre; les champs extérieurs sont donnés par des parallèles menées à 0m,018.

2° Percer un trou de 0m,018 et donner un trait de scie rejoignant le trou, en C. Casser le fer intérieurement au burin. Affranchir les traits de l'entaille à la lime plate bâtarde. Donner un léger coup de scie au sommet de l'angle, et suivant la bissectrice.

Vérifier l'ouverture des côtés sur une plaque pentagonale en tôle de 0m,002 (voy. les remarques géométriques).

3° Casser au burin les angles extérieurs de la plaque. Affranchir à la lime, et tirer les branches de largeur. Vérifier au calibre à coulisse.

4° Casser le fer en bouts, mettre d'équerre à la lime et donner aux branches la même longueur.

5° Fixer à plat sur un morceau de bois, et tailler les plats à traits croisés, en les tirant d'épaisseur.

TRACÉ ET EXÉCUTION DES POLYGONES RÉGULIERS EN PARTANT DU CÔTÉ *(suite)*

Pratiquement, et surtout dans le travail du métal, on se sert, pour le tracé et la réalisation des polygones réguliers, d'équerres à l'angle au sommet du polygone. Ces gabaris doivent être vérifiés avec soin.

Voici comment il faut procéder pour l'équerre à cinq pans :

Prendre une feuille de tôle de 0m,002 d'épaisseur, et de forme quelconque, un pentagone à côtés irréguliers par exemple, que l'on peut tracer en utilisant l'équerre à vérifier. Découper ce pentagone au burin, et dresser un côté à la lime plate bâtarde; passer successivement aux autres côtés, en donnant aux angles la valeur exacte du gabari. Après avoir exécuté ainsi quatre angles consécutifs, les cinq côtés sont dressés, et on retombe au point de départ. Le cinquième angle doit coïncider exactement avec le gabari, au cas contraire, l'erreur constatée en plus ou en moins, et cinq fois la correction à faire subir aux côtés de l'entaille.

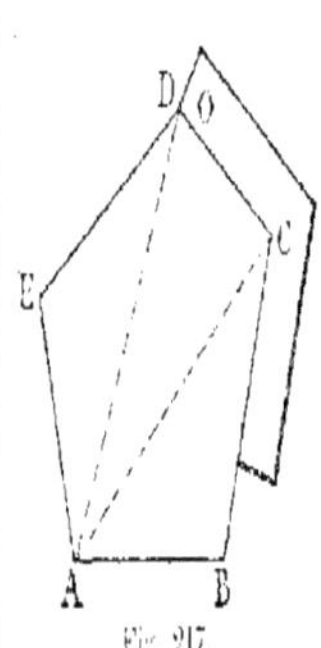

Fig. 217.

En effet, un pentagone quelconque est décomposable en trois triangles par deux diagonales partant d'un même sommet (*fig.* 217); la somme des angles aux sommets du polygone est égale à la somme des angles de ces triangles, soit 6^{dr}; si les cinq angles au sommet coïncident avec le gabari, ils sont égaux, et chacun d'eux vaut $\frac{6}{5}$ de droit, angle au sommet du pentagone régulier.

Supposons l'angle du gabari trop grand : appelons P l'angle au sommet du pentagone régulier, et E l'erreur commise. Le gabari donne un angle égal à $P + E$; les quatre angles consécutifs B, C, D, E valent $4P + E$. Le cinquième angle de la plaque est égal à $5P - 4P + E$, $= P - 4E$. Or, en le comparant à un angle valant $P + E$, la différence constatée est égale à $P + E - (P - 4E) = 5E$. Donc, si le cinquième angle est plus petit que celui du gabari, c'est que l'erreur est par excès, elle serait par défaut dans le cas contraire.

Ce procédé de vérification n'exige aucun tracé géométrique, il est très sensible, et il peut être étendu à un polygone régulier d'un nombre quelconque de côtés.

ÉQUERRE PENTAGONALE

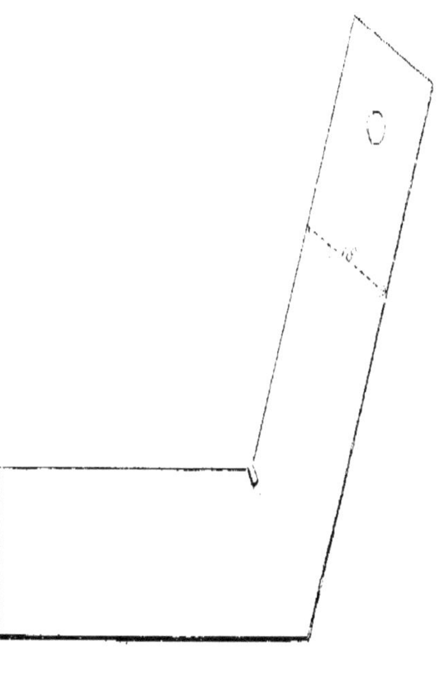

Équerre d'onglet.

Fer. — 0^m,11 de fer plat 60×4, et 0^m,055 de fer plat 16×4.

Exécution. — 1° Tracé de la lame. Reproduire sur la plaque l'épure figure 218 : commencer par mener la parallèle ab à 0^m,001 ou 0^m,002 du champ, et suivre dans le tracé la marche indiquée à propos de l'équerre d'onglet en bois (voy. p. 112).

2° Percer une série de trous de 0^m,006 de long du côté de l'échancrure à 90°, et couper le fer par une entaille au burin à hauteur de l'axe des trous, ou encore, percer au sommet de l'entaille un trou de 0^m,020, donner un trait de scie regagnant le trou, et couper au burin, comme pour l'équerre à cinq pans. Buriner à 0^m,002 du trait.

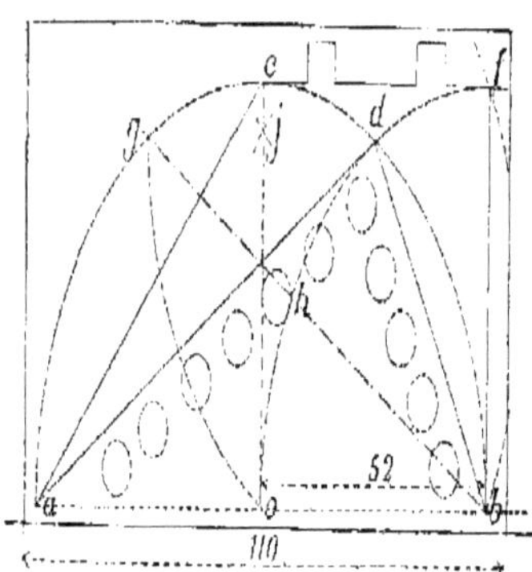

Fig. 218.

3° Casser au burin l'angle de la plaque suivant l'oblique à 45°, détacher les tenons à la scie, et approcher les traits au burin.

4° Affranchir les traits à la lime plate bâtarde, et blanchir les faces à traits croisés.

Chapeau. — 1° Trusquiner les mortaises, percer au centre de chacune un trou de 0^m,004, les achever au bédane.

2° Tirer de largeur à 15 et blanchir les deux faces.

River les deux pièces. Braser le chapeau. Nettoyer à la toile d'émeri fine et polir en tirant de long.

Vérification des côtés de la lame. — (Comme pour l'équerre d'onglet en bois, voy. p. 112.)

REMARQUES GÉOMÉTRIQUES

TRACÉS PRATIQUES A L'ÉQUERRE D'ONGLET

(Voy. p. 92 et 112.)

Tracé du polygone régulier en partant du côté (suite). — L'équerre d'onglet donne l'angle au sommet du triangle équilatéral, du carré, de l'hexagone et de l'octogone réguliers, elle peut être utilisée pour tracer ces polygones, le côté étant donné ; ces tracés n'offrent aucune difficulté. L'équerre à cinq faces serait utilisée de même pour le pentagone régulier.

On peut encore tracer un polygone régulier de côté donné en utilisant les propriétés des figures semblables : deux polygones réguliers d'un même nombre de côtés sont semblables. (Ils sont décomposables en un même nombre de triangles semblables, et les rayons sont entre eux dans le même rapport que les côtés.)

Proposons-nous de tracer un sept pans régulier dont le côté serait AB.

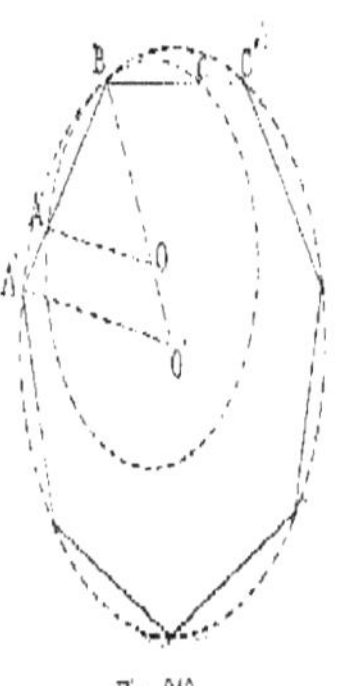

Fig. 219.

Tracer un sept pans régulier dans un cercle de rayon arbitraire BO' ; porter le côté donné en BA, et par le point A, mener une parallèle AO au rayon A'O'. Les deux triangles AOB et A'O'B sont semblables ; on a :

$$\frac{BO}{BO'} = \frac{BA}{BA'} \quad \text{ou} \quad \frac{BO}{\text{rayon A'O'}} = \frac{\text{côté donné}}{\text{côté du sept pans}},$$

BO est donc le rayon du cercle circonscrit au sept pans régulier de côté AB.

ÉQUERRE D'ONGLET

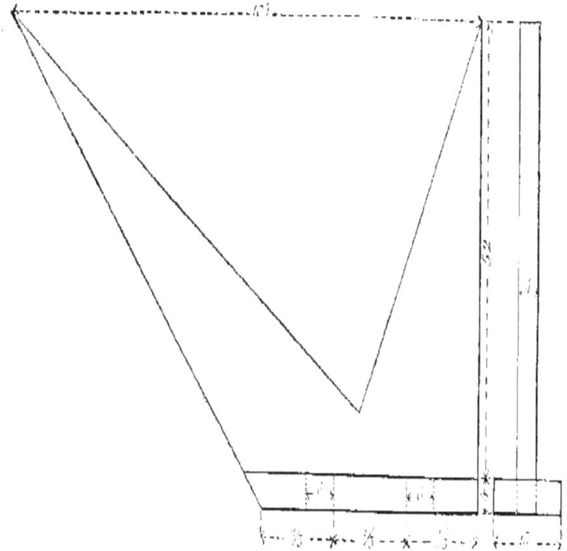

Sauterelle avec rapporteur.

Cette sauterelle peut être utilisée pour tracer une oblique dont l'inclinaison est donnée, ou pour mesurer l'angle formé par deux parties inclinées. Elle se compose d'une aiguille prolongée par une règle, et d'un demi-cercle rapporteur formant chapeau sur la règle. Le demi-cercle est découpé dans de la tôle de fer, ou de préférence dans de la tôle d'acier de $0^m,002$ d'épaisseur.

Exécution. — 1° Dresser un des champs du morceau rectangulaire de tôle nécessaire à l'exécution du rapporteur, et tracer la pièce conformément aux cotes de la planche.

2° Commencer par l'évidement; pour cela, percer aux sommets de la partie évidée des trous de $0^m,008$ de diamètre, et un nombre suffisant d'autres trous le long des côtés, faire sauter le métal en réunissant ces trous par des entailles au burin.

3° Casser les angles extérieurs, et achever le contour à la lime.

4° Blanchir en parement à la lime douce. Tracer les divisions. Percer le trou du rivet axe de l'aiguille.

Règle. — Fer plat de 14×5, $0^m,054$ de long.

Exécution. — 1° Tirer la règle d'épaisseur à 4 et de largeur à 12. Dresser une face à traits croisés. Mettre l'autre face d'épaisseur à 4 (vérifier avec le calibre à coulisse). Dresser et mettre d'équerre un champ. Trusquiner l'autre champ. Tirer de largeur à la lime.

2° Mettre un bout d'équerre. Pointer le centre du trou. Tracer l'œil et l'aiguille. Percer le trou, limer les champs de l'aiguille et du collet. Limer la pointe à plat en sifflet. Terminer en chanfreinant l'aiguille et la règle. Tirer de long et polir à la toile d'émeri fine.

Fixer l'aiguille par un rivet à tête ronde, sans serrage.

REMARQUES GÉOMÉTRIQUES

Revision. Mesure des angles. Tracé de quelques angles usuels à la règle et au compas (60°, 30°. 90°, 45°, 15°, et leurs multiples simples). Division d'un rapporteur. Rapport de la circonférence au diamètre et au rayon.

Tracer d'un angle quelconque sans se servir du rapporteur. — Soit R le rayon d'un cercle: le périmètre d'un polygone régulier inscrit de 96 côtés est égal à $R \times 6,283$, et celui d'un polygone régulier de 384 côtés vaut $R \times 6,283$. Ces deux valeurs ne diffèrent que de la millième partie de R; il est certain que le périmètre du polygone régulier inscrit de 360 côtés peut être évalué à $R \times 6,283$ avec une erreur moindre que

$$\frac{R}{7000};$$

La circonférence circonscrite vaut $2\pi R$ ou $R \times 6,2832...$; donc, en prenant le périmètre du polygone régulier de 360 côtés pour la circonférence circonscrite, on commet une erreur moindre que $\dfrac{R}{1030}$.

Une circonférence de $0^m,057$ de rayon a pour longueur rectifiée $57 \times 6,2832... = 350^{mm},4...$ et cette longueur peut être considérée

comme le périmètre du polygone régulier inscrit de 360 côtés avec une erreur moindre que $\dfrac{57}{1030} = 0^{mm},057$.

Donc le périmètre d'un polygone régulier inscrit de 360 côtés dont le rayon est $0^m,057$ est compris entre $0^m,358$ et $0^m,359$; et, par suite, une corde de $0^m,001$ dans un cercle de $0^m,057$ de rayon sous-tend un arc qui vaut un peu plus de 1°. En attribuant à cet arc la valeur du degré, on commet une erreur par excès moindre que 2/358 et à plus forte raison moindre que 1/100° de degré.

Proposons-nous de tracer un angle de 72° (*fig.* 220): avec un rayon de $0^m,057$, décrire l'arc indéfini BD, puis de B comme centre, l'arc AF

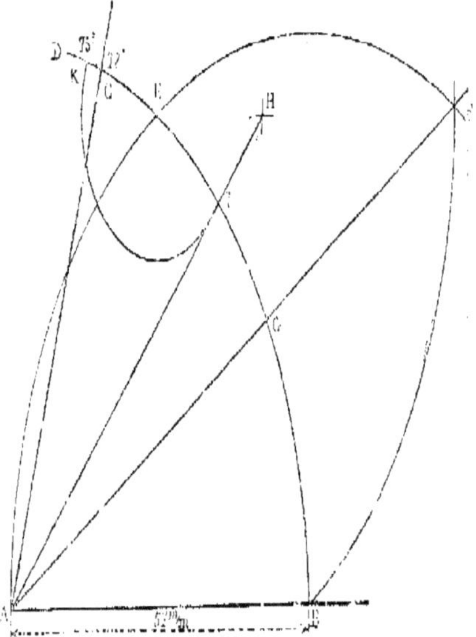

Fig. 220.

qui coupe le précédent en E; l'arc BE est la mesure de l'angle au centre de 60°. Décrire de E comme centre, avec le même rayon, l'arc BF, qui coupe l'arc AF en E'. Joindre AF: l'arc EG vaut 30°; le partager en deux parties égales, et porter une moitié en ER; l'arc BK vaut $60 + 15 = 75°$. Prendre une ouverture de compas de $0^m,001$ et la porter trois fois de K en C, l'angle CAB vaut 72° avec une erreur par défaut moindre que 3/100e de degré.

On sait tracer au compas, et rapidement, des angles de: 60°, 120°, 30°, 90°, 45°, en ajoutant ou en retranchant à ces angles des arcs de 15°; on peut donc obtenir, par des constructions géométriques simples et précises, des angles multiples de 15°. Quand l'angle à tracer n'est pas un multiple de 15°, on part de celui des deux multiples qui en diffère le moins, et on n'a plus qu'à ajouter ou à retrancher le nombre de degrés qui représente la différence. Les erreurs commises ne portent que sur cette seconde opération: or la différence en plus ou en moins sera au plus égale à 7, l'erreur maximum sera donc 7/100e de degré.

RAPPORTEUR

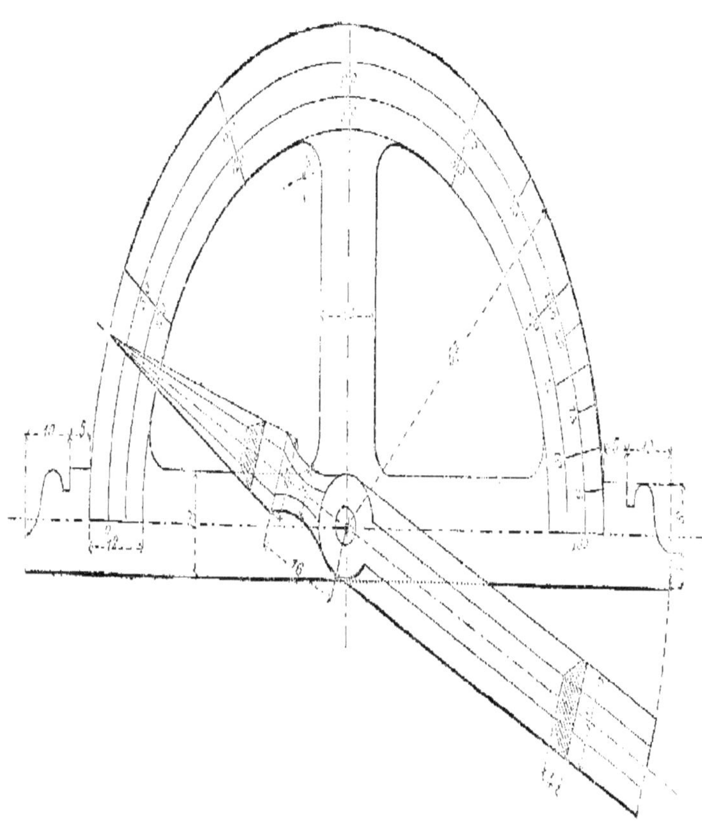

Presse-papier.

Corps du presse-papier. Fer. — 0^m,95 de fer méplat 50×8.

Exécution. — 1° Obtenir un parallélépipède rectangle de 90 de longueur, en laissant le plus de fer possible en largeur et épaisseur : buriner un bout d'équerre. Tracer de longueur et buriner l'autre bout. Blanchir les deux faces à traits croisés, et les mettre parallèles (vérifier au compas d'épaisseur). Dresser et mettre d'équerre un champ, puis le second en vérifiant la largeur au calibre. Dresser et mettre d'équerre en bouts.

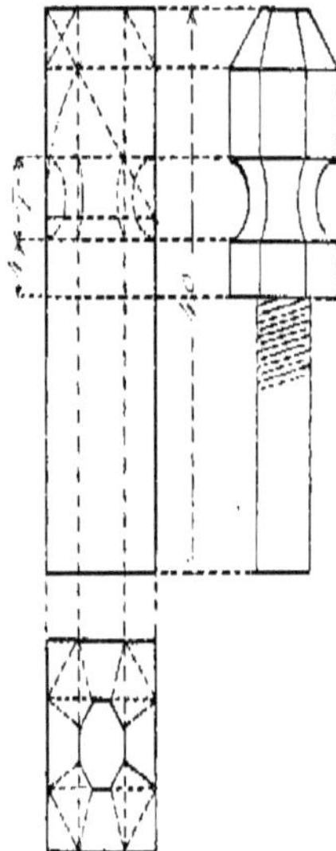

Fig. 221.

2° Trusquiner à mi-fer sur les champs, et en parement, suivant les arêtes d'un chanfrein à 45°. Exécuter ce chanfrein à la lime, en le boutant d'équerre à 0^m,012 des sommets.

3° Tracer un filet à 0^m,004 avec coins gras, marquer au burin et sabler comme l'indique la planche.

Tête. — 0^m,040 de fer carré de 18.

Exécution. — 1° Faire un prisme à base carrée de 36×16. (Suivre la même marche que pour le parallélépipède rectangle.)

2° Trusquiner les arêtes du prisme octogonal régulier sorti de ce prisme carré. Abattre les arêtes au burin, et achever à la lime.

3° Tracer sur les faces du prisme octogonal les arêtes de la tête et du collet. Remarquer que celles de ces arêtes qui déterminent les facettes de la tête du bouton sont données par des traits de trusquin à l'arasement des arêtes du prisme octogonal.

4° Exécuter à la lime les facettes de la tête : passer successivement à deux facettes opposées, de manière à réaliser d'abord un tronc de pyramide à base carrée dont on abat les arêtes.

5° Exécuter à partir de l'épaulement du bouton une tige carrée de 9, entièrement à la lime, la transformer en prisme octogonal, puis l'arrondir. (Voy. p. 98.)

6° Exécuter la gorge à la queue de rat, et réserver les arêtes vives.

7° Percer dans le parallélépipède un trou de 0^m,008, tarauder à 9, et tarauder la tige également à 0^m,009.

REMARQUES GÉOMÉTRIQUES

Révision. Parallélépipède rectangle. Prismes réguliers droits. Épannelage d'un prisme octogonal, d'une pyramide octogonale. Réalisation d'un cylindre par épannelage.

Épannelage de la sphère. — Les faces de la tête du bouton sont tangentes à une sphère dont le diamètre serait égal à celui de la base du prisme. On conçoit que, en abattant convenablement à nouveau les arêtes de ce polyèdre, on peut obtenir un nouveau solide dont toutes les faces seraient tangentes à la sphère inscrite, et qu'il suffirait alors d'arrondir les angles pour réaliser une surface sphérique; on peut donc, en épannelant un cube, sortir une sphère d'un diamètre égal à l'arête du cube. (Voy., pour plus amples renseignements, notre *Géométrie expérimentale*, p. 191.)

Taraudage des vis et des écrous. — (Voy. p. 95.)

PRESSE-PAPIER

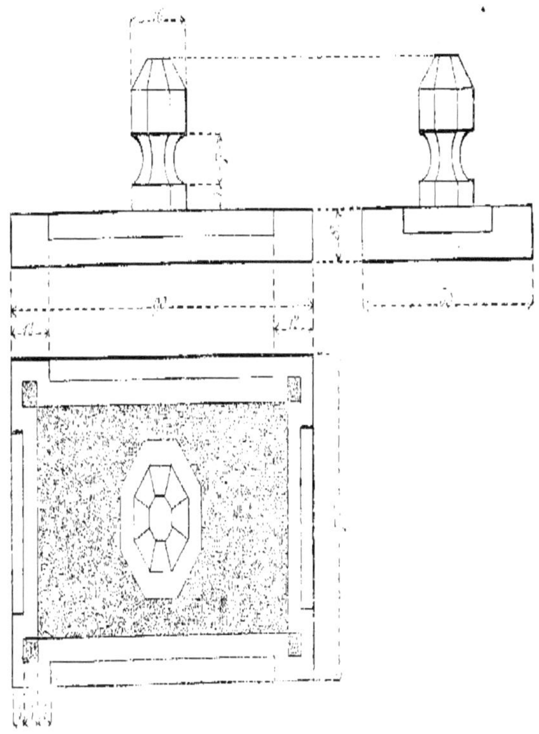

Porte-allumettes.

Tronc de cône. — Tôle de 8/10e. Feuille rectangulaire de 1 m. 0 × 70.

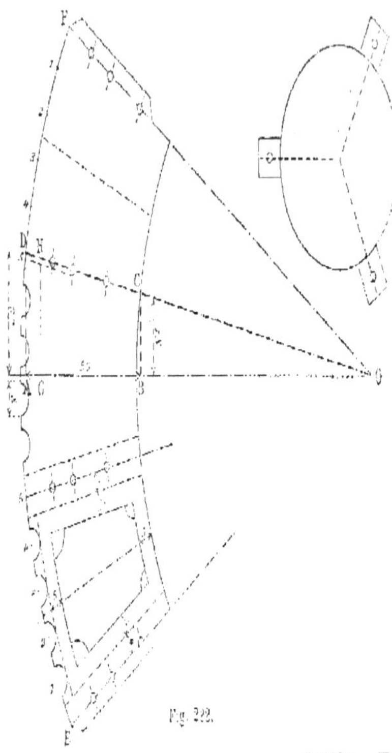

Fig. 222.

Exécution. — 1° Tracé du développement : Fixer la feuille sur un panneau en bois, en la clouant aux quatre sommets, et reproduire l'épure du développement (fig. 222); commencer par tracer un trapèze rectangle ABCD ayant 0m.60 de hauteur, 0m.027 pour la grande base et 0m.018 pour la petite; prolonger les côtés AB et DC qui se coupent en O, centre des arcs de rayons OD et OC limitant le développement de la surface latérale. L'arc extérieur EF vaut six fois le rayon AD; prendre en plus la tôle nécessaire au recouvrement. Le reste du tracé s'achève sans difficulté, en suivant les cotes et les indications de la figure 222. Remarquer que le rayon du fond est donné par la perpendiculaire GH tracée sur le trapèze générateur ABCD, à l'endroit où le trapèze serait coupé par le fond; tenir compte de l'épaisseur de la tôle.

2° Exécuter ce développement comme celui du cône (voy. p. 100); découper les demi-cercles formant galerie au poinçon, marquer au traçoir le pourtour des panneaux, et sabler l'intérieur.

Rinceaux. — Fer de 8 × 1 1/2.

Tracer sur un panneau la coupe du tronc, et le profil d'un rinceau. Relever la longueur à prendre sur le tracé (0m.19 environ), et courber après avoir aminci les extrémités à la lime.

Fond. — Le rayon du fond est donné par la perpendiculaire GH; réserver trois attaches.

River le fond d'abord, les rinceaux ensuite.

REMARQUES GÉOMÉTRIQUES

Révision. Tronc de pyramide. Tronc de cône. Développement de ces figures.

Tronc de pyramide et tronc de cône à base oblique. (Voy. le travail du bois.)

JUIN ET JUILLET

Exercices de revision et travaux facultatifs.

Choisir parmi les exercices des planches suivantes quelques objets en fer plat, tels que : réglette, sauterelle, encrier, targette, équerre brisée, comportant le maniement des outils du serrurier, et un ou deux ouvrages en tôle et fil de fer. On pourra permettre aux élèves d'exécuter ceux de ces ouvrages qui leur plaisent le mieux, et les laisser travailler d'après leur propre initiative.

Réglette biseautée. — Fer de 20 × 4, aucune difficulté.

Sauterelle. — Fer de 26 × 4. Tirer les réglettes d'épaisseur. Scier obliquement la branche mobile. River les pièces avant de dresser les champs. Dresser sur un champ les trois pièces rivées, et dresser l'autre champ de largeur sur la lame complètement ouverte. Arrondir la lame sur les champs au chapeau comme pour le compas (voy. p. 120), puis les joues du chapeau sur la lame. En procédant ainsi, on centre les champs et la tête sur le rivet. On pourrait finir chaque pièce avant d'as-

sembler, mais il est difficile, avec l'outillage de l'atelier scolaire, de percer les trous avec une précision suffisante pour éviter des retouches.

Encrier. — Fer plat de 60 × 4.

Les différentes pièces sont assemblées par tenons et mortaises, et les tenons sont matés.

Les deux pièces formant support seront profilées ensemble, en les fixant l'une sur l'autre par un rivetage provisoire, de deux rivets, l'un passant par le trou destiné à la base, l'autre par un trou percé à l'affleurement du pied. Les parties courbes des branches du support seront obtenues en perçant des trous à travers les deux pièces.

On formera la barre transversale par la torsion de deux fils demi-cylindriques de 0m.005 maintenus dos à dos sur la partie courbe, et en les pinçant d'un bout dans les mâchoires de l'étau, et de l'autre bout dans celles d'un étau à main.

Avant montage, tirer de long et polir les pièces; tracer un filet sur le pourtour des montants et du pied, sabler à l'intérieur de ce filet

PORTE-ALLUMETTES

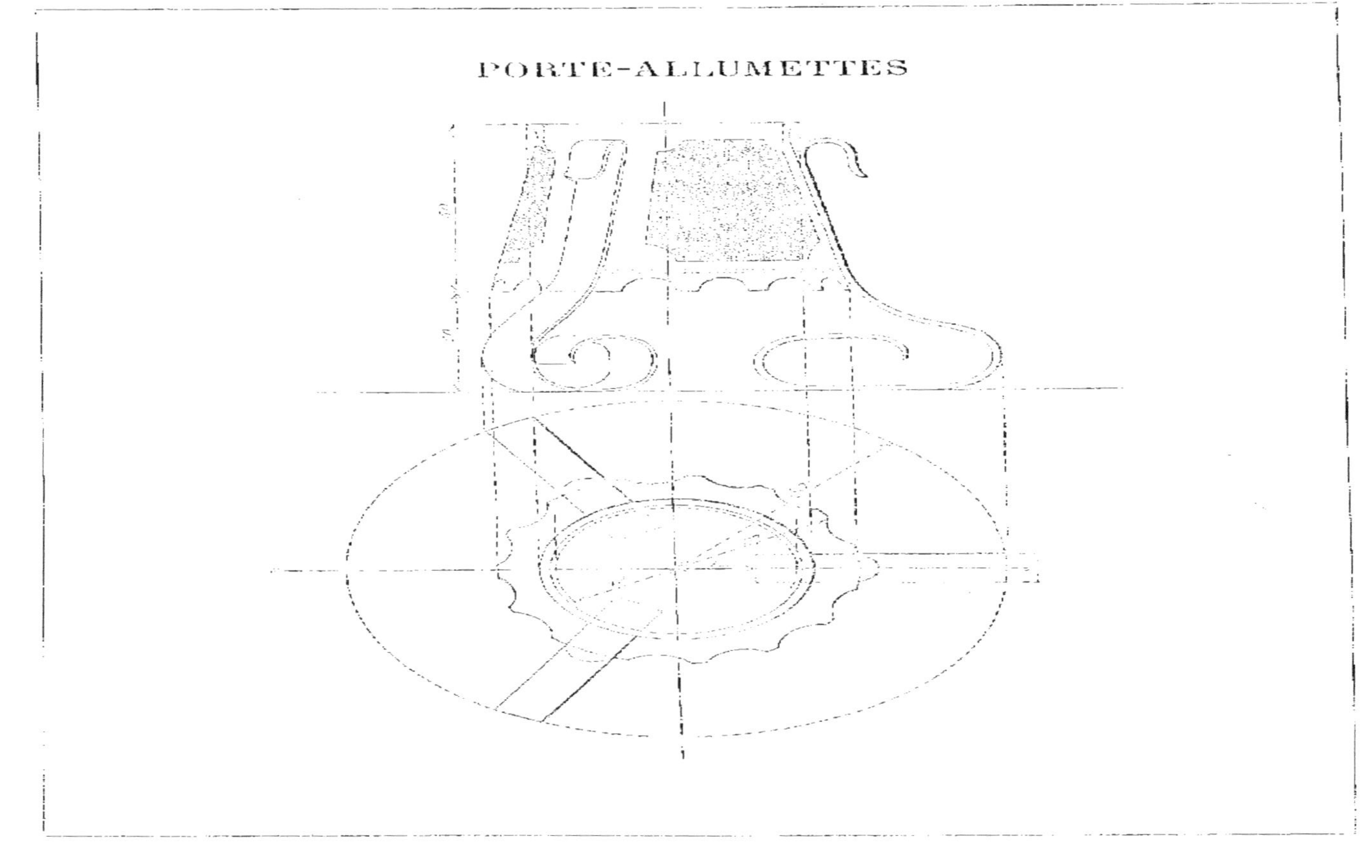

RÈGLE BISEAUTÉE

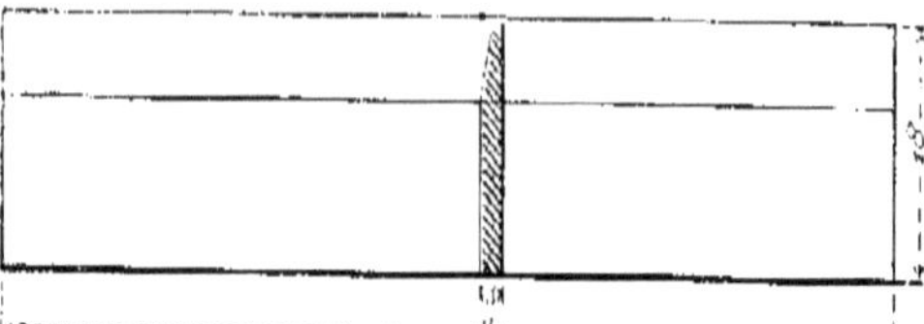

SAUTERELLE

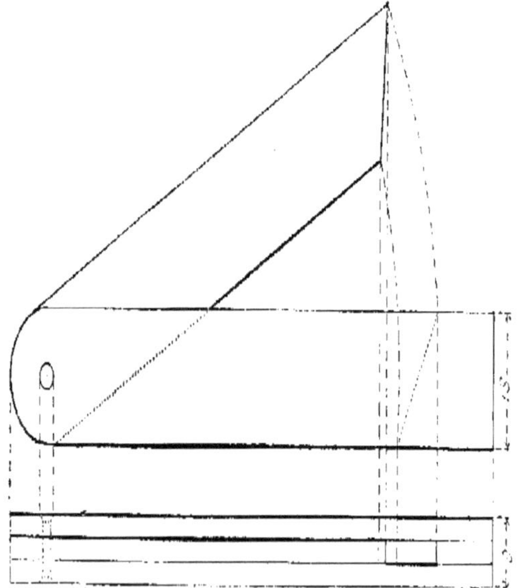

ENCRIER

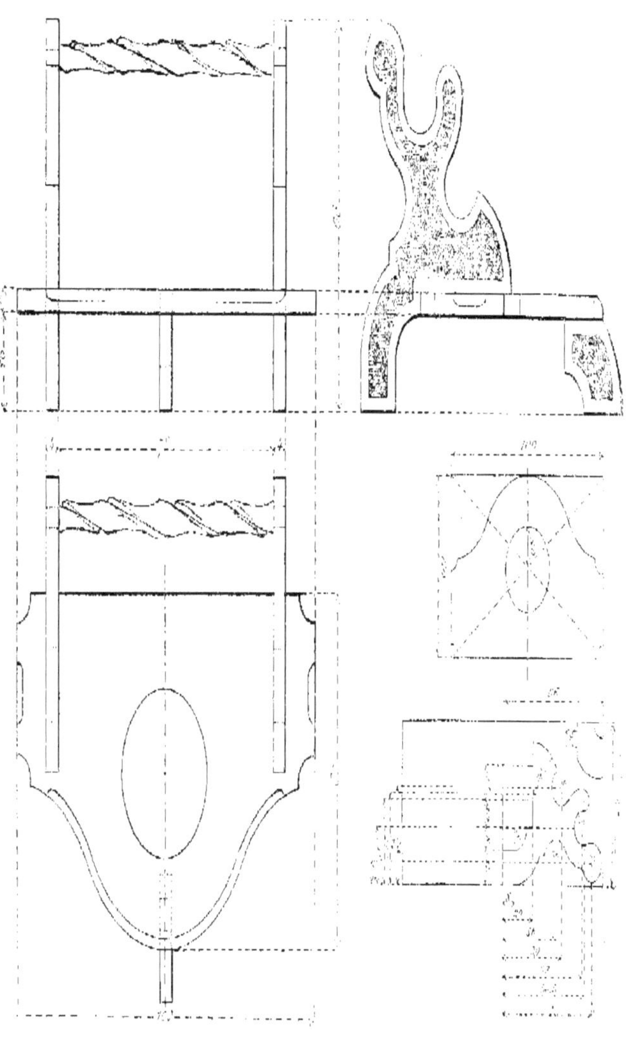

Travaux facultatifs.

Équerre brasée. -- Fer plat de 20 × 4.

Exécution. — 1° Tracé : tracer dans chaque pièce un carré en bout, et trusquiner les axes. Mener les diagonales ab, $a'b'$, et tracer les parallèles cd, $c'd'$ à 0^m,005 des diagonales. Au point d'intersection o de l'axe et de la diagonale ab, tracer l'oblique of à 60° avec ao; tracer de même l'oblique correspondante $o'f'$ à 60° avec $o'b'$; au point d'intersection d de la parallèle cd avec le côté du carré, tracer l'oblique dg faisant 60° avec dc; tracer de même l'oblique correspondante $d'g'$ faisant 60° avec $c'd'$. Pointer le tracé.

2° Percer un trou de 0^m,004 dans l'entaille, dégrossir au burin et au bédane.

3° Achever à la lime. Approcher le trait à la plate bâtarde, et finir à la lime 3/4.

4° Assembler et braser.

Modifications. — Dégrossir la brasure avec le champ de la lime rude des deux.

1° Dresser l'angle droit extérieur, en mettant les champs d'équerre sur les faces.

2° Trusquiner les côtés de l'angle intérieur en laissant la plus grande largeur possible. Atteindre ces traits à la lime.

3° Blanchir les faces à traits croisés.

4° Mettre les bouts d'équerre en tous sens.

Remarques. — La queue d'aronde est une des dispositions qui offrent le plus de solidité pour assembler deux barres de fer bout à bout, ou suivant un angle. Cet assemblage bien fait n'a pas besoin d'être brasé, mais il est d'une exécution difficile. La brasure est d'ailleurs toujours indispensable, lorsque les pièces sont de faible épaisseur, et que les parties assemblées ne doivent pas être démontées.

Le tracé qui a été indiqué ci-dessus, donne des proportions convenables aux différentes parties, et équilibre la résistance d'une façon satisfaisante. On pourra le répéter, quelle que soit la largeur des pièces, en observant que la hauteur de la queue et la profondeur de l'entaille sont le 1/4 de la largeur.

Verrou.

Exécution. — Plaque. Exécuter la plaque avec de l'aplati 60 × 4. Les ouvertures rectangulaires donnant passage aux portées des crampons, se font en perçant un trou de 0^m,005 que l'on agrandit avec un petit bédane.

Crampons (fig. 223). — Fer plat de 15 × 5.

1° Coucher à chaud sur un mandrin carré.

2° Dresser les champs et les mettre parallèles à 12.

3° Dresser les faces extérieures, les mettre d'équerre entre elles et sur les champs.

4° Trusquiner et exécuter les faces intérieures.

5° Trusquiner les portées, et les exécuter à la plate bâtarde.

Nota. — Serrer le crampon sur le côté de l'étau, de façon à ne pas le fermer.

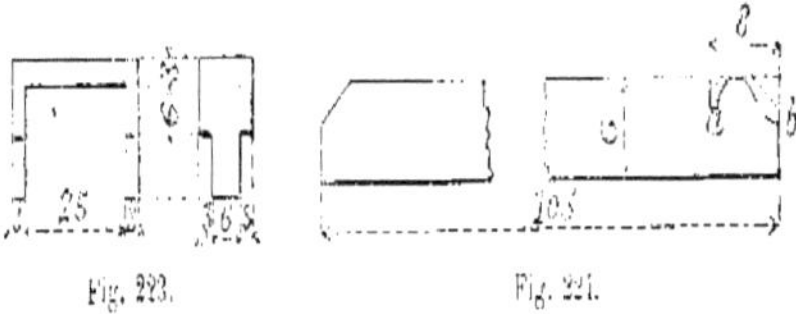

Fig. 223.   Fig. 224.

Pêne. — Dresser un prisme de 105 × 25 × 6; chanfreiner à un bout, et faire une doucine à l'autre. Percer le trou du bouton.

Doucine. — Donner un trait de scie à 0^m,002 de profondeur (a), chanfreiner b. Creuser le chanfrein à la queue de rat, arrondir à la demironde douce.

Bouton. — Le chef d'atelier préparera une étampe permettant de sortir le bouton à chaud tout dégrossi, et donnera un bouton brut de forge à l'élève.

Arrondir la tête et la tige, faire la portée et l'épaulement, et river sur le pêne.

Toutes les pièces seront tirées de long et polies avant montage.

ÉQUERRE BRASÉE

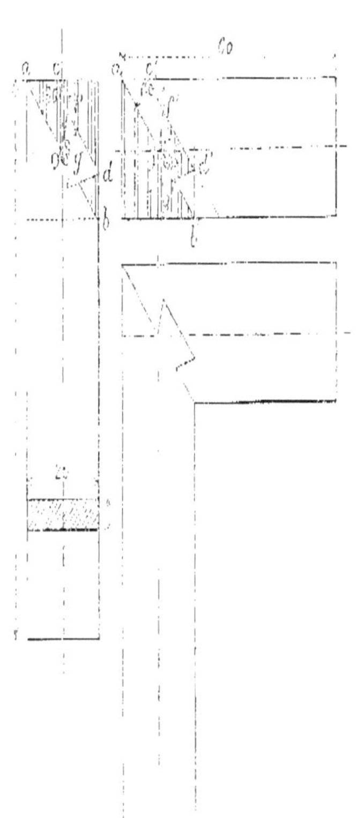

VERROU

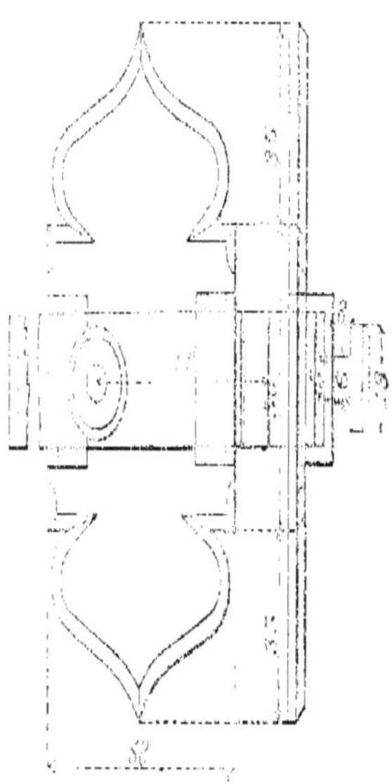

Travaux facultatifs.

Bras de lumière.

Tôle douce de 5/10 et fil demi-cylindrique de 0m,005 de diamètre.

Exécution. — Applique : Tracer l'applique sur un panneau, grandeur d'exécution; courber le fil au griffon et à la griffe (fig. 225). Le lien est obtenu en tordant ensemble les deux fils pincés par un bout

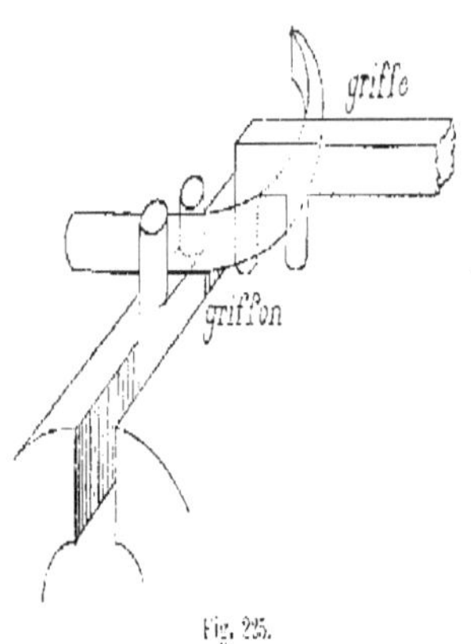

Fig. 225.

dans l'étau, et par l'autre bout, dans l'étau à main. La tige formée par l'enroulement des deux fils est cylindrique, la torsion donne de la raideur au bras, et assemble solidement.

Bobèche. — La planche donne le demi-développement, grandeur d'exécution, de la tôle d'acier d'un demi-millimètre nécessaire à l'exécution. Tracer ce développement, le découper à la langue de carpe, achever à la lime; faire les nervures et repousser chacune des feuilles; courber le centre et replier les feuilles comme l'indique la figure 226.

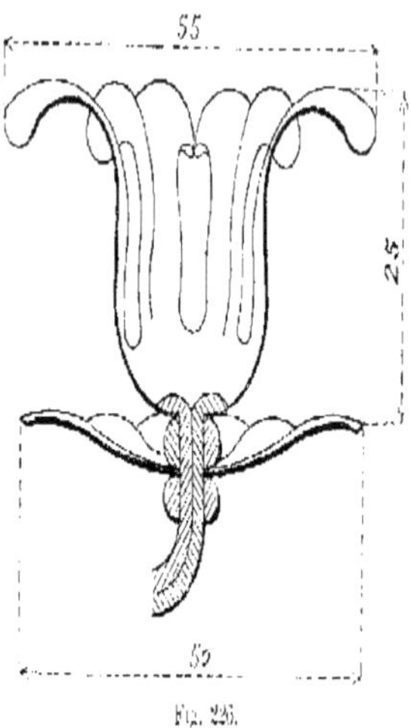

Fig. 226.

Découper de même et repousser le petit plateau.

Assembler la bobèche et le plateau sur le bras, suivant la coupe (fig. 226). Les deux anneaux figurés sur la coupe sont obtenus avec le fil demi-cylindrique de 5 de diamètre, l'extrémité des fils rabattus forme rivure et permet de maintenir solidement la bobèche.

BRAS DE LUMIÈRE

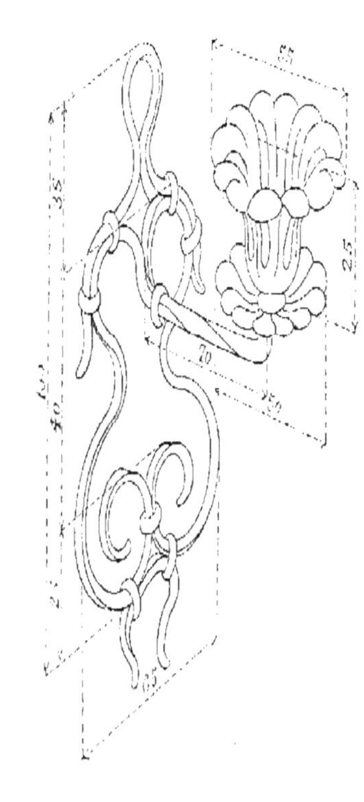

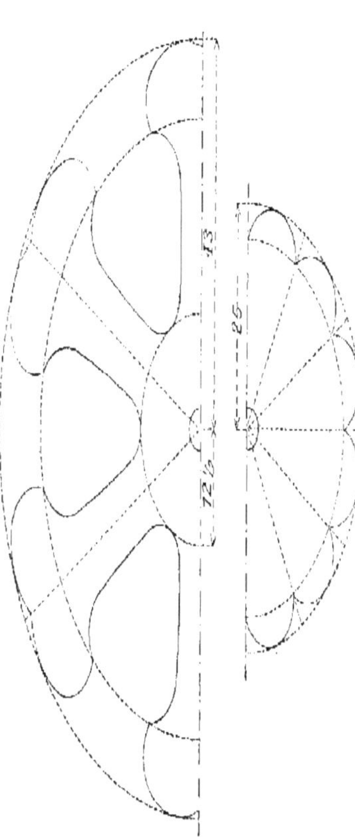

Travaux facultatifs.

Bougeoir : Tôle et fil de fer.

Tracés. — Reproduire la coupe du bougeoir grandeur d'exécution.

Développement du pied. Tôle de 8/10. — Le pied est pris dans un cercle, dont le rayon est donné en développant la courbe de la nervure médiane d'une feuille ; cette courbe est dessinée sur la coupe

Fig. 227.

en trait fort. On trouve son développement en ligne droite, en la parcourant avec une ouverture de compas de 0ᵐ.005 par exemple, le nombre des arcs inscrits donne la longueur de la courbe développée.

Tracer de même le développement du plateau et de la bobèche (tôle de 5/10).

Découper chacune de ces pièces à la langue de carpe. Enlever les bavures et corriger à la lime demi-ronde douce.

Repousser sur plomb.

Assemblage des pièces. La tôle est trop mince pour résister, sans déformation, à la pression que doit supporter le pied ; obvier à cet inconvénient en assemblant les pièces de la façon suivante :

L'axe du bougeoir est formé par un fil demi-cylindrique de 5, courbé en u ; ménager un œil de 0ᵐ.005 de diamètre au milieu ; les bouts du fil écartés forment une rivure très solide. Dans l'œil, faire passer deux

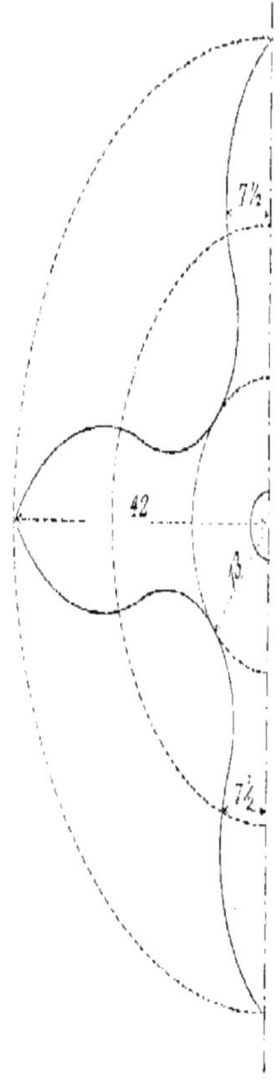

Fig. 228.

fils que l'on tord pour former un noyau cylindrique raide, écarter leurs extrémités, et couper de longueur ; on a ainsi quatre pieds qui supportent le bougeoir, la tôle sert de revêtement et dissimule les pieds, mais ne supporte aucune pression.

La poignée est en un fil demi-cylindrique de 5.

BOUGEOIR.

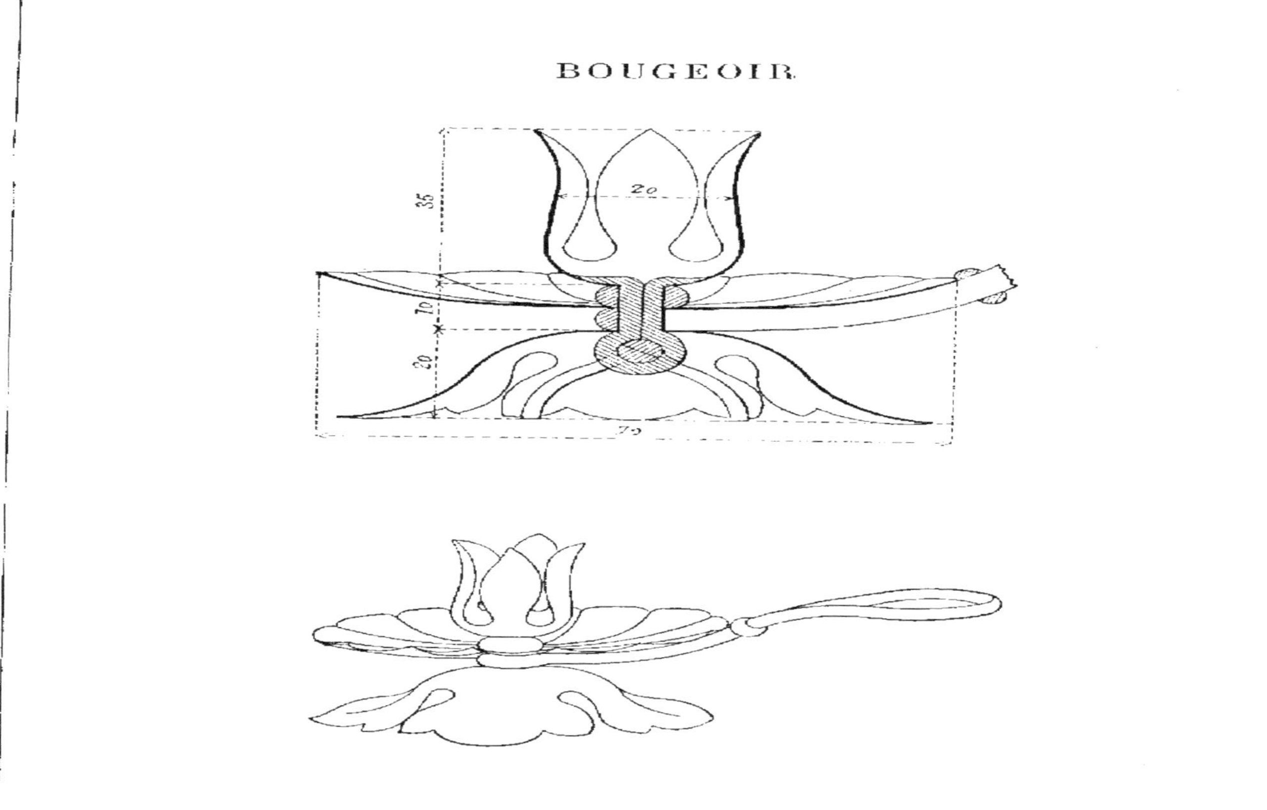

Compas.

Fer. — Fer plat de 33 × 6 et de 20 × 4.

Exécution. — 1° Prendre 0m,060 de fer plat 25 × 6, dresser les faces et les mettre d'épaisseur à 5.

2° Tracer et exécuter la saignée abc, au bédane (*fig. 229*).

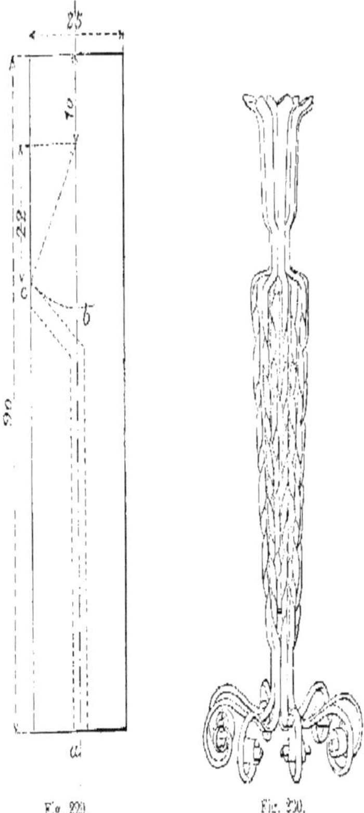

Fig. 229.   Fig. 230.

3° Dresser les champs intérieurs de ces deux pièces, destinées à former les branches du compas.

4° Prendre deux morceaux de 0m,060 de fer plat 25 × 4, dresser les deux faces de chaque morceau, et les mettre d'épaisseur à 3.

5° River les deux plaques sur la petite branche.

6° Percer le trou du rivet de tête, et mettre un rivet provisoire; arrondir la tête, et tirer les branches de largeur, en procédant comme pour la sauterelle.

7° Assembler les pointes à queue et braser. Le chef d'atelier préparera les pointes en acier.

8° Enlever les rondelles avec un foret à téton approprié, et fait par le chef d'atelier.

9° River définitivement la tête, exécuter les doucines des joues, tirer de long.

Tremper les pointes et polir.

Flambeau : Fil de fer cylindrique de 5.

Exécution. — Le flambeau est composé de 8 tiges égales, en fil demi-cylindrique, rivées sur deux noyaux octogonaux.

L'une des tiges et les deux noyaux sont représentés en projection sur la planche.

0m,34 de fil sont nécessaires pour une tige. Aplatir à chaud les deux extrémités du fil, avec la panne du marteau. Le fil que nous employons est suffisamment malléable pour supporter l'opération à froid, mais il s'écrouirait, deviendrait pailleux, et se courberait difficilement ensuite. On serait obligé de le faire recuire. Il est préférable de l'aplatir à chaud. La partie destinée à la volute sera aplatie suivant un triangle isocèle de 0m,060 de hauteur environ, et ayant 0m,020 de base. Corriger les côtés à la lime douce.

Aplatir de même la partie destinée à la bobèche, suivant un triangle isocèle de 0m,050 environ de hauteur et de 0m,015 à la base. Donner la forme de la feuille à la lime, faire la nervure et repousser sur plomb.

Courber la volute à la griffe. L'œil est obtenu, en enroulant la base du triangle autour d'un fil de fer de 0m,002 de diamètre.

Quand les extrémités du fil sont courbées suivant le gabari de la bobèche et du pied, la torsade de la tige est formée en tournant trois fois le fil sur lui-même, l'une des extrémités étant serrée dans l'étau, l'autre, maintenue dans l'étau à main, aux arasements des points extérieurs de la torsade.

Les deux noyaux seront pris dans du fer carré de 10. Obtenir d'abord deux prismes octogonaux de 10 de largeur, ayant l'un 57, l'autre 55 de longueur. Profiler à la lime les faces des prismes, suivant les coupes indiquées sur la planche.

Percer à l'arçon, à travers la partie cylindrique des noyaux, 4 trous de 0m,002 de diamètre, à des hauteurs différentes, pour recevoir des goujons. Percer dans les tiges des trous de même diamètre. Fraiser légèrement les trous des tiges et river.

COMPAS

FLAMBEAU

Travaux facultatifs.

Encrier.

Exercice récapitulatif. (Bois, fil demi-cylindrique et tôle.)

Cet encrier a été exécuté par les élèves du cours complémentaire de l'école située rue Pihet, à Paris (Directeur M. E. Berlin). Il peut servir de type d'exercice récapitulatif pour un atelier comprenant le travail du fer et du bois. Les travaux de ce genre sont très goûtés des enfants, et conviennent particulièrement pour leur faire aimer le travail manuel, et leur donner du goût.

La composition d'objets analogues, laissée à l'initiative de l'élève, fournira aux maîtres un précieux moyen de susciter chez nos jeunes écoliers, futurs artisans, cet esprit d'invention et d'ingéniosité qui caractérise l'industrie parisienne.

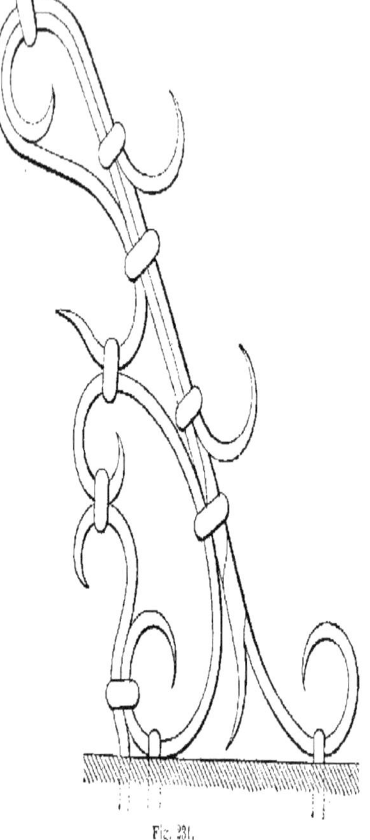

Fig. 231.

ENCRIER

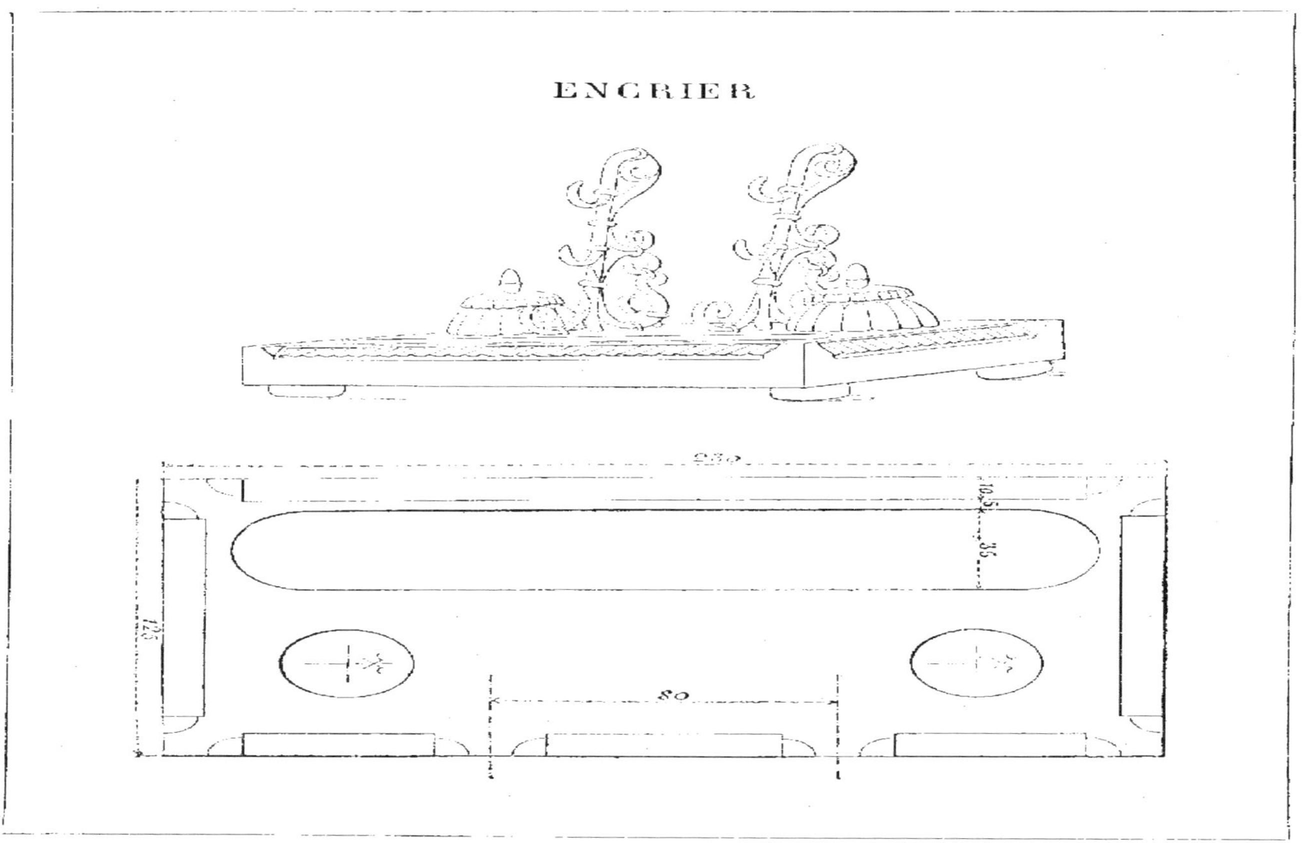

TABLE DES MATIÈRES

9 782329 777801